Title	约翰福音注释 Gospel of John Commentary
Subtitle	Taken from teachings of Pastor Chuck Smith
	取自查克 史密斯牧师的讲章
	简体中文 — 大型三号字体
	Large Print — 16 point type
Author	Chuck Smith, Pastor
Prepared for Publication	Paula Nafziger, Chaplain
Translators	*Many believers from:*
	Calvary Chapel of Costa Mesa
	The Word for Today
Subject Heading	Bible Commentaries
ISBN-13	978-1948136976

987654321

©2021 All rights reserved.

Photocopy permission: You have permission to photocopy pages within this book **for non-commercial** use. This means you cannot charge a person to receive or obtain any portion of this book above the actual cost of paper and photocopying. This is allowed to encourage others to study the Bible. For example, a teacher can photocopy pages and give them to their students. A church, Bible study group, or leader can copy some or all of the book and give it to congregants (but not at a profit). Jail/Prison Chaplains can give out pages to inmates, and so on. You will most likely find it is easier to have the book intact and cost-prohibitive to photocopy it as a whole unless you are privy to free photocopy options at your facility.

影印许可: 只要不是商业用途，您可以复印本书中的任何一页，但是不能向别人收取高于纸张的价值以及影印的费用。目标是用以鼓励他人学习圣经。例如，老师可以复印需要的页数并提供给学生。教会，查经小组或带领者可以影印部分或整本书，给弟兄姐妹使用（但不能取利）。监狱/狱牧可以影印分发给狱因，依此类推。您可能会发现买整本书，比影印便宜。当然除非你有自己的工具可以免费影印。

约翰福音注释
取自查克 史密斯牧师的讲章

第 1 章 9
第 2 章 25
第 3 章 33
第 4 章 45
第 5 章 55
第 6 章 73
第 7 章 85
第 8 章 101
第 9 章 117
第 10 章 127
第 11 章 149
第 12章 165
第 13 章 179
第 14章 191
第 15 章 205
第 16 章 225
第 17 章 243
第 18 章 255
第 19 章 271
第 20 章 287
第 21 章 305
人如何能重生呢? 319
书签 337

耶稣在门徒面前另外行了许多神迹，没有记在这书上。但记这些事要叫你们信耶稣是基督，是神的儿子，并且叫你们信了他，就可以因他的名得生命。

约翰福音 20:30-31

第 1 章

第 1 章

约翰福音注释
第 1 章

亲爱的弟兄姐妹,平安,今天我们开始查考约翰福音第1章。

约翰福音是四卷福音书中最后完成的书卷,是由约翰在第一世纪末写的。写书的目的,是要使人相信耶稣就是基督,藉着相信祂,可以因祂的名得生命。约翰在他的书中宣告写书的目的,说:

[30] 耶稣在门徒面前另外行了许多神迹,没有记在这书上。
[31] 但记这些事要叫你们信耶稣是基督,是神的儿子,并且叫你们信了他,就可以因他的名得生命。

这是20章30和31节 所以,当约翰写这卷书的时候,他心里有个明确的目的。

因着写这卷书的理由,所以如果要鼓励非信徒阅读圣经,那么非约翰福音莫属了。因爲约翰写说:『但记这些事要叫你们信耶稣是基督,是神的儿子,并且叫你们信了他,就可以因他的名得生命。』约翰很清楚地指出,爲什么他写这卷书。他写约翰福音是为反驳有关耶稣基督的一些错误观念,因爲在第一世纪,许多异端兴起。

使徒保罗警告以弗所教会的长老们说:

[29] 我知道,我去之后必有凶暴的豺狼进入你们中间,不爱惜羊群。
[30] 就是你们中间,也必有人起来说悖谬的话,否认我们的主,要引诱门徒跟从他们。

保罗离开以弗所不久,这些事就发生了。有假师傅渗入教会,歪曲耶稣基督福音的真理。一个叫诺底斯主义的异端教派,就是其中一个最早渗入教会信仰的异端。他们歪曲耶稣基督的真理,迷惑人去跟随他们。

教会成立不久,亚利乌派异端又叫亚流主义兴起,他们否认耶稣基督的神性,将祂放到与人同等的层面。而诺底斯主义 则对耶稣的观念实在非常混淆。他们说,耶稣是半神半人,好像一种幽灵。他们捏

第 1 章

造一些故事,说, 耶稣在沙滩上行走是不会留下脚印的,因为祂不是真实的人。他们认为,任何真实的事物都是邪恶的。世界是如此邪恶,所以不可能是由神创造的。又认为,起初只有圣洁的神和纯全、圣洁的神所发出的光辉。最后,其中一道光辉离圣洁的神,以致它不再认识神。世界就是由这道远离神的光辉所创造。因而,世界是由一股邪恶的势力所创造,一切物质都是邪恶的。所以他们认为耶稣不可能是人,否则祂就是邪恶的。他们又说,耶稣只是个幻影,他们有很多希奇荒诞的说法。所以约翰写这卷福音书,以纠正开始渗透到初期教会里的各种错误教导。

有趣的是,福音书的作者各从不同的角度着手写书。马太的福音书,追溯耶稣的家谱,直到亚伯拉罕。马可则从施洗约翰为耶稣施洗开始他的福音书。而路加的福音书,是从主的使者对是施洗约翰的父亲撒迦利亚的宣告开始。施洗约翰是耶稣的开路先锋。但约翰的福音书,则直接追溯到起初,没有起点,他追溯到比创世记更远的过去。

创世记纪录万物被创造的开始。『起初,神创造天地』,但神创造万物之前,早已存在。你读创世记,就回到创造的起头。但是在那之前,神就在那里,神已经存在。所以,约翰追溯到无限永恒的过去,宣告说:『太初有道。』

希腊人谈了很多有关道的事。按希腊哲学的看法,每件事物先存在于思想里。每一件你能看到的事物,在成形之前,就存在于思想里。所以任何事物存在之前,就先存在于思想里。对希腊哲学家来说,思想是一切事物的起源。而圣经则带你更进一步。圣经说,如果有个思想的话,那么必须有个思想者。因为你不可能有个思想,而没有思想者。因此,『起初神』;『太初有道。』。实际上,在有思想之前,得先有那个思想的人,或有神的存在。所以『起初神』,而这里说:『太初有道』。神在当时已经存在。

约翰福音第1章第1节继续说:『道与神同在,道就是神』。

这是關乎耶稣基督的神性最有能力的宣言!那么清楚、直接,简单明了。连小孩读这节经文,也不会感到困惑。约翰以简单的宣告开

第 1 章

始，指出耶稣就是道，就是神，直截了当地宣告出来。

第2和3节说：

[2] 这道太初与神同在。
[3] 万物是藉着他造的；凡被造的，没有一样不是藉着他造的。

他在这里说到创造。约翰追溯到创世之前。有任何事物之前，太初就有道。道与神同在。道就是神。太初道与神同在。然后才有创造。『万物是藉着他造的』。

创世纪第1章1节说：『起初神创造天地』。神在希伯文是伊罗欣，是复数形式。有些人说：「啊！复数形式用来强调」，看来那是他们的发现，因为神也有被称作单数的。如果复数是用来强调，那么同样的词用单数来代表神，就令人困惑了。我个人的意见是：以单数伊来称呼神，是代表圣父。而伊罗欣则指三位一体的神。神以三个位格存在。

『神说：我们要照着我们的形像，按着我们的样式造人。』神跟谁说话？三位一体的神按神圣的旨意中开始创造；圣父、圣子、圣灵按神圣的旨意说：『我们要照着我们的形像，按着我们的样式造人。』

在约翰福音第1章这里，耶稣被称为万物的创造主。保罗在歌罗西书中提到耶稣『凡事居首位』，宣称祂不单是创造主，又是创造的目的。『一概都是藉着他造的，又是为他造的』。所以祂不只是创造主，也是创造的目的。『万物是藉着他造的』，包括我们周遭的宇宙和所有生命形体。

约翰福音第1章第3到5节说：

[3] 凡被造的，没有一样不是藉着他造的。
[4] 生命在他里头，这生命就是人的光。
[5] 光照在黑暗里，黑暗却不接受光。

耶稣说：『我是世界的光。跟从我的，就不在黑暗里走，必得着生命的光。』这是约翰福音 8章12节。而约翰宣告『光照在黑暗里』，这是指耶稣基督降临地上。耶稣来了，世界的光照在黑暗里，黑暗却不接受光。

第 1 章

第6和7节说：
 [6] 有一个人，是从神那里差来的，名叫约翰。
 [7] 这人来，为要作见证，

我们将两次读到约翰的见证。在第1章15节说，『约翰为祂作见证，喊着说：这就是我曾说』；然后在第34节，他又见证说：『我看见了。就证明这是神的儿子。』这是施洗约翰为耶稣基督作的见证。

约翰福音第1章第6到10节：
 [6] 有一个人，是从神那里差来的，名叫约翰。
 [7] 这人来，为要作见证，就是为光作见证，叫众人因他可以信。
 [8] 他不是那光，乃是要为光作见证。
 [9] 那光是真光，照亮一切生在世上的人。
 [10] 他在世界，世界也是藉着他造的，世界却不认识他。

你能领会吗？耶稣就是光。祂来是要照亮黑暗，祂是真光。祂在世界里。圣经告诉我们『万物是藉着祂造的凡被造的，没有一样不是藉着祂造的。他在世界，世界也是藉着他造的，世界却不认识他。』。那是人的世界。看来自然界和这个世界的其他方面确实认识祂。有趣的是，那些被邪灵附身的人时常喊叫：『我们知道你是谁！』显然的，风和浪知道祂是谁。因为当祂站在小船里面，船快要下沉，祂对风浪说：『住了罢！静了罢！』。它们听从了祂的声音，他们知道祂是谁。石头显然也知道祂是谁，因为法利赛人在祂凯旋进耶路撒冷的那天，怂恿祂斥责祂的门徒，耶稣说：『我告诉你们，若是他们闭口不说，这些石头必要呼叫起来。』他们知道祂是谁。

唯有心眼被黑暗蒙蔽的人，才不认识祂。『他在世界，世界也是藉着他造的，世界却不认识他。』。很显然，连那匹小驴驹也知道祂是谁。从没有人骑过那匹小驴驹，但是我确信当耶稣骑在牠上面的时候，牠是那么温驯。牠知道耶稣是谁。

『他在世界，世界也是藉着他造的，世界却不认识他。』再进一步，约翰福音第1章11节说：『他到自己的地方来，自己的人倒不接待他。』

第 1 章

耶稣说:『我奉差遣,不过是到以色列家迷失的羊那里去。』祂自己的人,祂就是神应许他们的弥赛亚。祂到自己的地方来,但他们却说:『除了该撒,我们没有王。』他们说:『我们不愿意这个人作我们的王。』『自己的人倒不接待他。』这就应验了以赛亚的预言:『祂被藐视,被人厌弃』。但是荣耀的好消息却说:『凡接待他的,就是信他名的人,他就赐他们权柄,作神的儿女。』这是约翰福音第1章12节。

因此,耶稣在太初与神同在;祂是万物的创造主,祂到自己创造的世界来,世界却不认识祂,不接受祂。祂到自己的地方来,自己的人倒不接待祂。然而,凡接待祂的,和播下恩典福音的种子的,祂就赐给他权柄,成为神的儿女。神的独生子道成肉身,来到我们中间,让我们因相信祂的名,而成为神的儿女。

约翰福音第1章13节说:『这等人不是从肉体生,或按圣经所说从血气生的』

你不能藉着肉身的家谱成为神的儿女。我不因为父母是基督徒,而成神的儿女。我的孩子也不因为我是基督徒,而成为基督徒。这跟血统无关,你不能从父母那里继承,或传给你的子女。神儿女充满活力的生命『不是从情欲生的』。

这生命不是你定意要得着,就能成事的。你说:「我想要过这种新的、有活力的生活。我不想再活在黑暗里;我要过乐善好施和舍己的生活,就是神已向人类说明,要我们过的理想生活。」你不能靠肉体的意志,得着这种生命。

第13节继续说:『也不是从人意生的,乃是从神生的。』

这种生命也不是别人强迫、威逼或鼓励而得到的。你不会因别人的推动或强迫而得到这种生命。这新生命只能够从神而来,乃是从神生的,而成為神的儿女。
所以,我是从血气、从情欲和从人意生的,我来到这世界。这是我肉体的出生。但我属灵的生命不是这么来的。属灵的生命必须来自神。所以,我是藉着圣灵得以重生,得着新生命。

第 1 章

约翰福音第1章14节说:『道成了肉身,住在我们中间』。

当然,这是惊天动地的改变,如果你能领会我的意思的话。『太初有道,道与神同在。道就是神。这太初与神同在。万物是藉着祂造的。』这位神圣、永恒的创造主。

14节说:『道成了肉身,住在我们中间』。从永恒的时空直冲而下,进入有限的时空里;从永恒进入时间里!是多么奇妙啊!我们的头脑当然无法领悟这么奥秘、渊博的真理。

随着时间的过去,使徒们有机会真正地去反思有关耶稣的一切,反思与耶稣的相处和关系。我敢肯定,越仔细琢磨那些实际的经历,越让他们惊叹不已。

约翰在他的第一封书信开头的两节经文,也有相同的宣告,他说:
- [1] 论到从起初原有的生命之道,就是我们所听见、所看见、亲眼看过、亲手摸过的。
- [2] 这生命已经显现出来,我们也看见过,现在又作见证,将原与父同在、且显现与我们那永远的生命、传给你们。

约翰在反思自己与耶稣的关系,说:『从起初,我们所听见』。

他们忽然理解到:「我们听见祂说话的时候,我们就是听见了神的声音。当我们仰望祂的时候,就是仰望神。当我们触摸祂的时候,就是触摸神。这就是永生!我们看见祂、注视祂、触摸过祂。」啊!何等奇妙!约翰为他所经历过的事,深深感到敬畏和诧异!

耶稣说:『我与父原为一』。
当腓力说:「求主将父显给我们看,我们就知足了。」
- [9] 耶稣对他说:「腓力,我与你们同在这样长久,你还不认识我吗?人看见了我,就是看见了父;你怎么说『将父显给我们看』呢?
- [10] 我在父里面,父在我里面,你不信吗?我对你们所说的话,不是凭着自己说的,乃是住在我里面的父做他自己的事。
- [11] 你们当信我,我在父里面,父在我里面;即或不信,也当因我

第 1 章

所做的事信我。
换句话说,「我一直在作神的事,一直将父显明给你们看。」

弟兄姊妹, 你想知道神是怎样的吗?想了解关于神的真里吗?那么你思想耶稣基督,用心的研究祂,因为祂就是道成肉身的神。『道成了肉身,住在我们中间』,为了将父显明给世人看。

亲爱的弟兄姐妹,平安。欢迎您一起查考主的话语。
今天我们继续看约翰福音第1章。

约翰福音第1章16和17节说:
 [16] 从他丰满的恩典里,我们都领受了,而且恩上加恩。
 [17] 律法本是藉着摩西传的;恩典和真理都是由耶稣基督来的。

当神创造人的时候,是为要与人相交。这是神创造你的目的,是叫祂在和你的相交中,得着一切的赞美和荣耀。神喜悦和你相交,并悦纳由此而来的喜乐和颂赞。你会说:「哎,听起来好像有点自私?」可能是有点自私。但我对这个没什么可说的。因为这就是神创造我的目的。神创造我的唯一的目的,就是让我能与祂相交。那是神创造我的主要目的,让我们能够与祂相交。

如果你达不到人生的主要目的,那么你的生命注定是空虚的、没有满足感,最终只会充满挫折感。因为你没有实现神创造你的基本目的。你没有满足人最基本的需要,就是人敬拜神,与神相交的需求。

然而,住在这地球上的人类,却因为违背神的诫命,得罪神而中断了与神的相交。罪的结果,往往使人与神的相交断绝。以赛亚书59章第1和2节说:『耶和华的臂膀并非缩短,不能拯救,耳朵并非发沉,不能听见,但你们的罪孽使你们与神隔绝。』罪往往使人与神隔绝。

神对亚当说:『你吃的日子必定死。』那是指,人心里对神的认知死亡了。就是在人的里面,神的生命、神的灵、神在人里面的那个生命死亡了。这个属灵的死亡发生了。就在亚当吃下禁果的那一刻,灵命死了。

第 1 章

神仍然渴望与人相交,但是这个交通已经因为人的罪孽而被中断了。为了让人恢复与神的相交,首先要处理的是人的罪。

所以,神差遣摩西,神赐下律法给摩西,就是各种献祭的律例,为要遮盖罪孽,使人有可能与神恢复交通。而献祭的一部分是關乎与神相交的。例如平安祭、素祭。在这些献祭中,我可以与神同坐,一起进食,并且与神相交。献了赎罪祭之后,就献上承受圣职的祭,就是献燔祭和平安祭,与神相交的祭。那么我可以坐下,与神一起进食,与祂相交。但是,这是在献了赎罪祭之后,才可以進行的。我首先得要处理罪的问题。

所以,在律法和摩西之下,神藉着摩西与人所立的约,使人的罪得以被遮盖,因而使人能够与神恢复相交,并且与神同坐、互相交通、一起进食。

然而,公牛和山羊的献祭并不能除去人的罪孽,它们只能够遮盖罪孽,并预表神自己为我们准备的祭物。而只有藉着神为我们所献上的祭物,才能彻底除去人的罪,使人与神的关系能够完全的、彻底的恢复。

律法本是藉着摩西传的。这并不是贬低律法,而是把律法看为神力图让人与祂恢复相交的一种工具,但这是不完全的工具,因为人的失败,人无法完全遵守律法。律法本身没有不对的地方,律法是好的、是圣洁的,但是人还是有罪的,所以他们还得一年复一年的献上赎罪祭。

所以,神已经藉着耶稣基督与人立下充满神的恩典和真理的新约。因此,以前,是通过律法,神和摩西立约,而现在是藉着耶稣基督立下了新约,这个新约是藉着神的恩典和耶稣基督的真理而立。所以约翰说:『律法本是藉着摩西传的;恩典和真理都是由耶稣基督来的。』

约翰福音第1章第18节继续说:『从来没有人看见神』

当然,马上会有人说:「啊?那么摩西呢?」当神问摩西:「你想要甚

么?」摩西就向神说:『主啊,求你显出你的荣耀给我看。』
然而,神对摩西说:『你不能看见我的面,因为人见我的面不能存活。』

神又对摩西说:『看哪,在我这里有地方,你要站在磐石上。我的荣耀经过的时候,你就得看见我留下的剩馀光辉。』这段对话记载在出埃及记33章18到23节。神经过那个地方,然后摩西看到留下的剩馀的荣耀光辉,因为这馀辉的照射,摩西的面皮发光。所以他回到以色列众人中,他们不敢挨近他。他们说:「请你用帕子蒙上你的面,你的面容发光,我们不能看你的脸,太耀眼了!」但从来没有人看见过神。你的肉身不能承受。你会被毁灭。

神应许清心的人必得见到祂。但是,不是在这个肉身里。我们的身体将会有所改变。保罗说:『这必朽坏的,总要变成不朽坏的。这必死的,总要变成不死的。』这是腓立比书15章53节 有一天,我将朝见神,但是不是这个身体里,而是我的新身体。我现在这个身体,是为着适应地上的生活而设计的,是为适应这个地球、地球上的环境状况而设计的。而在那个新的身体里则是更高一层的,是为天上的环境而设计的。这个新身体能够瞻仰主的面,而且我能够坐到主的脚前来敬拜祂。这将是多么荣耀的一天啊!

约翰福音第1章18节说:『从来没有人看见神,只有在父怀里的独生子将他表明出来。』

就是将祂发表出来,将祂表露出来,将祂完完全全地启示出来。祂已经向我们启示祂自己。

约翰福音第1章19节继续说:『约翰就是施洗约翰所作的见证记在下面:犹太人从耶路撒冷差祭司和利未人到约翰那里,问他说:「你是谁?」』

我们读到圣经的记载说,施洗约翰在旷野里施洗,很多人受他吸引,出去到他那里。所以耶路撒冷的宗教领袖非常生气:「这家伙,我们没有差遣他,又没有授权给他,竟然在那里施洗?」所以,他们就派祭司和利未人到约翰那里,问他说:「你是谁?」下面就是关于

第 1 章

约翰的记录：

约翰福音第1章20节：『他就明说，并不隐瞒，明说：「我不是基督。」』

这是正确的，他们问：「你是谁？难道你是弥赛亚吗？难道你在僞装？」他说：「我不是基督。」「基督」这个字就是弥赛亚，请你记住这个意思。约翰说：「我不是基督。」

约翰福音第1章21节：『他们又问他说，这样你是谁呢，是以利亚麽。』

圣经在旧约玛拉基书4章5和6节的预言说，耶和华大而可畏之日未到以前，神必差遣先知以利亚到以色列民那里去。他必使父亲的心转向儿女，儿女的心转向父亲，他们要问：「你是以利亚吗？」直到今天，犹太人在逾越节庆典中，会摆一张凳子，一张空凳子，把门敞开，等待以利亚的到来。他们问约翰说：「你是以利亚吗？是弥赛亚的先锋吗？」

『他就明说：「我不是。」』

这段记载会使很多人困惑，因为在马太福音中，在第17章，耶稣说到约翰时说：「你们如果肯接受，这个人就是那应当来的以利亚。」但在这里，约翰说：『我不是』。这是因为他没有完全应验预言中的以利亚，但他具备以利亚的心志和能力。

我们回到路加福音第1章去看看，当天使加百列向施洗约翰的父亲撒迦利亚显现的时候，他按班次正在圣殿里供职。当他看到天使站在香坛右边的时候，就惊慌害怕。天使对撒迦利亚说：「不要害怕，我是站在神面前的加百列，奉差而来对你说话，你的妻子伊利沙伯要在她老迈的时候给你生个儿子，你要给他起名叫约翰。他必有以利亚的心志能力，行在主的前面，叫为父的心转向儿女。」

他告诉撒迦利亚他儿子--施洗约翰的使命。『他必有以利亚的心志能力，行在主的前面，叫为父的心转向儿女。』但当他们直截了当地问约翰说：「你是以利亚吗？」他回答说：「我不是。」他们又问他：『是那先知吗？』
『他回答说：「不是。」』

第 1 章

摩西曾经应许说:『你们中要兴起一位先知像我,你们要听从他。』这是申命记18章15节的记载　他们的意思是问他:「你是摩西所说的那位先知吗?」『他回答说:「不是。」』

他们打破沙锅问到底!

约翰福音第1章22到29节继续说:
- [22] 于是他们说:「你到底是谁,叫我们好回覆差我们来的人。你自己说,你是谁?」
- [23] 他说:「我就是那在旷野有人声喊着说:『修直主的道路』,正如先知以赛亚所说的。」
- [24] 那些人是法利赛人差来的;
- [25] 他们就问他说:「你既不是基督,不是以利亚,也不是那先知,为什么施洗呢?」
- [26] 约翰回答说:「我是用水施洗,但有一位站在你们中间,是你们不认识的,
- [27] 就是那在我以后来的,我给他解鞋带也不配。」
- [28] 这是在约但河外伯大尼,约翰施洗的地方作的见证。
- [29] 次日,约翰看见耶稣来到他那里,就说:「看哪,神的羔羊,除去世人罪孽的!

啊!这是关于耶稣的一句伟大的宣告!『神的羔羊,除去世人罪孽的。』神的羔羊是怎样除去罪孽的呢?是藉着祭牲的替死。由于他们的文化、敬拜和宗教,所以这种代爲赎罪的方法在他们心中已是根深蒂固的。那么耶稣又是怎样除去世人的罪孽呢?就是藉着祂的替死来除罪。『看哪,神的羔羊,除去世人的罪孽的。』

约翰福音第1章30和31节说:
- [30] 这就是我曾说:『有一位在我以后来、反成了在我以前的,因他本来在我以前。』
- [31] 我先前不认识他,如今我来用水施洗,为要叫他显明给以色列人。」

约翰说:『我先前不认识祂。』然后又补上这一句,说:『如今我来用

第 1 章

水施洗,为要叫他显明给以色列人。』「这就是我在这里的原因,是为了叫祂显明给以色列人。祂是我的表弟,但我并不清楚祂是谁。我认识祂,但我并不知道祂是谁。我知道神差遣我是为了预备主的道,修直祂的路。但我不知道祂是谁。但我在这里的目的,是为了叫祂显明给以色列人。我不认识祂,但祂应该向以色列人显明自己,所以我来是用水施洗。」

约翰福音第1章32和33节说:
   [32] 约翰又作见证说:「我曾看见圣灵,彷佛鸽子从天降下,住在他的身上。
   [33] 我先前不认识他,只是那差我来用水施洗的、对我说:『你看见圣灵降下来,住在谁的身上,谁就是用圣灵施洗的。』

所以约翰说:「我先前不认识祂,直到我看见圣灵彷佛鸽子从天降下,住在祂身上。但我知道,那差我出去用水施洗的,也是你看见的那位告诉我,圣灵要降下来,住在谁的身上,谁就是用圣灵施洗的。」

因此约翰说:『我看见了,就证明这是神的儿子。』这是约翰福音第1章34节
施洗约翰被差来是为光作见证。他要为耶稣基督见证什么呢?施洗约翰要证明祂是神的儿子。

约翰福音第1章35和36节说:
   [35] 再次日,约翰同两个门徒站在那里。
   [36] 他见耶稣行走,就说:「看哪!这是神的羔羊!」

施洗约翰在先前说过:『看哪,神的羔羊,除去世人的罪孽的。』现在他说:『看哪,这是神的羔羊!』 他同两个门徒在一起,站在那里交谈,施洗约翰说:『看哪,神的羔羊!』

约翰福音第1章37节说:『两个门徒听见他的话,就跟从了耶稣。』

施洗约翰为耶稣这样作见证,说:「嘿!你们知道吗?我只是新郎的伴郎,他得着荣耀,我也因此得荣耀。他必兴旺,我必衰微。」所以施洗约翰在这里把自己的门徒引向耶稣。其中一个门徒恰好是彼得

第 1 章

的兄弟--安得烈。于是,这两个门徒跟从了耶稣。
约翰福音第1章38和39节说:
- [38] 耶稣转过身来,看见他们跟着,就问他们说:「你们要什么?」他们说:「拉比,在那里住?」拉比繙出来就是夫子。
- [39] 耶稣说:「你们来看。」他们就去看他在那里住,这一天便与他同住;那时约有申正了。

那时,大约下午四点。
第40节:『听见约翰的话跟从耶稣的那两个人,一个是西门彼得的兄弟安得烈。』

所以安得烈『先找着自己的哥哥西门,对他说:「我们遇见弥赛亚了。」弥赛亚繙出来就是基督。』这是第41节。

你看到,基督就是弥赛亚。

第42节说 『于是领他去见耶稣。耶稣看着他,说:「你是约翰的儿子西门,你要称为矶法。」矶法繙出来就是彼得。彼得就是石头的意思』

耶稣说:「你是约翰的儿子西门,但你要称为矶法,意思是石头。」

约翰福音第1章43到47节说:
- [43] 又次日,耶稣想要往加利利去,遇见腓力,就对他说:「来跟从我吧。」
- [44] 这腓力是伯赛大人,和安得烈、彼得同城。
- [45] 腓力找着拿但业,对他说:「摩西在律法上所写的和众先知所记的那一位,我们遇见了,就是约瑟的儿子拿撒勒人耶稣。」
- [46] 拿但业对他说:「拿撒勒还能出什么好的吗?」腓力说:「你来看!」
- [47] 耶稣看见拿但业来,就指着他说:「看哪,这是个真以色列人,他心里是没有诡诈的。」
你是个直率的人。

约翰福音第1章48到51节说:

第 1 章

> [48] 拿但业对耶稣说:「你从那里知道我呢?」耶稣回答说:「腓力还没有招呼你,你在无花果树底下,我就看见你了。」
>
> [49] 拿但业说:「拉比,你是神的儿子,你是以色列的王!」
>
> [50] 耶稣对他说:「因为我说『在无花果树底下看见你』,你就信吗?你将要看见比这更大的事」;
>
> [51] 又说:「我实实在在的告诉你们,你们将要看见天开了,神的使者上去下来在人子身上。」

我们可以在哪处圣经找到:『天开了,有神的使者上去下来』的记载?你还记得吧?当雅各逃离他哥哥以扫,来到伯特利的时候,他又疲乏又害怕。后来他睡着了,还作了一个梦,在梦中看见耶和华站立在梯子上,神的使者在梯子上,上去下来。神对他说:『我是耶和华你祖亚伯拉罕的神,也是以撒的神。』早上,雅各醒来,说:『耶和华真在这里,我竟不知道!』

在这里,耶稣实际上是说:「我就是那天梯。我是让人进到神面前的通道。我要连接天和地。你们将看到天开了,神的使者上去下来在人子身上。」所以,人子就是连接天和地的梯子。

约伯的一个朋友劝告他:「看哪!只要你与神有正确的关系,你一切的问题都会解决的。」他回答说:「太谢谢你了!你这好讲话的家伙。你告诉我,与神维持正确的关系!你以为在帮助我吗?我算甚么,胆敢与神理论?神是无限的。我寻找,却看不见祂。」『只是我往前行,祂不在那里;往后退,也不能见祂;祂在左边行事,我却不能看见;在右边隐藏,我也不能见祂。』约伯又说:『我们中间没有听讼的人,可以向我们两照按手。』尽管我看不见神,但祂是至大的,充满宇宙。我一无所是,而神这么伟大,我怎能与祂理论?没有人能触摸我们。天那么高,我怎能升上去?我怎能与神理论?耶稣回应约伯的呐喊。祂就是神和人中间的听讼者,祂能触摸神,也能触摸人,是我们中间的听讼者。祂是神和人中间的梯子,是连接无限和有限、连接永恒和有限时空的一道桥梁。

第 1 章

第 2 章

第 2 章

约翰福音第2章1节，『第三日，在加利利的迦拿有娶亲的筵席，耶稣的母亲在那里。』

加利利的迦拿距离拿撒勒约8、9公里。从拿撒勒开始行走，来到这山谷，最后可以到达加利利海。迦拿只是个小村庄。经文说：『在加利利的迦拿有娶亲的筵席，耶稣的母亲在那里。』

约翰福音第2章2到4节说：
- [2] 耶稣和他的门徒也被请去赴席。
- [3] 酒用尽了，耶稣的母亲对他说：「他们没有酒了。」
- [4] 耶稣说：「母亲，我与你有什么相干？我的时候还没有到。」

耶稣说：『妇人，我与你有什么相干？我的时候还没有到。』马利亚所知道的，比她说出来的含义更多。她在心里仔细地思想过一切，现在她开始领会这个从圣灵受孕而来的婴孩所要带来的影响。

第5节：『他母亲对用人说』

有趣的是，耶稣好像不理会她。『妇人，我与你有什么相干？我的时候还没有到。』

但是马利亚对用人说：
- [5] 「他告诉你们什么，你们就做什么。」
- [6] 照犹太人洁净的规矩，有六口石缸摆在那里，每口可以盛两三桶水。

这是约翰福音第2章5和6节。

每个木制小桶的容量约40升，所以每个石缸可容81到122升。所以，这些是相当大容量的水缸，是洁净仪式所使用的那类水缸。

第7到12节说：
- [7] 耶稣对用人说：「把缸倒满了水。」他们就倒满了，直到缸口。
- [8] 耶稣又说：「现在可以舀出来，送给管筵席的。」他们就送了去。

第 2 章

[9] 管筵席的尝了那水变的酒,并不知道是那里来的,只有舀水的用人知道。管筵席的便叫新郎来,

[10] 对他说:「人都是先摆上好酒,等客喝足了,才摆上次的,你倒把好酒留到如今!」

[11] 这是耶稣所行的头一件神迹,是在加利利的迦拿行的,显出他的荣耀来;他的门徒就信他了。

[12] 这事以后,耶稣与他的母亲、弟兄、和门徒都下迦百农去,在那里住了不多几日。

把水变酒,是耶稣行的第一件神迹。有趣的是,这个神迹发生在一个喜庆的场合,一个婚礼的筵席上。当然,基督的第一个神迹是非常有意思的,对许多人来说,可能意义重大。

约翰福音第2章第13到15节说:

[13] 犹太人的逾越节近了,耶稣就上耶路撒冷去。

[14] 看见殿里有卖牛、羊、鸽子的,并有兑换银钱的人坐在那里,

[15] 耶稣就拿绳子作成鞭子,把牛羊都赶出殿去,倒出兑换银钱之人的银钱,推翻他们的桌子,

我爱耶稣。有人试图把耶稣描绘成相当柔弱的人,就是那种连苍蝇也拍不死的人,反正是很软弱那样。其实不是的,祂是男子汉中的男子汉。祂一进入圣殿,看见有人在祂父的殿里作买卖,就非常生气。于是拿起绳子作鞭子,开始洁净那些东西,把桌子举起,推倒在地上。有意思的是,只祂一个人就可以把整个圣殿反转过来,而他们却无法阻止祂。我的意思是,他们只好任由祂。为什么呢?因爲祂是男子汉中的男子汉,没人敢挑战祂。

约翰福音第2章第16到19节说:

[16] 又对卖鸽子的说:「把这些东西拿去!不要将我父的殿当作买卖的地方。

[17] 他的门徒就想起经上记着说:「我为你的殿心里焦急,如同火烧。」

[18] 因此犹太人问他说:「你既做这些事,还显什么神迹给我们看呢?」

[19] 耶稣回答说:「你们拆毁这殿,我三日内要再建立起来。」

第 2 章

在耶稣受审的时候，其中针对祂的指控是：「他说过，如果我们拆毁这殿，祂三日内要再建立起来。」他们不明白耶稣的话是指什么。耶稣指的是祂的身体。但他们以为祂说的是希律王为犹太人建造的这所庞大的圣殿。希律王死的时候，工程还没完成。但工程的计划已准备好了，又开始用巨大的石块来建这所庞大的圣殿。这时，耶稣大约三十岁，圣殿的建筑工程已经展开了46年，还要19年才完工。用的都是巨大的石块，根据约瑟夫的说法，这些石块重达 140 吨。

耶稣对那些犹太人说：「你们拆毁这殿，我三日内要再建立起来。」

约翰福音第2章第20到25节说：
- [20] 犹太人便说：「这殿是四十六年才造成的，你三日内就再建立起来吗？」
- [21] 但约翰告诉我们耶稣这话是以他的身体为殿。
- [22] 所以到他从死里复活以后，门徒就想起他说过这话，便信了圣经和耶稣所说的。
- [23] 当耶稣在耶路撒冷过逾越节的时候，有许多人看见他所行的神迹，就信了他的名。
- [24] 耶稣却不将自己交托他们；因为他知道万人，
- [25] 也用不着谁见证人怎样，因他知道人心里所存的。

有许多人相信耶稣，可祂却不将自己交托给他们，因为祂知道万人，祂知道人心里所存的，祂知道人心变化无常。你不用跟耶稣讲人的事，祂完全清楚。有多少次我们向耶稣倾诉自己？祂早已经明了。祂用不着谁见证人怎样。

我知道，在你们中间，有些人想知道耶稣变的酒究竟是不是真酒，是发酵的？还是不发酵的？谁知道？你想知道的事，我答不了你。但是，管筵席的说，这种酒能使人喝醉的。筵席的一般程式，是先奉上好酒，因为那时人们的味觉还很灵敏，头脑还很清醒，等到他们喝得开始迷迷糊糊的时候，就奉上品质差的。到这时候，宾客已经分不出喝的是什么了。我不知道这酒是不是真的！但我知道，圣经说：『酒能使人亵慢，浓酒使人喧嚷；凡因酒错误的，就无智慧。』我还知道教会里的监督不能喝酒。如果有人被选为教会的监督或执事，就不能喝酒。所以我必须对自己负责，因为我处于这个位置，所以

第 2 章

我不喝也不会喝酒。『凡事我都可行,但无论哪一件,我总不受它的辖制。』

我真的很喜爱在基督里的自由,我有做的自由,但对我来说,更重要的是,我有不做的自由。我很高兴我不受到那些东西的辖制。尽管凡事我都可行,但如果我做了,会使我受它的辖制,或是受到它的影响,我总不受它的辖制。

人们常说「受到影响」,「他受什么什么的影响」,这是什么意思呢?意思是他受到某样东西或某个人的辖制。『凡事我都可行,但无论哪一件,我总不受它的辖制。』我不愿意受到辖制,我很喜爱我的自由。我喜欢头脑清醒。我很高兴有这个自由。我想,我们在基督里有自由是何等荣耀啊!

你知道吗?我不为别人制订什么规则。我只鼓励你先寻求神的国和神的义。积极地寻求、努力的寻求。全心全意地寻求。要跟随主,不要被别的东西阻碍了你。

愿神的平安和慈爱保守你的心思意念、坚固你,使你能在耶稣基督里成长,得以成为完全、成熟的神的儿女;成为神要你成为的人。愿你效法耶稣基督的样式,满有耶稣基督长成的身量和样式。

约翰福音第3章1节说:『有一个法利赛人,名叫尼哥底母,是犹太人的官。』

我们知道一些有关尼哥底母的事:他一定是非常有钱,因为他和亚利马太 约瑟在耶稣被钉十字架后,为祂膏抹身体。他带了约45公斤的昂贵香料来膏耶稣,只有很有钱的人才负担得起。尼哥底母是犹太人的官,表示他是犹太公会七十个成员之一,而且根据耶稣所说,他又是犹太人的先生。耶稣说:『你是以色列人的先生,还不明白这事吗?』

还有,他是法利赛人。大约有六千名法利赛人奉献一生去保存律法典章。他们承认旧约前五卷书是神给人默示的道,并且设法解释这前五卷书,编成律法典章,称为米示拿。举个例子说,律法上说:『当

第 2 章

记念安息日、守为圣日。』但在米示拿却有24章对这节经文的注解。其实，神说得很简单，只是：『当记念安息日、守为圣日。六日要劳碌作你一切的工．但第七日是向耶和华你神当守的安息日』，他们却用24章来解释这段经文的含意和各种限制等等。这就是米示拿。

法利赛人力求遵守整本米示拿，就是所编写的律法典章，或律法典章的注解。他们根据米示拿，又写了他勒目，他勒目就是米示拿的注释。所以米示拿的内容不断地增加又增加。法利赛人生活的主要目的，就是遵守这些律法典章。

第 2 章

第 3 章

第 3 章

约翰福音第3章1节说:『有一个法利赛人,名叫尼哥底母,是犹太人的官。』

我们知道一些有关尼哥底母的事:他一定是非常有钱,因为他和亚利马太 约瑟在耶稣被钉十字架后,为祂膏抹身体。他带了约45公斤的昂贵香料来膏耶稣,只有很有钱的人才负担得起。尼哥底母是犹太人的官,表示他是犹太公会七十个成员之一,而且根据耶稣所说,他又是犹太人的先生。耶稣说:『你是以色列人的先生,还不明白这事吗?』

还有,他是法利赛人。大约有六千名法利赛人奉献一生去保存律法典章。他们承认旧约前五卷书是神给人默示的道,并且设法解释这前五卷书,编成律法典章,称为米示拿。举个例子说,律法上说:『当记念安息日、守为圣日。』但在米示拿却有24章对这节经文的注解。其实,神说得很简单,只是:『当记念安息日、守为圣日。六日要劳碌作你一切的工. 但第七日是向耶和华你神当守的安息日』,他们却用24章来解释这段经文的含意和各种限制等等。这就是米示拿。

法利赛人力求遵守整本米示拿,就是所编写的律法典章,或律法典章的注解。他们根据米示拿,又写了他勒目,他勒目就是米示拿的注释。所以米示拿的内容不断地增加又增加。法利赛人生活的主要目的,就是遵守这些律法典章。

尼哥底母是法利赛人,是犹太人的官。
第2节说:『这人夜里来见耶稣』。

如果哪个人可以凭行为或守律法称义的话,尼哥底母肯定有份。尽管他是法利赛人、是犹太人的官、是先生,却还被耶稣吸引,很像那个富有的少年官。那个少年的官来到耶稣面前跪下,说:『夫子,我该作甚么善事、才能得永生。』耶稣对他说:『你若要进入永生,就当遵守诫命。』他说:「甚么诫命?」耶稣一口气说了十诫的后六条诫命。那少年人说:『这一切我从小都遵守了. 还缺少甚么呢。』他认识到仅仅遵守律法是不够的,一定还有别的什么东西。很显然的,尼哥底母也有相同的认知:一定还有别的什么东西。他认识到耶稣具

第 3 章
有一种特质,一个特殊的使命。

第2节,尼哥底母说:『拉比就是夫子,我们知道你是由神那里来作师傅的。』

虽然其他法利赛人并没有意识到这一点,但他意识到耶稣的话带着神的权柄,所以他说:『我们知道你是由神那里来作师傅的』;『因为你所行的神迹,若没有神同在,无人能行。』

尼哥底母说出他的看法,而这个认知并不是其他法利赛人所认同的。然而,这是他为耶稣基督作出的一个极为重要的见证。耶稣呼召祂的门徒来相信祂,主要因为他们看见祂所行的事。耶稣说:『你们当信我,我在父里面,父在我里面;即或不信,也当因我所作的事信我。』 这是约翰福音14章11节。他又说:『我所作的事,就是我的见证。』这是约翰福音5章36节的话。尼哥底母承认这一点,他说:『我们知道你是由 神那里来作师傅的,因为你所行的神迹,若没有神同在,无人能行。』

耶稣知道万事,祂知道尼哥底母心里所想的,祂知道这人心里最想知道的是:「我怎样才能进入神的国?」所以耶稣直截了当回答尼哥底母心里的疑问。
约翰福音第3章第3节:『耶稣回答说:「我实实在在的告诉你,人若不重生,就不能见神的国。」

耶稣在登山宝训中对祂的门徒说:『你们的义,若不胜于文士和法利赛人的义,断不能进天国。』这是在马太福音 5章20节。法利赛人终生致力于持守的神的律法典章,不仅是十诫,而是整个米示拿,就是解释、补充和说明十诫的律例典章。可是耶稣说:『你们的义、若不胜于文士和法利赛人的义、断不能进天国。』现在祂对这个法利赛人、犹太人的官说:『人若不重生,就不能进神的国,不能见神的国。』

约翰福音第3章第4到6节说:
 [4]　尼哥底母说:「人已经老了,如何能重生呢?岂能再进母腹生出来吗?」

第 3 章

[5] 耶稣说:「我实实在在的告诉你,人若不是从水和圣灵生的,就不能进神的国。
[6] 从肉身生的就是肉身;从灵生的就是灵。

尼哥底母对重生颇感兴趣,但这过程「究竟怎样发生的?难道要我再回到我母亲的腹中,然后再生出来?不可能吧?」我倒不认为他在开玩笑,我认为他真的很好奇,想要明白「你说的重生到底是什么意思?」然后耶稣说:『人若不是从水和圣灵生的,就不能进神的国。』祂说的『水和圣灵』到底是什么意思?我们知道从圣灵生的是什么意思。那么从水生的又是什么意思呢?有些人认为,耶稣是指水的洗礼,他们认为除非你受过水礼,否则你不能见神的国。从水生的是指接受水的洗礼。

但我认为,耶稣在这里并不是指接受水的洗礼,因为有些人接受了水的洗礼仪式,却仍然见不到神的国。那只不过是个仪式而已。

还有些人认为,水,指的是神的话,正如在彼得前书第1章23节说:『你们蒙了重生,是藉着神活泼常存的道。』所以我们是藉着神的道重生的。耶稣在约翰福音第15章3节说:『现在你们因我讲给你们的道,已经干净了。』所以他们认为从水生的,是指藉神的道重生。所以那些伟大的神学家们各持己见,有的说从水生的是指接受水的洗礼,也有的说指藉神的话重生,他们按自己的意见和观点写他们的注释,并且互相猛烈抨击对方的见解。

但对我来说,从水生的指的是我们自然的诞生,像胎儿在母腹中有羊水保护一样。当羊水破裂的时候,婴儿就出生了。所以,从水生的,是指自然的诞生,因为在第6节耶稣提到:『从肉身生的就是肉身;从灵生的就是灵。』

所以,耶稣在这里谈到两种方式的出生:从水生的和从圣灵生的。从圣灵生的,是指重生,我们得着的属灵生命,而从水生的,是指肉体的出生。

我不想为这个立场作任何解释。如果你认为从水生的它是指接受水的洗礼,没问题。如果你认为它是指藉着神的道而生的,也可以。

第 3 章

如果你认为它指的是肉体的出生,也未尝不可。你可以采取任何立场,这并不会改变你和神的关系。但有些人坚持自己的立场,而与他人剧烈的争辩。我不想争辩。

我们确实知道,从肉身生的,就是肉身。你的出生是自然的,是从肉身而生的。你不能藉着自然的出生而成为神的儿女,只有藉着圣灵生的,才能成为神的儿女。使徒保罗在以弗所书第2章谈到信基督之前的生命,这样说:
- [1] 你们死在过犯罪恶之中,他叫你们活过来。
- [2] 那时,你们在其中行事为人,随从今世的风俗,顺服空中掌权者的首领,就是现今在悖逆之子心中运行的邪灵。
- [3] 我们从前也都在他们中间,放纵肉体的私欲,随着肉体和心中所喜好的去行,本为可怒之子,和别人一样。

我们本不是神的儿女,是可怒之子。

约翰福音第3章7节,所以耶稣说,『我说:『你们必须重生』,你不要以为希奇。』

必须这个词,是我们要特别留意的词之一,因为这里进入道理的关键。要是某个人说:「我必须」;要是神说:「你必须」,那么你要格外地留意。耶稣说:『你必须重生。』『人若不重生,就不能见神的国。』祂是说,如果你想进天国,你必须重生。进天国和重生是分不开的。,神对凡要进天国的人发出的神圣命令是:必须经历属灵的重生;你必须藉神的灵重生,要再生一次。

约翰福音第3章8节继续说:『风随着意思吹,你听见风的响声,却不晓得从那里来,往那里去;凡从圣灵生的,也是如此。』

神的灵在我们的生命中的奇妙作爲,是我们不能完全理解或明白的,我们只知道确实有这回事,我们能够看见它的果效。

第9节:『尼哥底母问他说:「怎能有这事呢?」』

尼哥底母问了两个问题,第一:『人已经老了,如何能重生呢?』然后他又问:『怎能有这事呢?』耶稣没有立刻回答他,现在斥责他。

第 3 章

约翰福音第3章第10到12节：
- [10] 耶稣回答说：「你是以色列人的先生，还不明白这事吗？
- [11] 我实实在在的告诉你，我们所说的是我们知道的；我们所见证的是我们见过的；你们却不领受我们的见证。
- [12] 我对你们说地上的事，你们尚且不信，若说天上的事，如何能信呢？

耶稣的意思是，「如果我不能够使你相信地上的事，我怎么能够提升你到更高的层面呢？你是个先生，应该知道这些事呀！」接着，耶稣转而回答他的问题，『怎能有这事呢？』「我怎么能重生呢？」耶稣斥责了他的不信，和不领受耶稣的见证说「我知道这是真实的」之后，对他说：『摩西在旷野怎样举蛇，人子也必照样被举起来，』这是约翰福音第3章14节。

耶稣在这里谈到祂的十字架。请注意，又是必、必须这个词。『人子也必照样被举起来』。倘若救赎是可能的；倘若必须要有重生的经历，那就只能藉着人子被钉在十字架上，才得成就。所以『人子也必照样被举起来』。

耶稣引用旧约民数记第21章以色列民历史中一段非常有意思的例子。当时以色列民进入迦南地的行动失败了，摩西带领他们绕过以东的路，他们得穿越摩押和亚嫩河，想打从东边进入迦南地，百姓开始对摩西发怨言，说：『你们为甚么把我们从埃及领出来，使我们死在旷野呢？这里没有粮、没有水，我们的心厌恶这淡薄的食物。』「我们很讨厌。」

耶和华的怒气临到以色列民，于是神使这些小小的火蛇进入他们的帐棚里。这些是有剧毒的蛇，夺人性命的蛇。这些蛇就咬他们，许多人被咬死了。于是百姓到摩西那里说：『我们怨讟耶和华和你，有罪了，求你祷告耶和华，叫这些蛇离开我们。』于是摩西为百姓向耶和华祷告。耶和华吩咐他制造一条铜蛇，挂在杆子上，立在营地的中央。『凡被这些剧毒的蛇咬伤的，只要仰望立在营地中央的铜蛇，就得医治，就活了。』于是，摩西造了一条铜蛇，挂在杆子上，把它立在营地的中央。凡被这蛇咬伤的人，只要仰望杆子上的铜蛇，他们就得医治，就活了。

第 3 章

你发现，医生使用的小小标志，就是根据杆子上的蛇，来代表医治。但在圣经里，铜象徵审判，而蛇象徵罪。所以在杆子上的铜蛇象徵神审判他们的罪。但只要他们仰望铜蛇，就能得医治，不至于死。

这是神为他们安排的一个有趣的方法，但要怎么做呢？仰望铜蛇就能够挽救一个人的性命。这里并没有任何生理或科学的解释。只是神所立的约。祂说：『一望这蛇，就必得活』。我能想像当时一些顽固的人，被蛇咬伤了，躺在地上抽慉，快死了。他们的朋友说：「嘿！摩西在营地中央立的杆子，上面挂了一条铜蛇，你只要望它一眼，就能得医治。」

「哼！别胡说！真可笑，我实在不理解，望一眼铜蛇对我有什么用？你没看到我快死了吗？我需要帮助！」
「是呀！只要你仰望铜蛇就好了！」
「啊，算了吧！真会有用呢？」

我能想像他因为无法理解仰望铜蛇就得医治，所以在那里争论，然后渐渐死去。

人真愚昧！他们非得要弄明白神作工的过程，否则就不肯接受祂的作爲。

弟兄姐妹，我无法向你解释为什么相信耶稣基督能洗净你的罪污，使你重生，并成为神的儿女。我只能告诉你，确实是如此，是可行的。这是神所预备的。耶稣挂在十字架上，为你的罪承受神的审判。以赛亚书 53章6节说：『我们都如羊走迷，各人偏行己路。耶和华使我们众人的罪孽都归在他身上。』耶稣说：『摩西在旷野怎样举蛇，人子也必照样被举起来』。

耶稣挂在十字架上，是为我们担当神对罪的审判，祂是为我们的罪而死，代替我们而死。我们今天是凭着信心仰望十字架，信靠耶稣而得生，我们可以得到永生。正如当年以色列民仰望铜蛇而活过来一样。所以这两者是挺有趣的，都是神设立的象徵。

约翰福音第3章15节说：『叫一切信他的，不致灭亡，反得永生。』

第 3 章

神为所预备的永生,必须凭着信心去接受。就像风,你看到风造成的结果,感觉到它的影响,但那是个奥秘,你不知道风从哪儿来,要吹向何方,所以从灵生的,就是灵。我们无法完全暸解神的灵是怎样运行的,我们仅仅知道祂存在。

人怎能重生?怎能有这事?

约翰福音第3章16节说:『神爱世人,甚至将他的独生子赐给他们,叫一切信他的,不至灭亡,反得永生。』

关键又是在于相信耶稣。那是神对那些想重生的人的要求。关键是信靠祂。

然后耶稣继续向尼哥底母宣告:
『因为神差他的儿子降世,不是要定世人的罪,乃是要叫世人因他得救。』
这是约翰福音第3章17节。

我不知道为什么我们常常把基督描绘成在定我们的罪的样子。我想是因为我们时常有罪咎感吧!但是我们总把祂想成要定我们的罪。而使徒保罗在罗马书第8章中反问:『谁能定他们的罪呢?』然后他回答:「不是耶稣!祂已经为我们死了」,『而且从死里复活、现今在神的右边,也替我们祈求。』神差耶稣进入世界,不是来定世人的罪。耶稣来不是要定你的罪,而是为了拯救你。『因为神差他的儿子降世,不是要定世人的罪,乃是要叫世人因他得救。』耶稣不必来定罪,因为世人已经被定罪了。

约翰福音第3章18节继续说:『信他的人,不被定罪』。

啊!你听见吗?你相信吗?『信他的人,不被定罪』。这个信息应该叫你的灵魂无比兴奋!罗马书 8章1节说:『如今那些在基督耶稣里的,就不定罪了』。不就是这样说的吗?你相信吗?既然说『如今那些在基督耶稣里的,就不定罪了』,为什么我们偏偏要定自己的罪呢?为什么我们老是那么沮丧,那么气馁呢?『信他的人,不被定罪』,但是『不信的人,罪已经定了,因为他不信神独生子的名。』这是第18

第 3 章

节下半节。

那么祂的名字叫什么？叫耶稣，耶和华是拯救的意思。耶稣来为了拯救世人，这是祂的名字的含义。马太福音1章21节说：『他将要生一个儿子．你要给他起名叫耶稣．因他要将自己的百姓从罪恶里救出来。』祂来不是要定罪，而是为了拯救。祂的名字暗示了祂的使命。耶稣非常清楚地宣告说：『人子来为要拯救失丧的人』。在这里，耶稣又说：『不信的人，罪已经定了，因为他不信神独生子的名。』

什么是定罪？

约翰福音第3章19到21节说：
  [19] 光来到世间，世人因自己的行为是恶的，不爱光，倒爱黑暗，定他们的罪就是在此。
  [20] 凡作恶的便恨光，并不来就光，恐怕他的行为受责备。
  [21] 但行真理的必来就光，要显明他所行的是靠神而行。」

什么是定罪？人不来就光，不来亲近光就被定罪。
但愿你不会这样。启示录第20章那里说，将来有一批人站在神的白色大审判宝座前，如果你与他们一起，当案卷展开，你就要按着案卷上所记载的受审判。当你的名字被叫到的时候，你将赤露敞开的站在神面前，毫无遮掩的，神要展开你的案卷，你的控罪写在上面，但只有一条，神不会一件一件地说出你讲过的每一个谎话、偷过的每一样东西、或每一个不好的思想，或败坏的行为。那里只有一条控罪，就是你没有来到耶稣基督跟前。耶稣说：『我是世界的光』，光来到世间，但世人并不来就光，定他们的罪就是在此。『不信的人，罪已经定了』。

所以不必耶稣定你的罪，因爲你已经被定罪了。祂不是来定你的罪，没有这个必要，你已经被定罪了。但现在的问题不是你做过多少坏事，而是你拒绝了神预备的救恩，那是神所预备的唯一让人到祂跟前来的途径；以及让人的罪能得饶恕的方法。所以对世人的控罪只有一条。

耶稣说，圣灵既来了，要『叫世人为罪、为义、为审判，自己责备自

己。为罪,是因为他们不信我。』所以,只有这个罪才会使你的灵魂受到谴责。你所做过的其馀一切都可以得到饶恕。基督已经为世人的罪而死,神将我们一切的罪孽都归到祂身上。祂的死完全满足了神对人类的罪的公义要求。而神要控告世人的唯一罪状,就是世人不来就光,不接受神所预备的救恩。

约翰福音第3章第22节说:『这事以后,耶稣和门徒到了犹太地』。他们来到了耶路撒冷附近的地区。

第22节:『在那里居住,施洗。』
似乎从那时起,耶稣的门徒开始为犹太百姓施洗。

约翰福音第3章第23到26节继续说:
- [23] 约翰在靠近撒冷的哀嫩也施洗;因为那里水多,众人都去受洗。
- [24] 那时约翰还没有下在监里。
- [25] 约翰的门徒和一个犹太人辩论洁净的礼,
- [26] 就来见约翰,说:「拉比,从前同你在约但河外、你所见证的那位,现在施洗,衆人都往他那里去了。」

他们去告诉约翰说:「你所见证的那一位,就是你说的神的羔羊等等,现在祂为人施洗,衆人都往祂那里去了。」

约翰福音第3章第27到30节说:
- [27] 约翰说:「若不是从天上赐的,人就不能得什么。
- [28] 我曾说:『我不是基督,是奉差遣在他前面的』,你们自己可以给我作见证。
- [29] 娶新妇的就是新郎;新郎的朋友站着,听见新郎的声音就甚喜乐。故此,我这喜乐满足了。
- [30] 他必兴旺,我必衰微。」

约翰的谦卑是恰到其份。他说:「你们是我为祂作见证的见证。瞧!祂是新郎,我只是伴郎而已。娶新娘的是新郎。但是祂的伴郎听到新郎的声音就欢喜了。所以我因为新郎的声音就甚喜乐,我的喜乐就得到满足。」怎样得到满足呢?就是带给基督尊荣和荣耀。『他必

第 3 章

兴旺、我必衰微。』我们也应该这么说。

约翰福音第3章第31和32节继续说：

[31] 「从天上来的是在万有之上；从地上来的是属乎地，他所说的也是属乎地。从天上来的是在万有之上。
[32] 他将所见所闻的见证出来，只是没有人领受他的见证。

这跟耶稣对尼哥底母说的差不多。
在约翰福音第3章12和13节，耶稣说：
『除了从天降下仍旧在天的人子，没有人升过天。』
『我对你们说地上的事，你们尚且不信，若说天上的事，如何能信呢。』
约翰在这里说耶稣是从天降下，但没有人领受祂的见证。

约翰福音第3章第33节说：『那领受他见证的，就印上印，证明神是真的。』

当你领受耶稣基督的见证的时候，就像盖印一样，印在你心里，你知道那是真实的。神的灵为我见证神的真理。有些事我就是知道是真实的。你问我：「你怎么知道是真的？」我就是知道它们是真的，因为有那个印记，有圣灵为真理作见证。你就是知道！就是直觉的知识。

约翰福音第3章第34节说：『神所差来的就说神的话，因为神赐圣灵给他是没有限量的。』

住在耶稣基督里的圣灵是豐丰满满的，不是要慎密计算的，而是完全丰满的。

约翰福音第3章第35和36节说：

[35] 父爱子，已将万有交在他手里。
[36] 信子的人有永生；不信子的人得不着永生，神的震怒常在他身上。」

这是施洗约翰为耶稣基督作的最后见证。『信子的人有永生；不信子的人得不着永生』，你不但得不着永生，反而『神的震怒会常在你身上。』

第 3 章

第 4 章

第 4 章

好，我们进入第4章。约翰福音第4章第1和2节说：『主知道法利赛人听见他收门徒，比施洗约翰还多，其实不是耶稣亲自施洗，乃是他的门徒施洗，』

这意思可能是两种当中的一种：要嘛，不是耶稣亲自施洗，而只是祂的门徒施洗；要嘛，就是耶稣只给门徒施洗，祂不给别人施洗；只有祂的门徒施洗。所以你可以选择。但是当耶稣知道法利赛人听见这些事的时候，第3节说：『他就离了犹太』。

因为法利赛人听说祂甚至比约翰施洗得还多，所以祂离开犹太地区，就是靠近耶路撒冷的地区，那是大多数法利赛人出入的地方。

第3节继续说：『又往加利利去』。耶稣离开犹大到加利利去。

第4节：『必须经过撒玛利亚』

撒玛利亚位于犹太、耶路撒冷和加利利之间。撒玛利亚位于这两个地方之间，在以色列国的中部。

约翰福音第4章第5到15节，经文说：
- [5] 于是到了撒玛利亚的一座城，名叫叙加，靠近雅各给他儿子约瑟的那块地。
- [6] 在那里有雅各井；耶稣因走路困乏，就坐在井旁。那时约有午正。
- [7] 有一个撒玛利亚的妇人来打水。耶稣对他说：「请你给我水喝。」
- [8] 那时门徒进城买食物去了。
- [9] 撒玛利亚的妇人对他说：「你既是犹太人，怎么向我一个撒玛利亚妇人要水喝呢？」原来犹太人和撒玛利亚人没有来往。
- [10] 耶稣回答说：「你若知道神的恩赐，和对你说『给我水喝』的是谁，你必早求他，他也必早给了你活水。」
- [11] 妇人说：「先生，没有打水的器具，井又深，你从那里得活水呢？
- [12] 我们的祖宗雅各将这井留给我们，他自己和儿子并牲畜也

第 4 章

都喝这井里的水,难道你比他还大吗?」
[13] 耶稣回答说:「凡喝这水的还要再渴;
[14] 人若喝我所赐的水就永远不渴。我所赐的水要在他里头成为泉源,直涌到永生。」
[15] 妇人说:「先生,请把这水赐给我,叫我不渴,也不用来这么远打水。」

到目前为此,这个妇人对耶稣的态度显得相当没礼貌,有点傲慢、机警。她不是行为很正当的妇人。事实上,她的道德品格相当低下,在叙加还挺有名的,因为她的过去不太光彩,名声相当败坏,可能她以打情骂俏出名,人尽可夫。或许她有属世的智慧懂得怎样驯服男人,而且对男人来说,她可能有挑战性的。所以,当她来打水,看到这个人坐在那里,对她说:『请你给我水喝』。她并没有二话不说就倒水给祂喝,而是开门见山地问祂:「你怎么向我要水喝呢?你是犹太人,我是撒玛利亚人,我们不应该有来往。」『耶稣回答说,你若知道神的恩赐,和对你说给我水喝的是谁,你必早求他,他也必早给了你活水。』

我确信,这时候她和耶稣说话的动机与耶稣说的相差很远。但是她还继续问:「我为什么要给你水喝?」『先生没有打水的器具、井又深、你从那里得活水呢。』「难道你比留这井给我们的祖宗雅各还大吗?」耶稣回答她:『凡喝这水的,还要再渴。』

「啊!我要这种水呀!这样我就不必每天老远来这口井打水,我就不再渴啦!」

『凡喝这水的还要再渴』这句话,在耶稣的意思,指的是井里的水。耶稣再进一步谈论乾渴,祂并不是谈论肉体的乾渴,而是属灵的乾渴。

人是由灵、魂和体,这三部分组成,人有肉体的乾渴、有情感上的乾渴,还有心灵的乾渴,耶稣向这妇人说:「你要是喝这水,还是会乾渴。」这可以指,你所拥有的、追寻的、或寻找的每一件肉体上的经验。

人们总是觉得:「要是我怎样怎样……你要怎样,这个空白地方你自己填上去,那么我就会快乐啦!满足啦!」你要在这个空白地方填

第 4 章

什么呢?似乎人通常都会订一个目标,或者一件事让他觉得:「啊!要是我成功了;要是我达到目标了;要是我获得了,那么我可心满意足了!不再乾渴了!」耶稣说:「不!」『凡喝这水的,还要再渴。』你应该在脑子里证明你有这样的想法,因为在过去,你一定设立过一些短暂的目标,你觉得:「啊!只要我有一辆脚踏车,那我今生今世再也不想要别的东西了。」耶稣说:『凡喝这水的,还要再渴』。我确实有这种经历,我达到了目标,达到了自己设定的中等的目标,我就想:「啊!要是我怎样怎样……」然后,我得到了,可是我不满足,我又乾渴了。但是耶稣说:『人若喝我所赐的水就永远不渴。我所赐的水要在他里头成为泉源』,这个妇人说:『先生,请把这水赐给我』。

约翰福音第4章16到18节说:
- [16] 耶稣说:「你去叫你丈夫也到这里来。」
- [17] 妇人说:「我没有丈夫。」耶稣说:「你说没有丈夫是不错的。
- [18] 你已经有五个丈夫,你现在有的并不是你的丈夫。你这话是真的。」

请注意,这妇人的态度完全转变了。她不再卖弄风情,她的面具被撕裂了。你知道,有许多人到哪儿都戴着面具。外表看来,他们挺可爱、挺聪明。「我能应付自己的事,我知道怎样做,不需要任何人帮忙。我应付得来。」 但一旦面具被揭开,底下有极大的乾渴和需要。而人的乾渴和需要,只有神能满足。每一个人,不管他们是谁,都一样。你可能假装你不需要神,你说:「那是给弱者的,我不需要把生命委身给神。我不需要神,我能应付自己的事,我能找到人生的出路。人生的战场是属于强者,我是强者,不需要帮忙。」你在外表可以装出一副坚韧的、顽强的样子,戴上一副面具,不管你外表怎样装扮,但在每个人内心深处都哭喊着,需要神。当耶稣拿走这个妇人的面具的时候,她突然明白这人不是閙着玩的。「祂看穿我的内心,知道我的内心隐藏的事,祂知道我的真面目,我根本无法愚弄祂。」面具被拿走了。她的灵魂暴露出来、赤露敞开、完全揭露出来,她也知道。于是,突然她整个态度和人生的常规改变了,接着她问什么问题?

约翰福音第4章20节,她说:『我们的祖宗在这山上礼拜,你们倒说,应当礼拜的地方是在耶路撒冷。』

第 4 章

她的问题是:「我上哪去找神?我们的祖宗说我们要在这山上找神,你们却说在耶路撒冷。我上哪去找神呢?」这是每个人内心深处都在追寻的问题。「到那里我能找到神?」因为我们都需要神,不论我们在人的面前装得怎样坚强,可是在我们内心深处都需要神,我们的心在呐喊:「我要到那里找到神?」因此她的整个态度改变了,她说:『先生,我看出你是先知』。

「我们的祖宗说我们在这山上敬拜神」,那是基利心山,在撒玛利亚地区。以色列民进入迦南地的时候,各支派站在这山顶上陈明神的祝福。而在对面的以巴路山上,却要宣布咒诅。

撒玛利亚人是在亚述被掳之后,居住在北边省份的民族。当犹太人从巴比伦被掳归回的时候,他们不接纳这些撒玛利亚进入犹太教,因为撒玛利亚人不能证明他们有纯净的血统,因爲他们与那些被亚述人带到他们当地居住的民族通婚,就像是混血了,所以被称为撒玛利亚人。因为在耶路撒冷的犹太人不允许他们在圣殿里帮忙或进去敬拜,所以他们在基利心山上建立自己的敬拜中心,自己献祭,造成犹太人和撒玛利亚人之间的不和,互不往来。他们说,亚伯拉罕献以撒的地方是在基利心山,他们还断言基利心山是所罗门建造圣殿,敬拜神的地方。他们不鼓励撒玛利亚人到耶路撒冷去敬拜神,因爲他们认为是在基利心这座山上找到神,要在这座山上敬拜神。

到今天,当然,撒玛利亚人的人口减少了,世界上只剩下大约一千二百个撒玛利亚人。即使到今天,他们仍然在基利心山上献羊羔为祭。那些遗留下来的撒玛利亚人仍然声称,人们要在基利心山上寻找神。但这个妇人的问题基本意思是:「我在哪儿能找到神呢?」这是每个人心热切探索的问题。

约翰福音第4章21节:『耶稣说:「妇人,你当信我。时候将到,你们拜父,也不在这山上,也不在耶路撒冷。」』

然后耶稣继续讲了让人得着极大启发的话。

约翰福音第4章22节说:『你们所拜的,你们不知道』

第 4 章

今天，这对许多人来说是真实的。他们却是不知道自己拜甚么。耶稣继续说：

　　[22] 我们所拜的，我们知道，因为救恩是从犹太人出来的。
　　[23] 时候将到，如今就是了，那真正拜父的，要用心灵和诚实拜他，因为父要这样的人拜他。」
　　[24] 神是个灵，所以拜他的必须用心灵和诚实拜他。
　　　　这是约翰福音第4章22到24节。

你要在哪里敬拜神？在那里找到神？无论你在那里，都可以找到神。祂就在我们周围，神不局限于某个地方，你也不能把神局限于某个地方。我们往往在思想上犯错，把神限制于某处。神不仅仅住在我们聚集的教会里，当你乘车来教会的时候，神也在你的车子里。当你准备来教会，而你的孩子还没穿好衣服，你向他们大声催促的时候，神就住在你的家里。我们需要更强烈地意识到不论我们在那里都有神的同在。神是个灵；而我是被祂围绕着。因为我们的生活、动作、存留都在祂里面。你不能将神局限于某个地方，啊，比方把祂安置在基利心山，或耶路撒冷，或任何一个地方。神并不住在那些地方多于任何别的地方。神住在每一个神的子女的心中和生活中。祂围绕着我们。我们在祂里面生活、动作、存留。神是个灵，你要是想敬拜祂，你必须以心灵来敬拜祂，必须用心灵和诚实来敬拜祂。

约翰福音第4章25节说：『妇人说：「我知道弥赛亚就是那称为基督的要来；」』

基督这个词是个希腊字，是从希伯来词--弥赛亚翻译过来的。所以希腊词 基督是由
弥赛亚这个词而来。所以约翰在这里指出：『我知道弥赛亚要来』弥赛亚这个词在希腊语称为基督。

约翰福音第4章25和26节继续说：
　　[25] 他来了，必将一切的事都告诉我们。」
　　[26] 耶稣说：「这和你说话的就是他！」

你能想像她在那一瞬间的感受吗？『这和你说话的就是他！』

第 4 章

好，我们继续看下去，约翰福音第4章27和34节说：

- [27] 当下门徒回来，就希奇耶稣和一个妇人说话；只是没有人说：「你是要什么?」或说：「你为什么和他说话?」
- [28] 那妇人就留下水罐子，往城里去，对众人说：
- [29] 「你们来看!有一个人将我素来所行的一切事都给我说出来了，莫非这就是基督吗?」
- [30] 众人就出城，往耶稣那里去。
- [31] 这其间，门徒对耶稣说：「拉比，请吃。」
- [32] 耶稣说：「我有食物吃，是你们不知道的。」
- [33] 门徒就彼此对问说：「莫非有人拿什么给他吃吗?」
- [34] 耶稣说：「我的食物就是遵行差我来者的旨意，作成他的工。

挺有意思的一节经文，『作成他的工』。救赎的大工还没有成就。后来，耶稣在十字架上喊说『成了』!但是这时候神救赎的大工还没有完成，所以耶稣说：『我的食物就是遵行差我来者的旨意，作成他的工。』耶稣肩负着使命。祂受父神差遣，来完成父神的工作，就是救赎世人的工作。然后祂说：

『你们岂不说『到收割的时候还有四个月』吗?我告诉你们，举目向田观看，庄稼已经熟了，可以收割了。』这是约翰福音第4章 35节。

在这时候，示剑的人正穿过麦田，朝着耶稣所站的井边走过来。他们大多数包着白色的头巾，所以当你举目观看麦田的时候，他们正从城里朝着井边的方向走来。耶稣对祂的门徒说：『你们岂不说『到收割的时候还有四个月』吗?我告诉你们，举目向田观看。庄稼已经熟了，原文在这里说，庄稼发白,可以收割了。』

那些饥渴的灵魂在寻找神。在那里能找到神呢?

约翰福音第4章36和37节说：
- [36] 收割的人得工价，积蓄五谷到永生，叫撒种的和收割的一同快乐。
- [37] 俗语说：『那人撒种，这人收割』，这话可见是真的。

保罗说，有人栽种，有人浇灌，只有神叫他生长。

第 4 章

约翰福音第4章38到46节，耶稣继续对门徒说：
- [38] 我差你们去收你们所没有劳苦的；别人劳苦，你们享受他们所劳苦的。」
- [39] 那城里有好些撒玛利亚人信了耶稣，因为那妇人作见证说：「他将我素来所行的一切事都给我说出来了。」
- [40] 于是撒玛利亚人来见耶稣，求他在他们那里住下，他便在那里住了两天。
- [41] 因耶稣的话，信的人就更多了，
- [42] 便对妇人说：「现在我们信，不是因为你的话，是我们亲自听见了，知道这真是救世主。」
- [43] 过了那两天，耶稣离了那地方，往加利利去。
- [44] 因为耶稣自己作过见证说：「先知在本地是没有人尊敬的。」
- [45] 到了加利利，加利利人既然看见他在耶路撒冷过节所行的一切事，就接待他，因为他们也是上去过节。
- [46] 耶稣又到了加利利的迦拿，就是他从前变水为酒的地方。有一个大臣，他的儿子在迦百农患病。

迦拿是个座落在山谷里的一个小村落。如果你从拿撒勒来，越过山顶后，就下到一个小山谷，迦拿就座落在谷中，正好位于拿撒勒到加利利海的路上。当耶稣来到迦拿，大概还离加利利海32公里。这时候，耶稣抵达加利利的迦拿。

约翰福音第4章46节继续说：『耶稣又到了加利利的迦拿，就是他从前变水为酒的地方。有一个大臣，他的儿子在迦百农患病。』
迦百农离迦拿至少有32公里。

约翰福音第4章47节继续说：『他听见耶稣从犹太到了加利利，就来见他，求他下去医治他的儿子，因为他儿子快要死了。』

当然，如果儿子快要死了，作父亲的会很着急，你要是认为「这个人能帮助垂死的儿子」，你会竭尽全力。

第48到50节：
- [48] 耶稣就对他说：「若不看见神迹奇事，你们总是不信。」
- [49] 那大臣说：「先生，求你趁着我的孩子还没有死就下去。」

第 4 章

[50] 耶稣对他说:「回去吧,你的儿子活了!」那人信耶稣所说的话就回去了。

他完全相信耶稣的话,甚至没有回家看。他就是信。因为第二天,

[51] 正下去的时候,他的仆人迎见他,说他的儿子活了。

[52] 他就问什么时候见好的。他们说:「昨日未时热就退了。」

[53] 他便知道这正是耶稣对他说「你儿子活了」的时候;他自己和全家就都信了。

这是第51到53节。

如果那是下午一点,而他真的担心儿子的话,会立刻赶回迦百农,走得快的话,当晚就能抵达。但他不再担心了,他相信耶稣的话。『他便知道这正是耶稣对他说「你儿子活了」的时候,他自己和全家就都信了』。

耶稣说的时候,他相信,事情就成就了。『全家就都信了』。

第54节:『这是耶稣在加利利行的第二件神迹,是他从犹太回去以后行的。』

第 4 章

第 5 章

第 5 章

约翰福音第5章1到8节说：
- [1] 这事以后，就是祂在迦拿传道，并医治了大臣的儿子之后，到了犹太人的一个节期，耶稣就上耶路撒冷去。
- [2] 在耶路撒冷，靠近羊门有一个池子，希伯来话叫作毕士大，旁边有五个廊子；
- [3] 里面躺着瞎眼的、瘸腿的、血气枯乾的许多病人。〔有古卷在此有：等候水动；
- [4] 因为有天使按时下池子搅动那水，水动之后，谁先下去，无论害什么病就痊愈了。〕
- [5] 在那里有一个人，病了三十八年。
- [6] 耶稣看见他躺着，知道他病了许久，就问他说：「你要痊愈吗？」
- [7] 病人回答说：「先生，水动的时候，没有人把我放在池子里；我正去的时候，就有别人比我先下去。」
- [8] 耶稣对他说：「起来，拿你的褥子走吧！」

约翰给我们看到耶稣传道的另一个小小情景。请记住，约翰福音是经过挑选的画面。在约翰福音20章，约翰告诉我们，耶稣还另外行了许多神迹，没有记在这书上。『但记这些事，要叫你们信耶稣是基督，是神的儿子。并且叫你们信了祂，就可以因祂的名得生命』。所以约翰告诉你，他只挑选耶稣生活和传道中的某些事情，来向你证明祂是弥赛亚，是永生神的儿子，让你因此可以因信祂的名得生命。约翰在结束福音书的时候说，耶稣所行的事还有许多，若是一一的都写出来，我想，所写的书就是全世界的图书馆也容不下了。果然是的，今天出版了大量关于圣经和耶稣的书籍，足以证明这话是正确的，然而我们能说的或者应该说的，还没到极限。

还有另一个小的亮光。毕士大池靠近羊门，今天是在称爲狮子门的里面。耶路撒冷城墙上的羊门已不存在了。但是考古学家在狮子门内挖掘出毕士大池子，那儿有五个廊子，耶稣就在那里医治这个瘫子。

圣经说，那里有许多人，有瞎眼的、瘸腿的和跛脚的，因爲传统认为，每当池水开始动的时候，第一个下到水里的人，不管患什么病都可得医治。所以这些瘸腿的、瞎眼的、残废的，任何有病的人都可

第 5 章

以躺在那里，等候水动。你能想象这是多么可悲的情景！看到在这池子边，五个廊子里到处躺卧着体态怪异的人，都在等候水动。一旦水动，大家就疯狂的争先恐后挤下去。瞎眼的人当然居劣势，因爲他只能凭着别人发出的吵闹声，才觉察到要赶紧下去。每个人都想第一个下到水中，因爲第一个下去的，无论得什么病都能痊愈。你要问：「这怎么解释？第一个下到水里的就得医治？」

我们知道信心有巨大的能力。耶稣说：『你若能信，在信的人，凡事都能。』多少次，耶稣对人们说：『你的信救了你』。信心有巨大的力量，它能活化神在你里面的作为。人们常常需要有个接触点来释放他们的信心。很多时候，信心是挺消极的。消极的信心真的毫无作用。我相信神有能力！我相信神创造宇宙，所以我知道神万事都能做。但对于一个动过手术截肢的人，神要使他复原，那我的信心是消极的。我说我的信心是消极的，因为我没有积极的信心去相信真会有这种事。你说：「你相信神创造世界？」当然。「那你相信神万事都能做吗？」当然。「既然神能做万事，那祂当然也能给这个截肢的人装上新的手臂了。」我相信神能够办到，但我不相信祂会这样做。所以，这就是消极的信心和积极的信心之间的不同。积极的信心相信神真的会做。

许多时候，我们需要通过一个地方、一个点、一种经历，将没有作用的消极的信心转化为能成就很多事的积极信心。通常这个接触点意义重大。对这些池边的病人来说，他们的接触点就是相信水一动，第一个下到水里的人，无论得什么病，都能得医治。因爲他们是这样相信，所以第一个进入水里的人，他的信心立刻活化，他相信神要治好他。因爲他相信神要治好他，所以他就痊愈了。他的信心活化了。

就像那个妇人在心里说：「只要我能摸到祂的衣裳繸子，我的血漏就必痊愈。」所以她使劲穿过人群，直到够靠近耶稣，摸到祂的衣裳繸子，在妇人一触摸的那瞬间，她的信心得到释放，信心活化，神的能力从耶稣发出，医治了她。因爲神要回应我们的信心。

你的信心可以成爲一个障碍或一个祝福，最重要是我相信什么。我如果相信神没有能力，或不会做某件事，那么结果神必然不做那件

第 5 章

事。如果我相信神要做某件事，神就真的做了。

很不幸，我小时候听到许多负面的教导。许多人成了负面教导的牺牲品。我听过不少反对许多东西的教导。其中讲道的人最喜欢攻击的话题是抽烟。我小时候，经常听到说，你抽烟的话，就不能作基督徒；抽烟的话，就不能做神的儿女。

我有很多同伴也听过这样的教导，他们相信所听到的。所以他们抽烟后，就认爲「噢，神不拯救我了，我是个罪人，因爲我抽烟。我抽烟了，不能得救。」因为他们认爲只要抽烟，就无法得救。结果变成事实，他们真的没能得救。他们无法相信，被抽烟的恶习捆绑，神仍然能救他们。因爲你这么相信，结果就成了事实。很不幸，很多人被这种负面教导摧毁了。

有个住在图森这个城市的人对我说：「牧师啊，我很想作基督徒，想去教会，想爲主而活。年轻的时候，我在教会当过辅导员，那时服事主，很快乐。现在我也想服事，但我的工作压力很大。忙了一天，晚上回到家，我喜欢坐下来轻松一下，喝喝啤酒。所以我不能得救了。」我说：「老兄，谁告诉你不能喝啤酒？这不是问题的关键呀！」我告诉他，要是我喜欢，我可以喝尽天下所有的啤酒，只是我不爱喝而已。

许多人远离神是因爲他们被习惯捆绑，或他们落入某些模式里，无法自拔。他们尝试戒掉，但别人告诉他们，要是继续那样做，就不能成爲神的儿女。所以他们设法戒烟，但戒不掉，他们想：「噢！神啊，我希望能得救，噢！我希望成爲神的儿女。」他们渴望成爲神的儿女，却被捆绑，烟不戒掉。他们本末倒置。你只要把生命交给耶稣基督，祂会看顾这些事，神的圣灵要塑造你成为耶稣基督的样式。

我们力图在神的面前称义，努力从外到内作工；要嘛这是不可能，要嘛总是有困难。神的灵是从内而外作工，祂在我里面进行改变，使改变表诸于外。所以我相信，我们的信心在我生命中成为现实。但只有积极的信心才能使事情变为可能，而通常要成就这事，还得靠接触点。

雅各书5:14-15说，『你们中间有病了的呢，他就该请教会的长老来。他们可以奉主的名用油抹他，爲他祷告。出于信心的祈祷，要救

第 5 章

那病人,主必叫他起来。』

当长老用油膏抹那人,奉耶稣的名爲他按手祷告,就给他一个释放信心的接触点。「我知道一旦长老用油膏我,奉主的名为我祷告,我必得到医治。啊!赞美主!」门铃响了!「啊,他们来了,我马上要得医治了,就在他们按手在我身上,奉主的名用油膏抹我的时候,我就痊愈了。因爲我相信神的应许,我相信神的话,在他们奉耶稣的名按手在我身上,爲我祷告的那一刻,我就得医治。爲什么?因爲我的信心被启动了,或者活化了。不再是「神能医治我」,而是「神此刻医治我」,这就是信心活化了。

这些人坐在池边等着水动,因爲这是释放他们信心的接触点,神要藉此在他们生命中作工。但这个人瘫痪了三十八年,躺在那里很久了。他严重瘫痪,以致每次水动,没来得及下到水里,别人已经先下去了。所以他仍然瘫痪,巴望着,等待着有这么一天能第一个下去。看他的情况,肯定没有朋友来帮他,不然,他们可以坐在他旁边,等水一动,马上抱起他往水里一扔。可是,他在那里,绝望的等待。耶稣过来问他:『你要痊愈吗?』他向耶稣诉苦:「我当然想得医治,但是没有人帮助我。水动的时候,总是有人在我前面。」然后, 耶稣命令他做一件不可能的事。『耶稣对他说:「起来,拿你的褥子走吧!」』

我喜欢耶稣经常吩咐人一些不可能做到的命令。因爲每当主给你一个不可能完成的命令,你要在二者选其一。第一个选择是, 你服从耶稣给你的命令,或者你跟主辩驳。

这个人可以说:「先生,你开玩笑吗?我告诉你,没有人帮我,现在水又不动。我在这里躺了很久了, 你以为我能带着我的褥子离开吗?我已经瘫了三十八年,根本站不起来。」他可以跟耶稣争论,那是不可能的命令。但是,他作了明智的选择,选择服从基督的命令。

约翰福音第5章9节说:『那人立刻痊愈,就拿起褥子来走了。那天是安息日,』

尽管他知道是不可能,但他选择服从基督的命令。

许多时候,主给我们的命令好象不可能做到。也许我们生命有软弱

第 5 章

的地方,挣扎了多年,始终胜不过。主说:「好吧!以后不要再做了。」我们说:「噢!主阿,你不知道我多想戒掉。啊!你不知道我这么做,多痛苦呀!完全没有喜乐。」我们和耶稣争论,告诉祂我们已经试过许多遍了;告诉祂我们爲改变行爲模式所订下的计画,可「我还是一成不变!」我们与主争论,而不愿意服从。

有一件事我们必须学习:虽然耶稣给我们的命令好象是不可能做到,但除非是我们愿意,不然耶稣绝不会命令我们去做。但是,如果我们愿意的话,主就会给我们一切能力和一切力量去完成祂的命令。不要与主争论,只要说:「好的,先生!」然后就去做。因爲只要你愿意服从基督的命令,你马上就要领受服从命令所需要的一切。我们往往迟疑,说:「主!那不可能吧!」别再这样了,因爲祂吩咐我这么做,就凭藉着祂吩咐我这么做的这个事实,祂会给我能力去完成的。

约翰福音第5章9节说:『那天是安息日』,

他还没走多远,那些身穿黑袍,带着黑色礼帽,留着长胡须的犹太人对他说:「今天是安息日,你拿褥子是不可的。」这是第10节。

我觉得有意思的是,人最容易受到传统的影响。但真正令我惊讶的是,传统在一个人的生命中是那么根深蒂固。你知道吗?我认爲,传统是最难让人解脱出来的其中一件东西。我们想破除传统,实在非常困难。不幸的是,教会里有许多传统,教会传统的根源,来自巴比伦的神秘宗教,后来却演变成教会传统的一部分。由于那是传统,它已经这么根深蒂固,所以马丁路德力图破除传统,他确实破除了一些,但是并没能真正彻底破除所有的弊端,因爲改革后的新教保留了相当多来自巴比伦神秘宗教体系的传统。

所以耶稣在写给代表宗教改革的撒狄教会说:『因我见你的行爲,在我神面前,没有一样是完全的。』「你仍然有很多属于巴比伦神秘宗教的花样,在基督肢体里没有它们的位置。」但传统是很难抛弃的,它们在人的心里已经根深蒂固了。

犹太人从安息日发展出一些传统的习俗。他们试图解释安息日律法,这就是所谓的米示拿,就是对摩西律法的注解。在米示拿里,有

第 5 章

23章专门解释安息日律法。神仅仅说:『当记念安息日,守爲圣日。六日要劳碌作你一切的工。但第七日是向耶和华你神当守的安息日。』只要记念安息日,守爲圣日。而他们却开始解释这条律法,你会发现在米示拿里有23章是解释这条律法:究竟甚么会构成在安息日背重担?

有一次我们在安息日来到耶路撒冷,车子经过街上,有个犹太小男孩,大约十到十二岁,穿着黑袍,戴着黑礼帽,留着长卷头发,我们的车子经过,那男孩非常生气,因爲我们在安息日旅行。他向我们作鬼脸,最后,还向我们吐舌头,因爲我们竟敢在安息日乘搭车子。我猜想,他伸舌头应该没有违反他们的条例吧!

但是,在这里这个瘫子被他们逮住了!他居然在安息日拿着褥子。「嘿!你这个家伙,今天是安息日!拿褥子是不合法的!」

约翰福音第5章11节:『他却回答说:「那使我痊愈的,对我说:『拿你的褥子走吧。』」』

他让犹太人注意到他得了医治。「当然,任何能在我瘸了三十八年后治好我的人,说话一定带有权柄的。祂吩咐我拿我的褥子走!」

约翰福音 5章12到14节说:
- [12] 他们问他说:「对你说『拿褥子走』的是什么人?」
- [13] 那医好的人不知道是谁;因为那里的人多,耶稣已经躲开了。
- [14] 后来耶稣在殿里遇见他,对他说:「你已经痊愈了,不要再犯罪,恐怕你遭遇的更加利害。」

在这个特殊的案例里,耶稣的意思好象是说这个人的疾病和他的罪有关。因为祂说:『不要再犯罪,恐怕你遭遇的更加利害。』

某种特殊的疾病可能会和罪有关联。但是, 这样概括地说,任何疾病都是直接由某些罪引起的,是非常错误的看法。这就是安慰约伯的人所犯的错误。又是当人们看到别人病得很重,或遭遇痛苦的时候,他们常常在潜意识里犯的一个错误。不幸的是, 现在有些布道

第 5 章

家竟然向人灌输这样的错误观念，说：「如果你有足够的信心，就能得医治。你只需要好好理顺你的生命，神要医治每一个人。如果你得不到医治，是因为你的生命出了毛病，你的信心有问题。」他们在这些可怜的病人身上加添不必要的沉重负担，使他们觉得有罪咎感，或使他们的病情恶化。我深信，神对这样的安慰者要施行特别的审判。

这个被医好的人，直到在圣殿里遇见耶稣，才知道耶稣是谁。他的景况和他生命中的罪有关，所以耶稣警告他：「你去吧，不要再犯罪，恐怕你遭遇的更加利害。」

耶稣教导过，当污鬼离了人身，就在无水之地过来过去，寻求安歇之处；既寻不着，他要回到所出来的屋里去。到了，就看见里面打扫干净，修饰好了，便去另带了七个比自己更恶的鬼来，都进去住在那里。那人末后的景况比先前更不好了。这是路加福音第11章的记载。

圣经告诉我们，一个人如果『晓得义路，竟背弃了传给他的圣命，倒不如不晓得为妙。』如果神已经在你生命中动工，那么你在神面前有你的责任。如果你期望神在你生命中动工，那么你在神面前确实有你明确的责任。不只是敞开你的生命让神作工，而且还要将你的生命完全向神敞开。

约翰福音 5章15节说：『那人就去他去告密告诉犹太人，使他痊愈的是耶稣。』

这是犹太人永远不能饶恕耶稣的地方，也是最终导致耶稣上十字架的原因。祂违背了犹太人对安息日传统条例的解释。

约翰福音第5章16节继续说：『所以犹太人逼迫耶稣，因为他在安息日做了这事。』

对犹太人来说，遵守传统律法比医治病人更加重要。有一次，耶稣对他们说：『你们中间谁有驴或有牛，在安息日掉在井里，不立时拉它上来呢。』「如果你连不会说话的动物都那么在乎，难道神不也很在乎一个需要帮助的人吗？管它是不是安息日呢？」所以他们逼迫

第 5 章

耶稣,因为他在安息日做了这事。

约翰福音第5章17节:『耶稣就对他们说:「我父做事直到如今,我也作事。」』

难道你不高兴天父在安息日作事吗?要是神在每个安息日都休息的话,你想想,世界会乱成什么样?又怎样才能从混乱中恢复次序呢?诗篇121篇第4节2说:『保护以色列的,也不打盹,也不睡觉。』神从不休假。神总是在祂的子民身上工作。所以耶稣说:『我父做事直到如今,我也作事』。

约翰福音第5章18节继续说:『所以犹太人越发想要杀他;因他不但犯了安息日,并且称神为他的父,将自己和神当作平等。』

今天,有些人说:「耶稣从没有宣称自己是神。这些灵气和一切神性是其他人加到祂身上的。」这些人应该好好研读这段關于耶稣的记载,或好好研究研究这段经文,或许他们能够明白。与耶稣说话的那些人完全知道祂所说的意思,说的是什么。他们并没有误解祂所宣称的含义。因爲要是祂说祂是神的儿子,他们知道祂将自己和神当作同等,他们爲此要杀祂。

约翰福音第5章19节继续说:『耶稣对他们说』。

耶稣开始跟他们谈,祂用『实实在在』这几个字来强调所说的。重覆说『实实在在』,爲了强调。就是说:「好吧!你们好好听着」。我的意思是,祂要引起他们留意祂所说的话。

约翰福音第5章19节『耶稣对他们说:「我实实在在的告诉你们,子凭着自己不能做什么,惟有看见父所做的,子才能做;父所做的事,子也照样做。」』

所以耶稣在这里宣告祂的工作就是神的工作,不是自己的工作。祂向犹太人显示神的工作,祂也在做神的工作。祂的意思是:「我让医治临到这个人,其实是神使他痊愈的。我和神不分开工作,我和神完全和谐地同工。你们因爲我在安息日工作就找我的错,其实这是

第 5 章

神在安息日成就的工作，难道你们看不到吗？』但是他们就是看不到，因爲传统蒙蔽了他们的心眼。

约翰福音第5章20节继续说：『父爱子，将自己所作的一切事指给他看，还要将比这更大的事指给他看，叫你们希奇。』

神还要继续工作，将要做更大的事，叫你们希奇。

约翰福音第5章21节继续说：『父怎样叫死人起来，使他们活着，子也照样随自己的意思使人活着。』

当我们往下看耶稣的事工，我们要看到祂叫拿因城寡妇的儿子复活、使迦百农睚鲁的女儿复活，最后又叫已经死去的拉撒路复活，因爲神能叫死人复活，子作父的事，所以『子也照样随自己意思使人活着。』

约翰福音第5章22节继续说：『父不审判什么人，乃将审判的事全交与子』。
子依照父的意思与祂和谐地同工。

约翰福音第5章23节继续说：『叫人都尊敬子』。

『叫人都尊敬子』，这正是神所期望的。异端邪教的其中一个标志就是不尊敬子。有三件事是撒但不断攻击的，就是：神的话、基督的神性和圣灵的工作。撒旦攻击基督的神性。牠又攻击神的话。牠用『神说过吗？』这样的疑问来攻击神的话。它攻击耶稣基督的神性，你会在每个异端邪教里发现这一点。你『总要试验那些灵是出于神的不是』，如果他们是爲耶稣基督作见证的，就显明他们的真相。撒但还攻击圣灵的工作。

所以神藉着耶稣成就这些善工。
约翰福音第5章23节继续说：『叫人都尊敬子如同尊敬父一样。不尊敬子的，就是不尊敬差子来的父。』

许多人说：「我相信神，但是我不需要耶稣，我对耶稣完全不认识。」
耶稣在这里宣告：「如果你不尊敬我，就是不尊敬父。」所以耶和华

第 5 章

见证人和那些不尊敬耶稣的人,尽管他们称爲耶和华见证人,其实他们没有真正尊敬父。

约翰福音第5章24节继续说:『我实实在在的告诉你们,那听我话、又信差我来者的,就有永生』。

相信耶稣的话,相信差祂来的父,就『不至于定罪,是已经出死入生了。』

『那听我话』,就是遵行、持守我的话,相信神的,就有永生,不至于定罪,是已经出死入生了。

我们看看教会历史上对这方面是怎样解释,又订下了多少规条和要求,让人能够宣称:「啊,你的罪得到赦免了,你就是神的儿女,只要你做这,做那,遵守这些规条,读清楚这些规则,好好遵守。还有做十一奉献」等等这些事情。我们把各种重担加在他们身上。但是耶稣说:「瞧!你们听我话、又信差我来者的,就有永生;不至于定罪,是已经出死入生了。」定神儿女的罪,是撒旦的工作。牠最在行,也从来不手软。

天使在启示录里大喊:『哀哉!哀哉!因为那在我们神面前昼夜控告我们弟兄的,已经被摔下去了。』(启示录12:10)

"弟兄的控告者"是撒但的头衔之一。它总是控告我们,但是若你听耶稣的话,相信神,你就有永恒的生命,就不至于被定罪,是已经出死入生了。

约翰福音第5章26和27节继续说:『因为父怎样在自己有生命,就赐给他儿子也照样在自己有生命』。

[27] 并且因为他是人子,就赐给他行审判的权柄。

我们稍后会在约翰福音中听到耶稣说:『没有人夺我的命去,是我自己舍的。我有权柄舍了,也有权柄取回来。』这是约翰福音10章18节 。刚才5章26节说:『因为父怎样在自己有生命,就赐给他儿子也照样在自己有生命』。子也有能力赐给人生命、权柄,父也赐给子

行审判的权柄,因爲祂是人子。

约翰福音第5章28节继续说:『你们不要把这事看作希奇。时候要到,凡在坟墓里的,都要听见他的声音,就出来:』

耶稣说到祂将要进行的事工,要去向那些信实的人传道,就是和亚伯拉罕在一起等候神的应许应验的人。他们『是存着信心死的,并没有得着所应许的,却从远处望见,且欢喜迎接,他们紧紧地抓住神的应许,等待神完成对他们的救赎。』这是希伯来书 11章13节。

约翰福音第5章29和30节继续说:
  [29] 行善的,复活得生;作恶的,复活定罪。
  [30] 「我凭着自己不能做什么,我怎么听见就怎么审判。我的审判也是公平的;因为我不求自己的意思,只求那差我来者的意思。」

耶稣再一次宣告祂与父完美和谐地同工。稍后在约翰福音 14章10节,祂要告诉腓力,说:『我对你们所说的话,不是凭着自己说的,乃是住在我里面的父作祂自己的事。』祂在这里作了同样的见证。「我在你们当中做父的工作。」

现在祂要谈到关于自己的见证,但是祂说:『我若为自己作见证,我的见证就不真。』这是约翰福音5章31节。

并不是说这个见证不真,而是因爲祂见证自己的话,犹太人就不会接受。

约翰福音5章32到35节说:
  [32] 另有一位给我作见证,我也知道他给我作的见证是真的。
  [33] 你们曾差人到约翰那里,他为真理作过见证。
  [34] 其实,我所受的见证不是从人来的;然而,我说这些话,为要叫你们得救。
  [35] 约翰是点着的明灯,你们情愿暂时喜欢他的光。

所以,如果我为自己作见证,你们就不会接受。但是约翰爲我作过见证,你听到他说的,就满足于他所带来的光。但耶稣说:「我不认

第 5 章

爲约翰爲我作的见证能够最终证明我是谁。」

约翰福音5章36节说：『但我有比约翰更大的见证；因为父交给我要我成就的事，就是我所作的事，这便见证我是父所差来的。』

所以耶稣用神迹和自己的工作来见证祂的权柄以及祂的出身。

尼哥底母来见耶稣，说：『拉比，我们知道你是由神那里来作师傅的。因爲你所行的神迹，若没有神同在，无人能行。』尼哥底母来到耶稣跟前的时候，承认神迹是耶稣有效的见证。

约翰福音 14章记载腓力对祂说：『求主将父显给我们看，我们就知足了。』耶稣说：『我在父里面，父在我里面，你不信么。我对你们所说的话，不是凭着自己说的，乃是住在我里面的父作祂自己的事。你们当信我，我在父里面，父在我里面。即或不信，也当因我所作的事信我。』这是约翰福音 14章10和11节

祂把祂爲神所作的工作看为自己权柄的见证，因爲祂一直在做神的工作。这些工作能有力的证明祂是谁。要是否认耶稣是基督，是神的儿子，就等于否认祂所行的神迹，以及祂所做的工作。你往往发现那些自由派人士试图把一切的神迹合理化。

我们会在下一章就是第6章看到耶稣用五饼二鱼喂饱群衆的神迹。可是那些自由派人士却告诉你说，那个时代的人把他们的午饭放在长长的袖子里，然后在袖口打上结。他们都很自私，没有人愿意和那些忘记带午餐的人一起分享。他们很自私，不想在别人面前吃，也不愿意和别人分享。直到最后，有一个可爱的小男孩上前来对耶稣说：「耶稣，你吃我的午餐吧。」于是，他们全被这个孩子的美好榜样所感动，就这样神迹发生了。他们纷纷解开袖口，拿出午饭和大家一起分享。最后，他们把吃剩的零碎收拾起来，超过了十二篮。这个小孩带领衆人慷慨分享，是不是很可爱、美妙的行爲？所以他们教导说，我们在这里学到的功课是一个小孩子的好榜样，带领我们作出善举。

他们又说，耶稣后来不是真的在水里走，而是绕岸而行，门徒已快

第 5 章

到岸了,他们不知道这回事,所以耶稣就涉水上了船,他们一同上了岸。这本来没什么事。糟糕的是彼得太笨,他搞不明白,身子就往下沉,不得不大喊救命。

事实是不会撒谎的,但是谎言有时会变得有道理。

所以耶稣声明:「我可以爲自己作见证,但你们不会领受。约翰爲我作见证,但我不要求你们相信。我的工作就是我的见证,但除了我的工作之外,还有『差我来的父也为我作过见证。』」这是约翰福音第5章37节

『差我来的父也为我作过见证』。耶稣受洗的时候,父神从天上发声音说:『这是我的爱子,我所喜悦的。』『父为我作过见证』。但是耶稣在这里指的不是这件事,祂指的是旧约圣经,神在旧约圣经中指明祂将差遣祂的儿子到世上来。『父为我作过见证』。

约翰福音第5章37和38节继续说:『你们从来没有听见他的声音,也没有看见他的形像。你们并没有他的道存在心里;因为他所差来的,你们不信。』

『你们不认识父,你们从来没有听见他的声音』,『你们查考圣经』,或者说你们已经查考过圣经。这一句经常被误解。人们以爲耶稣说:「你们回家去好好查考圣经吧!」其实祂不是这个意思,祂乃是说:『你们查考圣经,或者说你们已经查考过圣经,因你们以为内中有永生;给我作见证的就是这经。』这是约翰福音第5章39节。

彼得在他的书信—彼得后书第1章16到19节说:
 [16] 我们并不是随从乖巧捏造的虚言,乃是亲眼见过他的威荣。
 [18] 我们同他在圣山的时候,亲自听见这声音从天上出来。
 [19] 我们并有先知更确的预言,

彼得说:「我亲眼看到主的荣耀,但我不要求你们相信我所看到的,因爲我们有比所见更确凿的证据。我们有神的话,还有在旧约圣经里神的见证。如果你们真的查考圣经,就会发现那些经文都是见证耶稣基督的。」整本旧约都爲将要来的那位作见证。耶稣说:

第 5 章

　　[7]　看哪，我来了！我的事在经卷上已经记载了。
　　[8]　我的神啊，我乐意照你的旨意行；
这是诗篇第40篇第7和8节。

现在耶稣对他们说：『你们从来没有真正听见神的声音，你们查考圣经，因你们以为内中有永生，实际上，你们没有听见神的声音，因爲给我作见证的就是这经。』

约翰福音第5章40到43节说：
　　[40]　然而，你们不肯到我这里来得生命。
　　[41]　现在祂说：「我不受从人来的荣耀。
　　[42]　但我知道，你们心里没有神的爱。
　　[43]　我奉我父的名来，你们并不接待我；若有别人奉自己的名来，你们倒要接待他。

这里指的是敌基督，它很快就要来了。虽然犹太人拒绝了耶稣基督，但他们却拥戴敌基督，它要大大欺骗世人，带来和平和兴旺的假相。

今天，如果你跟正统的犹太人谈论这件事，他们会告诉你，他们能认出他们的弥赛亚，因爲祂来的时候会帮他们重建圣殿。他们现在谋求重建圣殿，他们正在期待某个人带领他们重建圣殿。只要那人办得到，他们就要拥戴他为弥赛亚。那就是他们寻找的记号。无论什么人，只要能够带领他们重建圣殿的，就是他们的弥赛亚。可是因爲他们不相信神的儿子，所以他们就会受骗，而那位要带领他们重建圣殿的人将是敌基督，他就是那个奉自己的名来的人。耶稣说：『我奉我父的名来，奉我父的权柄来，你们并不接待我』。「而这人奉他自己的名来，你们倒接待他。」但以理书9章说：『有一王的民来，一七之内，他必与许多人坚定盟约；一七之半，他必毁约，行毁坏可憎的事，使地荒凉。』他将在三年半后进入圣殿，宣告他是神，并命令人们像敬拜神一样拜他。他的亵渎恶行将触动神极大的忿怒，那是神的忿怒要倾倒在拒绝基督的世界上。

约翰福音第5章44节说：『你们互相受荣耀，却不求从独一之神来的荣耀，怎能信我呢？』

第 5 章

最让我恶心的事情之一,就是人们相互戴高帽,不断地把荣耀和赞美都堆在别人身上。当我还属于某个宗派的时候,最不能忍受的其中一件事,就是在教会的会议上,大家都站起来,互相受荣耀。介绍讲员这个环节,真是最难忍受的。

他们开始介绍,说,这个人是神重用的大有能力的、奇妙的器皿;他是神差派到我们当中来的一个祝福,是我们的荣耀。然后这个人起身讲话的时候,他也得向那个给他这么光荣介绍的人致敬,荣耀他一番,说:「感谢神,有你么这些为神站稳立场,坚定不移的弟兄!」然后他们不断地互相赞赏、互相高举,吹捧人。耶稣说,你们高举人,就听不到神的声音。神要的是高升耶稣基督。施洗约翰说:『他必兴旺,我必衰微。』每一个属神的真儿女也应该这样说。耶稣不求人的荣耀,只求神的荣耀。

约翰福音第5章44和45节,耶稣说:
  [44] 你们互相受荣耀,却不求从独一之神来的荣耀,怎能信我呢?
  [45] 不要想我在父面前要告你们;有一位告你们的,就是你们所仰赖的摩西。
摩西要控告你们。

『律法本是藉着摩西传的;恩典和真理都是由耶稣基督来的。』律法是由摩西传的,恩典和真理是从耶稣基督来的。耶稣说:「我不是来定世人的罪,而是叫世人因着我得救。信他的人,不被定罪;不信的人,罪已经定了」。摩西在控告你们。摩西向你们传授律法,告诉你们神想要你们怎样生活。要是你们没有达到那个标准,律法就要成爲你们的控告者。律法不是救赎主,也不是救主,律法不能拯救你,也不会使你成爲公义的。律法只会定你的罪,指控你,因爲它会向你显明你离神的标准有多远。
耶稣说:「不要以爲我会站在父面前控告你们;摩西会控告你们,因爲你们相信摩西。」

约翰福音第5章44和45节,耶稣说:『你们如果信摩西,也必信我,因为他书上有指着我写的话。』

要是你回到圣经前五卷书,你会发现,正如耶稣说的,『你们查考圣

第 5 章

经,因你们以为内中有永生;给我作见证的就是这经。』你回到圣经前五卷书,真正去研读它们,你要发现摩西从头到尾都在谈论耶稣,比方他谈到各种不同的献祭。他谈的就是耶稣,耶稣要成爲那个伟大的赎罪祭,祂爲世人献上自己。

约翰福音第5章47节,『你们若不信他的书,怎能信我的话呢?』

因爲实际上,耶稣说:「摩西在宣告神的话。」耶稣在这里宣告旧约经卷着作者的身份。

第 5 章

翰 6 章

第 6 章

第 6 章

约翰福音第6章第1节说:『这事以后』。

我们没法确定这段时间有多长,也不知道是多久之后,但现在约翰带我们到加利利海。我们不知道耶稣离开耶路撒冷以后,又发生了什么事,只知道祂回到加利利一带。

第1和2节说:
- [1] 耶稣渡过加利利海,就是提比哩亚海,又叫革尼撒勒湖
- [2] 有许多人,因为看见他在病人身上所行的神迹,就跟随他。

耶稣行神迹,吸引大批群众。人们因不同的理由被耶稣吸引。其中有些理由是正当的,有些不太正当。但是耶稣就是有吸引人的力量和能力。祂总是能引起别人的兴趣,祂有这样的影响力。引起我注意的是耶稣能吸引各行各业的人,吸引不同文化、不同年纪的人,甚至小孩也被祂所吸引。

对我来说,世界上最美丽的事情之一就是连小孩都会被耶稣所吸引。这种强大的吸引力是超乎我们这些思维过于复杂的人所能理解的。耶稣的品质深深地吸引着人,但人们被不同的原因所吸引。

第3到9节:
- [3] 耶稣上了山,和门徒一同坐在那里。
- [4] 那时犹太人的逾越节近了。
- [5] 耶稣举目看见许多人来,就对腓力说:「我们从哪里买饼,叫这些人吃呢?」
- [6] 他说这话,是要试验腓力,他自己原知道要怎样行。
- [7] 腓力回答说:「就是二十两银子的饼,叫他们各人吃一点,也是不够的!」
- [8] 有一个门徒,就是西门彼得的兄弟安得烈,对耶稣说:
- [9] 「在这里有一个孩童,带着五个大麦饼、两条鱼,只是分给这 许多人,还算甚么呢?」

「我可不知道该上哪里去买饼?才二十两银子。那时一两银子是一个劳动者一天的工资。即使我们把二十两银子全用来买饼,也不够

第 6 章

给每一个人吃一点点。」

耶稣就叫大家坐下。逾越节正值加利利的春季，遍地都是青草。非常美丽壮观。春天的加利利是世界上最美丽的地方之一。郁郁葱葱的田野，长满了雏菊，黄的，红的，白的，紫的，各样的野花在逾越节时期遍地盛开，漂亮得让人难以置信。加利利的春天，到处都是鲜花绿草。

第10到12节：
- [10] 耶稣说：「你们叫众人坐下。」原来那地方的草多，众人就坐下，数目约有五千。
- [11] 耶稣拿起饼来，祝谢了，就分给那坐着的人；分鱼也是这样，都随着他们所要的。
- [12] 他们吃饱了，

吃饱了这个词在希腊文是指吃得过饱。

约翰福音第6章第12到14节：
- [12] 耶稣对门徒说：「把剩下的零碎收拾起来，免得有糟蹋的。」
- [13] 他们便将那五个大麦饼的零碎，就是众人吃了剩下的，收拾起来，装满了十二个篮子。
- [14] 众人看见耶稣所行的神迹，就说：「这真是那要到世间来的先知！」

这是指摩西宣告的预言，他说：「给你兴起一位先知像我，你们要听从他。」所以他们一直找寻那位像摩西的先知。当他们看见这个神迹，他们说：「毫无疑问，这人就是摩西说的那位先知！」『这真是那要到世间来的先知！』他们认出耶稣就是所应许的弥赛亚。

他们想公开拥护祂，强迫祂立刻立国作王。但这并不是神的计划，所以耶稣没有在这个时候参与大众的行动，而悄悄离开，独自退到山上。时机未成熟，祂不允许他们拥戴祂為王。

神要在特定的日子向以色列民呈现祂的君王。今天，我们把那日称為棕枝节，因為那是耶稣被钉十字架前的星期天。那才是神所准

第 6 章

备、所预定的日子和时候,神应许在那日救赎主要临到。那天,耶稣慎重安排,吩咐门徒进城牵一匹驴驹,让祂骑驴进入耶路撒冷,因而应验了先知撒迦利亚的预言。

那天,耶稣允许门徒高声诵唱预言弥赛亚的诗篇118篇:『和散那,和散那,奉耶和华名来的,是应当称颂的。荣要归于至高神。』祂允许他们高唱那首赞美诗。事实上,法利赛人反对的时候,祂说:『若是他们闭口不说,这些石头必要呼叫起来。』祂在那天爲耶路撒冷哀哭:『巴不得你在这日子,知道关系你平安的事。无奈这事现在是隐藏的,叫你的眼看不出来。』 所以,现在时机还没成熟,人们却试图拥祂作王。这是群衆的运动,遭耶稣拒绝,因爲祂是按神的时间表办事,而不是按人的时间。

啊!神呐!帮助我们学习按你的时间表来行事,而不是按我们的。看来我们做事总是迫不及待事,而神做事从不像我们希望祂做得越快越好。我们总想加快推展神的计划。如果能按着我的方法行事,恐怕主早在几年前就已经来了!

约翰福音第6章15到21节:
    [15] 耶稣既知道衆人要来强逼他作王,就独自又退到山上去了。
    [16] 到了晚上,他的门徒下海边去;
    [17] 上了船,要过海往迦百农去。天已经黑了,耶稣还没有来到他们那里,
    [18] 忽然狂风大作,海就翻腾起来。
    [19] 门徒摇橹,约行了十里多路大约5、6公里,看见耶稣在海面上走,渐渐近了船,他们就害怕。
    [20] 耶稣对他们说:「是我,不要怕!」
    [21] 门徒就喜欢就是热切地接他上船,船立时到了他们所要去的地方。

他们立刻在迦百农上岸。

第22到26节说:
    [22] 第二日,站在海那边的衆人,就是耶稣喂饱群衆的地方知道那里没有别的船,只有一只小船,又知道耶稣没有同他的门徒上

第 6 章

船，乃是门徒自己去的。
- [23] 然而，有几只小船从提比哩亚来，靠近主祝谢后分饼给人吃的地方。
- [24] 衆人见耶稣和门徒都不在那里，就上了船，往迦百农去找耶稣；
- [25] 既在海那边找着了，就对他说：「拉比，是几时到这里来的？」
- [26] 耶稣回答说：「我实实在在地告诉你们」。

耶稣没告诉他们祂怎样到哪儿，祂只说：『我实实在在地告诉你们，你们找我，并不是因见了神迹，乃是因吃饼得饱。』这是第26节。

「你们找我的理由是错的。你们找我，是因爲不正当的动机。你们找我，只想吃饼和鱼，填饱肚子，这不该是找我的理由。」

约翰福音第6章27节：『不要爲那必坏的食物劳力奋斗，要爲那存到永生的食物劳力』。

不要为物质的东西劳累奋斗，要爲属灵的事物、爲能存到永生的事物奋斗。这也是今日人们不断面临的挑战。在我们的心中也时常有这样的挑战。

属灵的生命真的比物质的生命重要吗？撒但不断地想把我们拉回到五光十色的物质世界中，诱惑我们说，瞧！难道你不喜欢这个吗？

第26至28节：
- [26] 「不要爲那必坏的食物劳力奋斗，要爲那存到永生的食物劳力
- [27] 就是人子要赐给你们的；因爲人子是父神所印证的。」
- [28] 衆人问他说：「我们当行甚么，才算作神的工呢？」

当人们意识到心灵层面的时候，总会问：「我们当行甚么，才算作神的工呢？」

耶稣很有智慧地回答说：第29节：『「信神所差来的，这就是作神的工！」』

第 6 章

挺有意思,是吧?你做什么才能讨神的喜悦呢?唯一能做的,就是信耶稣,这才讨父神欢喜。『信神所差来的,这就是作神的工!』

约翰福音第6章30到32节说:
- [30] 他们又说:「你行甚么神迹,叫我们看见就信你,你到底作甚么事呢?
- [31] 我们的祖宗在旷野吃过吗哪,如经上写着说:『他从天上赐下粮来,给他们吃。』」
- [32] 耶稣说:「我实实在在地告诉你们,那从天上来的粮,不是摩西赐给你们的,乃是我父将天上来的真粮,赐给你们,

摩西没有给你们吗哪,是我父赐的。但现在我父赐给你们的是天上来的真粮。你们的祖宗吃了那些吗哪都死了。

第33节说:『因爲神的粮就是那从天上降下来,赐生命给世界的。』

这是神的粮。祂从天上降下来,赐生命给世界。

第35 节:
- [35] 耶稣说:「我就是生命的粮,到我这里来的,必定不饿;信我的,永远不渴!

这些人头一天刚被喂得饱饱的,但现在他们又饿了。因为他们吃的是这个世界的粮。虽然我今天可以吃得饱饱的,直到饱得一口也吃不下为止。我饱得把饭桌一推,揉着肚子说,今生今世我再也不想吃东西了。但不久就有人提议,来吃点冰淇淋好不好?好啊!这个主意听起来不错。你看,又饿了,就是没办法满足,是不是?

人的生命中有些领域似乎永远得不到满足。总想得到更多,更多。虽然人们追求世上各样的享乐,兴奋和刺激,但这些都无法持久。

耶稣说:「我就是生命的粮,到我这里来的,必定不饿;信我的,永远不渴!」
多么宝贵的好消息呀。

第 6 章

第36-37节：
- [36] 只是我对你们说过,你们已经看见我,还是不信。
- [37] 凡父所赐给我的人,必到我这里来,到我这里来的,我总不丢弃他;

耶稣说的这话对我们这些犹豫的灵魂是多么宝贵啊！因爲撒旦总是对我说：「瞧！你亲近神,没意义的！祂根本不想和你有任何关联。你是失败者,你的生活一团糟」。撒旦在我的心里播下怀疑的种子,如果我相信神不接纳我,神就不接纳我了,因爲我不会到祂跟前去。但耶稣说：『到我这里来的,我总不丢弃他。凡父所赐给我的人,必到我这里来,到我这里来的,我总不丢弃他。』对烦躁不安的你来说,这是多么激励、多么宝贵的话啊！撒旦不断搅扰你,试图游说你你不配亲近神,神不要你了,神对你没兴趣！让我告诉你,只要你愿意来到耶稣跟前,祂万万对不会丢弃你。

第38节：『因爲我从天上降下来,不是要按自己的意思行,乃是要按那差我来者的意思行。』

就是我一直想要知道的,神的旨意是什么？

约翰福音第6章39到40节：
- [39] 差我来者的意思,就是他所赐给我的,叫我一个也不失落；在末日却叫他复活,
- [40] 因爲我父的意思,是叫一切见子而信的人得永生,并且在末日,我要叫他复活。」

父把耶稣基督的真理启示给人,是叫人能够相信耶稣。是神的旨意让你得救,并在末日叫你复活。赞美感谢神,他对我们的生命有如此美意。

- [41] 犹太人因爲耶稣说：「我是从天上降下来的粮」,就私下议论他,
- [42] 说：「这不是约瑟的儿子耶稣吗？他的父母我们岂不认得吗？他如今怎么说：『我是从天上降下来的』呢？」
- [43] 耶稣回答说：「你们不要大家议论,

第 6 章

[44] 若不是差我来的父吸引人，就没有能到我这里来的；到我这里来的，在末日我要叫他复活。

耶稣在这里作了一个非常值得我们注意的声明，我们得牢记。没有人能到耶稣那里去，除非父吸引他。你可能会说，这样是否公平？那是不是天父吸引了你？是呀。那么你还有什么要担忧的呢？其他人也会因为受父的吸引来到耶稣那里，饮生命的水。就像铜钣有两面，若不是父吸引你，你就无法来到耶稣那里。但任何来到耶稣那里的人，都能领受永生。永生之门是向所有人敞开的。

[45] 在「先知书」上写着说：『他们都要蒙神的教训。』凡听见父之教训又学习的，就到我这里来，

神已经教导我们，祂把这教训放在我们心里。

第46和47节：
[46] 这不是说，有人看见过父，惟独从神来的，他看见过父。
[47] 我实实在在地告诉你们，信的人有永生。

请注意，耶稣这些關于自己的极端声明见证了自己，祂激进的宣告：
[48] 我就是生命的粮，
[49] 你们的祖宗在旷野吃过吗哪，还是死了；
[50] 这是从天上降下来的粮，叫人吃了就不死。
这是约翰福音第6章第48到50节。

不再饥饿、乾渴、也不再有死亡，因爲『我是从天上降下来生命的粮，人若吃这粮，就必永远活着！我所要赐的粮，就是我的肉，爲世人之生命所赐的。』这是51节。

记得在最后的晚餐上，耶稣拿起饼来，掰开，说：「你们拿着吃，这是我的身体，爲你们的。」耶稣说这是为世人而舍的身体，是赐给世人的生命之粮。『我所要赐的粮，就是我的肉，爲世人之生命所赐的。』
第52和53节说：
[52] 因此，犹太人彼此争论说：「这个人怎能把他的肉，给我们吃呢？」

第 6 章

[53] 耶稣说：
「你们不明白？我还要说得更深奥一点！」

第53节：『我实实在在地告诉你们，你们若不吃人子的肉，不喝人子的血，就没有生命在你们里面！』
你们是死的，你们死在过犯罪恶中。『没有生命在你们里面！』

第54和55节，耶稣继续说：
  [54] 吃我肉、喝我血的人就有永生，在末日我要叫他复活！
  [55] 我的肉真是可吃的，我的血真是可喝的，

马太福音第26章里在最后的晚餐上，耶稣拿起杯来，说：『你们都喝这个。因爲这是我立约的血，爲多人流出来，使罪得赦。』

吃我的肉，喝我的血，与我有分的，你就得生命。『吃我肉、喝我血的人就有永生，我的肉真是可吃的，我的血真是可喝的！』

约翰福音第6章第56到62节：
  [56] 吃我肉，喝我血的人，常在我里面，我也常在他里面。
  [57] 永活的父怎样差我来，我又因父活着，照样，吃我肉的人也要因我活着。
  [58] 这就是从天上降下来的粮，吃这粮的人，就永远活着，不像你们的祖宗吃过吗哪，还是死了。」
  [59] 这些话，是耶稣在迦百农会堂里教训人说的。
  [60] 他的门徒中有好些人听见了，就说：哇！「这话甚难，谁能听呢？」
  [61] 耶稣心里知道门徒爲这话议论，就对他们说：「这话是叫你们厌弃原文是跌倒吗？
  [62] 倘或你们看见，人子升到他原来所在之处，怎么样呢？

假如你们现在看不到要建立的国度；假如你们看见我升上天，回到父那里去，会怎样呢？

第63节：『叫人活着的乃是灵，肉体是无益的』

第 6 章

现在耶稣回到粮这个话题。「你们吃过我给的饼,所以又来找我。你们都吃饱了。但你们不要再去找必坏的粮,而是要找赐你们永生的粮。」所以耶稣又回到那个话题上,说:『叫人活着的乃是灵,肉体是无益的』。

第63节,耶稣又说:『我对你们所说的话,就是灵,就是生命』。

神的道是活泼的,是有功效的,比一切两刃的剑更快。『神的话就是灵,神的话就是生命。』

约翰福音第6章64和65节说:
- [64] 只是你们中间有不信的人。」耶稣从起头就知道谁不信他,谁要卖他。
- [65] 耶稣又说:「所以我对你们说过,若不是蒙我父的恩赐,没有人能到我这里来。」

耶稣再次宣告:「你们能到神跟前的唯一道路,是因爲父吸引你们」。

第66节:『从此,他门徒中多有退去的,不再和他同行。』
太艰难了!无法承受。

许多跟随耶稣的人想要祂现在就建国,想要祂现在就解开罗马政府套在他们头上的轭,为他们带来新的国度,好让每个人都能吃饱喝足,每个人都能随心所欲地吃他自己所种的葡萄和无花果,再也不用担惊受怕。

他们要的是物质繁荣的国度。耶稣谴责他们所追求是次要的。首要的是属灵的国,与祂有分,并找到那从祂而来的生命。神借着耶稣基督赐生命给人。耶稣说肉体对你们无益,但我对你们说的话是灵,是生命。他们无法接受,就退去,不再和祂同行。

约翰福音第6章67到71节说:
- [67] 耶稣就对那十二个门徒说:「你们也要去吗?」
- [68] 西门彼得回答说:「主啊,你有永生之道,我们还归从谁呢?
- [69] 我们已经信了,又知道你是神的圣者。」

第 6 章

哦！彼得説對了！我们都知道彼得有个毛病，他的嘴常常给他惹麻烦，然而他也能说一些十分适当的话。在這裏西门彼得为主的话作见证，那是真的，主阿，你有永生之道。

[70] 耶稣说：「我不是拣选了你们十二个门徒吗？但你们中间有一个是魔鬼！」
[71] 耶稣这话，是指着加略人西门的儿子犹大说的，他本是十二个门徒里的一个，后来要卖耶稣的。

耶稣说犹大是魔鬼。彼得在他的书信里称他为灭亡之子。往后我们就会读到撒但进入他心里，他就出去做了鄙劣的行为。我们继续读约翰福音，就会读到犹大卖主的事。但是耶稣从起初就知道谁将背叛袖。

第 6 章

第 7 章

第 7 章

第 7 章

约翰福音第7章1节说:『这事以后,耶稣在加利利游行,不愿在犹太游行,因为犹太人想要杀他。』

从第7章起,约翰开始记录耶稣最后六个月的事工。你会留意到约翰花相当多的时间和注意力来记载耶稣最后六个月的事工,并指出耶稣已不再公开在犹太人聚居的犹太地游行面。事实上,从其他的福音书的记录,我们知道这时耶稣和祂的门徒先到推罗和西顿的境内,然后越过山,前往黑门山山脚的该撒利亚腓立比。祂在黑门山上改变形像。当然,彼得就在该撒利亚腓立比这里作了一个伟大的宣告。现在,耶稣又到了加利利境内,尽量远离耶路撒冷,除了我们看到在第7到第10章的记载,祂去耶路撒冷过住棚节,然后六个月后,祂最后一次到耶路撒冷,就被钉十字架。所以,现在我们进入了耶稣在被钉十字架前,最后六个月的事工。

约翰福音第7章第2节:『当时犹太人的住棚节近了』。

住棚节是犹太人记念神保守他们的祖宗在旷野漂流 40 年的日子,他们怎能生存呢?上百万人怎能在沙漠中存活40年呢?他们当时是游牧民族,沙漠不能养活这么庞大的人口,除非耶和华的供应,他们根本不可能生存。神确实供应他们;白天,祂以云柱,晚上以火柱来引导他们。祂降下鹌鹑给他们,供应吗哪给他们。祂使磐石流出水来。所以住棚节是他们纪念祖宗在旷野漂流四十年的日子里,蒙神奇妙的供应。住棚节是在我们日历的第十个月,犹太日历是第七个月。

约翰福音第7章3节:『耶稣的弟兄就对他说:「你离开这里,上犹太去吧,叫你的门徒也看见你所行的事。」

毫无疑问,这里的弟兄是指耶稣真正的同胞兄弟—雅各,犹大和西门。他们在另外一处经文中出现过,就是和母亲马利亚将耶稣从群衆手中救出来。而这时候,他们还没信耶稣爲救主。但他们说:「你爲什么不上犹太去,叫他们看见你的工作而相信你?」

约翰福音第7章第4节:『人要显扬名声,没有在暗处行事的,你如果

85

第 7 章

行这些事,就当将自己显明给世人看!』
这是耶稣的兄弟给祂的鼓励。

约翰福音第7章5和6节:
> 7:5 因为连他的弟兄说这话,是因为不信他。
> 7:6 耶稣就对他们说:「我的时候还没有到,你们的时候常是方便的;

耶稣时常谈到祂的时候。每当祂说到祂的时候,指的是十字架。祂在这里说的时候是指彰显祂的时候。他们是说:「你干嘛不去彰显自己?不要躲起来,公开的彰显你自己吧!」祂说:『我的时候还没有到,你们的时候常是方便的』。

约翰福音第7章第7到12节说:
> 7:7 世人不能恨你们,却是恨我,因为我指证他们所作的事是恶的。
> 7:8 你们上去过节吧,我现在不上去过这节,因为我的时候还没有满。」
> 7:9 耶稣说了这话,仍旧住在加利利。
> 7:10 但他弟兄上去以后,他也上去过节;不是明去,似乎是暗去的。
> 7:11 正在节期,犹太人寻找耶稣,说:「他在哪里?」
> 7:12 众人为他纷纷议论,
> 因爲他们中间有很大的分歧。

约翰福音第7章第12和13节:
> 7:12 有的说:「他是好人。」有的说:「不然,他是迷惑众人的。」
> 7:13 只是没有人明明地讲论他,因为怕犹太人。

所以那时候宗教领袖已经威胁祂。他们宣布如果有人承认耶稣是弥赛亚,就会被赶出会堂。因爲许多有病的人被耶稣触摸,病治好了,所以造成区分,他们说:「祂是好人」,有的说:「不是,祂是迷惑衆人的」。所以掀起这个争论,耶稣成了一个极富争议性的人物。在住棚节期间,大家交头接耳,人人都在谈论耶稣;人人都想知道關于祂的事。祂成了人们聚在一块儿议论的对象。

第 7 章

我们继续看约翰福音第7章14节,经文说:『到了节期,耶稣上殿里去教训人。』

很显然,在节期开始的时候,祂不在那儿,而是到了节期的中间,大约三天后,才出现的。

约翰福音第7章第15节:『犹太人就希奇,说:「这个人没有学过,怎么明白书呢?」』

他们问:「这个人怎么会说读书人的语气呢?」在那个时代,知识分子说话有一种独特的语调,就像今天大学等级那样。在这里,耶稣用知识分子的语气跟他们谈话,他们说:「他没上过大学,怎么学到那种语调?」『这个人没有学过,怎么明白书呢?』

约翰福音第7章第16节 『耶稣说:「我的教训不是我自己的,乃是那差我来者的。」

「你们想知道我是怎么学的?我的教训不是我自己的,乃是那差我来者的。」耶稣再次声明:「我是被差遣到这儿来的」。

约翰福音第7章17和18节:
> 7:17 人若立志遵着他的旨意行,就必晓得这教训或是出于神,或是我凭着自己说的。
> 7:18 人凭着自己说,是求自己的荣耀,惟有求那差他来者的荣耀,这人是真的,在他心里没有不义。

在这里,耶稣作挺戏剧性的宣告。祂说:「如果我来到这儿,我凭着自己说,那是因我在求自己的荣耀,因爲求自己荣耀的人总是喜欢谈论,夸耀自己。但如果我是求那差我来者的荣耀,那我说的就是真的,因爲祂不求自己的荣耀,只求差祂来者的荣耀,在祂心里没有不义。」

因爲他们这样争论,所以耶稣不久之后要挑战他们,说:「你们哪个人能证明我有罪呢?你们能指出我所犯的罪吗?」我们无法这么说,是吧?我们无法作这样的宣告!我里头有不义呀!耶稣在衆人面前作了相当激进的宣告。祂问:『摩西岂不是传律法给你们吗?你们却

第 7 章
没有一个人守律法,为甚么想要杀我呢?』

很有意思!当然,他们控告耶稣,事情在恶化。你记得吧!上次,祂在毕士大池子对那个瘫子说:『起来,拿你的褥子走罢』,那人立刻拿起褥子,就走了。犹太人逮住他,说:『今天是安息日,你拿褥子是不可以的』。他却回答说:『那使我痊愈的人对我说:「拿起你的褥子走罢。」』他们问:「那人是谁?」他说:「我不知道。」后来耶稣在圣殿里遇见那人,对他说:『你已痊愈了,不要再犯罪。』那人跑去告诉犹太人治好他的是耶稣。从那时起,犹太人就想要杀耶稣,因爲祂在安息日作了这事。犹太人宗教领袖一直酝酿着要杀祂,因爲祂违反了他们的安息日律法。

祂说:『摩西岂不是传律法给你们吗?你们却没有一个人守律法,为甚么想要杀我呢?』这是约翰福音第7章19节。

几年前我到以色列北部,遇见几个犹太青年,他们住在北加利利的一个小地方,接受了耶稣基督作他们的主和救主,家里有查经班和崇拜,所以被当地犹太人社区严厉的迫害。我在那里的时候,从其中一个社区来了几位青年,是属于犹太防卫联盟的,他们进到这些基督徒的屋里,拆他们的房屋、痛打他们,又拿斧头砍冰箱和家俱,毁了他们的家园,就因爲他们是基督徒。对犹太人来说,他们认爲基督徒是叛徒,他们背叛犹太教,接受耶稣基督。

我们的团队听见这些基督徒的遭遇后,就邀请他们去分享。带领我们的一些导游,常常微笑地谈论耶稣,说:「耶稣作这样」、「主做那样」等等,让人甚至觉得他们像是基督徒。当这个青年与我们分享他作爲犹太人怎样相信耶稣的的见证的时候,他先说:「我向你们见证我对耶稣--弥赛亚的爱以前,我想先向我的朋友说几句话。」他开始用希伯来语说,他一开口,就像倒了一盆冰水在那些犹太导游的身上,好像一幅面具突然被掀开,他们的笑脸立刻变成仇恨、咬牙切齿、充满苦毒,气氛变得很僵。事实上,他们几乎要撕裂这个年轻人的衣服,拿石头打他。我真想知道到底他说了些什么,引起这么大的反应?

当时,有一个以色列北方防卫队的长官在场,他是我的好朋友,一

第 7 章

个容易相处的人。虽然是犹太人，但不是个虔诚的犹太教徒，在北以色列很受人们尊敬。他和一群人是从集体农场来的。当这个年轻基督徒用希伯来语和他们说话的时候，这群从集体农场来的人很生气，开始商量：「今晚他离开这儿的时候，我们杀了他！」他们真的要杀他。

于是，我作长官的那位朋友用希伯来话问他们：「你们守安息日吗？」
他们说：「不守。」
他又问：「你们是虔诚的信徒吗？」
「不是！」
「难道就因爲他说他信耶稣是弥赛亚，你们就要杀他？」
他最终说服了那帮人不杀那人。

有趣的是，耶稣说：「摩西岂不是传律法给你们吗？你们却没有一个人守律法，为甚么想要杀我呢？因爲你们认爲我违反了你们的安息日律法？那你们自己也没有遵守律法呀！」

约翰福音第7章20到22节：
   7:20 衆人回答说：「你是被鬼附着了！谁想要杀你？」
   7:21 耶稣说：「我作了一件事，你们都以为希奇，
   7:22 摩西传割礼给你们其实不是从摩西起的，
      实际上是在摩西之前就有的，是从亚伯拉罕起的。

约翰福音第7章第22节继续说：『乃是从祖先起的』，就是从先祖亚伯拉罕起的。『因此你们也在安息日给人行割礼；』

现在耶稣指的是在安息日的这个神迹，他说：「我在你们中间行了一个神迹，一件奇妙的事，你们因爲这件事在安息日做的，都感到不安。」耶稣是指发生在毕士大池子的那件事，就在那个时候，他们决定：「我们要杀他，因爲他在安息日做工。」

耶稣说：「摩西传割礼给你们，其实不是从摩西起的，是从亚伯拉罕来的，但要是给孩子行割礼的那天--第八天，正好是安息日的话，你们会照样给他行割礼的，就算那天是安息日。」

第 7 章

约翰福音第7章23节说:『人若在安息日受割礼,免得违背摩西的律法,我在安息日叫一个人全然好了,你们就向我生气吗?』
「我在安息日做神的工作,而你们在安息日也做神的工,行割礼,爲什么我在安息日医治了一个人,就向我生气呢?」

约翰福音第7章第24节说:『不可按外貌断定是非,总要按公平断定是非。』」
实在是一个好忠告!我们犯了多少次以外貌断是非的错。我许多时候都用外表来断定是非,因此我是作了许多不公平的判断。耶稣告诉我们不要按外貌断定是非,而要按公平断定是非。

约翰福音第7章第25和26节:
    7:25 耶路撒冷人中有的说:「这不是他们想要杀的人吗?
    7:26 你看,他还明明地讲道,他们也不向他说甚么,难道官长真知道这是基督吗?

难道他们相信他是弥赛亚吗?

约翰福音第7章27节:『然而,我们知道这个人从哪里来,只是基督来的时候,没有人知道他从哪里来。』

他们有一个传说,认爲弥赛亚会突然出现,不知道打哪儿来,像超人一样,突然从天而降。忽然,祂就站在你们中间。他们这个观念大概是来自以赛亚书第53章,意思说:『谁能述说他的世代?』就是说:「谁能述说他的出身?谁能述说他的世代?」祂突然出现在眼前,没有人知道祂打哪儿来,祂忽然出现在我们中间,所以他们说:「你认爲官长会相信祂是基督么?嘿!我们知道祂从哪里来,当弥赛亚来的时候,没有人知道他从哪里来。」

约翰福音第7章28节:『那时,耶稣在殿里教训人,大声说:「你们也知道我,也知道我从哪里来;我来并不是由于自己,但那差我来的是真的。你们不认识他」』。
「你们或许认识我,或许知道我是在拿撒勒长大的,但是你们并不知道我就是所差来的那位。」

第 7 章

第29节:『我却认识他;因为我是从他来的,他也是差了我来!』

请留意,基督一再宣告祂是被差来的,祂带着一个使命而来。

第30节『他们就想要捉拿耶稣,只是没有人下手,因为他的时候还没有到。』

除了耶稣在前面对马利亚说过『我的时候还没有到』之外,这是我们第一次读到这一句。从这里开始,我们会不断读到许多次时候、时候,『他的时候还没有到』,就是他被钉十字架的时候,是六个月之后的事。

约翰福音第7章31和32节说:
- [31] 但众人中间有好些信他的,说:「基督来的时候,他所行的神迹岂能比这人所行的更多吗?」
- [32] 法利赛人听见众人为耶稣这样纷纷议论,祭司长和法利赛人就打发差役去捉拿他。

犹太宗教领袖认为现在是时候动手了,我们要作些事,于是他们派差役去捉拿耶稣。

约翰福音第7章33和34节说:
- [33] 于是耶稣说:「我还有不多的时候和你们同在,以后就回到差我来的那里去。
- [34] 你们要找我,却找不着;我所在的地方你们不能到。」

耶稣在这里用了文法上各种不同的时态说话,请你留意祂在这里使用的时态,祂用这么多不同的时态,是因为祂超越时间。祂一直活在永恒里。耶稣说:『我还有不多的时候』和『我和你们同在』,然后『就回到差我来的那里去。你们要找我,却找不着』还有『我所在的地方你们不能到』,这里用了不同的时态,「因为我本来就在永恒中」。

约翰福音第7章35和36节继续说:
- [35] 犹太人就彼此对问说:「这人要往那里去,叫我们找不着呢?难道他要往散住希利尼中的犹太人那里去教训希利尼人吗?
- [36] 他说:『你们要找我,却找不着;我所在的地方,你们不

第 7 章

能到』，这话是什么意思呢？」

祂究竟说什么呢？

约翰福音第7章37节说：『节期的末日，就是最大之日，耶稣站着高声说：「人若渴了，可以到我这里来喝。」

住棚节的节期最后一天，是第八天，因爲住棚节一连庆祝八天。节期的末日，是这个节期最重要的一天，毫无疑问的，在圣殿山上有数以千计的人在那里聚集过节。住棚节是犹太历法中三个重大节期之一，这期间，所有男丁都要来，要到神的跟前来过节。按照历史家约瑟夫的纪录，在基督的时代，每逢节期，大约有二百五十万人聚集在耶路撒冷。所以你可以想象在圣殿山上有那么一大批的群衆。

节期的每一天，都有一个象徵性仪式。祭司在西罗亚池子把水壶灌满，一边唱着赞美诗，一边从池子的台阶朝着圣殿山的方向走去，他们在衆人面前把水壶里的水泼在台阶上，提醒百姓，当他们的祖宗在旷野乾渴得快死的时候，神施行神迹保守了他们，藉着摩西以杖击打磐石，流出水来供应他们。所以在住棚节，水是一个很重要的象徵。他们知道他们的祖宗快要灭亡了，神却保守他们，使磐石流出水来，拯救了他们。

所以耶稣在节期的最后一天，最大的一日，站着高声说：『人若渴了，可以到我这里来喝。』耶稣指的渴，不是身体上或情感上的乾渴，而是人心灵深处对神的乾渴。在每一个人的内心深处都渴望与神有美好的关系。不论你是谁，有什么背景；不论你在那里，每个人的内心深处，都渴慕神。有些人试着去掩饰，他们戴上面具，装模作样在演戏、展示自己。他们装腔作势的自夸说：「我有能力处理，没有问题的，我不需要任何帮助。我自己能做妥当。」但在内心深处，却发出呐喊，要与神有美好的关系。

有一个典型的例子，就是撒玛利亚井边的妇人，她在与耶稣对话的时候一直显得非常聪明伶俐，很机灵。直到耶稣掀开她的面具，对她说：『你说没有丈夫是不错的，你已经有五个丈夫，你现在有的并不是你的丈夫。』当耶稣撕开她的面具的时候，妇人说：『先生，我看出你是先知，我们的祖宗在这山上礼拜，你们倒说应该礼拜的地方

第 7 章

是在耶路撒冷。』「我在哪里可以找到神?」嗨!在人的心灵深处都在问这个问题:「我在哪里可以找到神?」人在心底里渴慕神。我们试着用物质来填满这个空虚,却永远填不满。

今天有许多人疯狂地追求享乐,实际上是想满足他们内在的饥渴,人们为了满足精神上的空虚,就以毒品和酒精来麻醉自己。保罗将醉酒和圣灵充满联系在一起,「不要醉酒,但要圣灵充满。」为何他将这两者连在一起呢?因为他们确实有关系,当一个人变成酒鬼之前,他在寻找什么?是在寻找能令他心灵平安的东西,他需要能力来应付困难,他渴望完全和满足。而一个充满圣灵的人找到了什么?他找到了心灵的平安,他找到了应付困难的能力,他找到了完全和满足。

因此保罗将这两个表面看来截然不同的事情联系在一起,是非常合适的。深入一点来想,你会发现这两件事是在处理相同的问题—人的饥渴,但是人们常用错误的方法来满足他们的饥渴。所以耶稣说:「人若渴了,可以到我这里来喝。」这是最简单的福音表述,也是福音的核心内容。一个用心灵寻找神的人,当他来到耶稣面前时,他就找到了神。你的心灵深处有一种渴望,你需要神。

所以耶稣说:『人若渴了,可以到我这里来喝。』这是最简明的福音。这就是福音。凡是在心灵里寻找神,希望与神建立美好关系的人,只要他到耶稣基督的跟前来,就能找到。「你心灵深处有一个渴求,你需要神。我知道你的需要,到我这里来喝吧。」

然后耶稣继续解释。
约翰福音第7章38节:『信我的人就如经上所说:『从他腹中要流出活水的江河来。』』

「到我这里来喝吧,因爲我要满足你生命的需要,我要满足你的乾渴,不只是满足你的乾渴,我要叫你的生命成爲满溢的福杯。」可能是我年纪大了,神经常向我显明祂的慈爱和良善,将祂的圣灵和爱大大的浇灌在我心中,让我不得不说:「哎!神啊,我承受不起,主啊,太多了。」神还是继续充满我,「主啊!我满溢啦,受不了了。」神还是继续充满我,啊!我整个人被神的荣耀、慈爱和良善所充满!被

第 7 章

圣灵完全充满,是何等奇妙的经历!真是荣耀!噢!怎么说呢?『从他腹中要流出活水的江河来。』

现在约翰补充他的注释,约翰的注释在解释耶稣所说的意思,这是他经过多年的观察后才领悟到的。当时他不明白耶稣的真正意思,但后来当圣灵浇灌在教会的时候,约翰开始经历被神的能力和爱所充满,而从生命中流露出来,那时,他才明白耶稣所指的是什么。因爲他是在五旬节被圣灵充满以后写这卷书,所以现在他能解释耶稣说这话的意思。

约翰说:『耶稣这话是指着信他之人要受圣灵说的。那时还没有赐下圣灵来』这是约翰福音第7章39节。

约翰所指的,或说他的注释是说,耶稣实际上指的是圣灵。祂宣告什么?祂宣告,圣灵要像江河一般,圣灵要从一个人的生命中像活水般的涌流出来。

弟兄姐妹,你能说那是你和圣灵的关系吗?从圣经里我可以看到信徒和圣灵之间的三重关系。这是由希腊文中的三个介词表达出来:

第一个介词是para。

在约翰福音第14章16和17节记载,耶稣说:
- [16] 我要求父,父就另外赐给你们一位保惠师,叫他永远与你们同在,
- [17] 就是真理的圣灵,乃世人不能接受的;因为不见他,也不认识他。你们却认识他,因他常与你们同在,也要在你们里面。

『他常与你们同在』para,希腊文介词。

第二个介词是en,『他要在你们里面』在…里面。所以这是双重关系。祂常与你们同在,也要住在你们里面。在我们还没有悔改信主以前,圣灵与我们同在;圣灵使我们知罪;圣灵指引我们,耶稣基督能解决我们的困难;圣灵吸引我们到耶稣面前,因爲若不是圣灵的吸引,没有人会到耶稣跟前来。当圣灵吸引我到耶稣跟前的时候,我就打开心门,接受耶稣进入我的生命里,圣灵就开始住在我的里

第 7 章

面，就在圣灵进入我心里的那一刻，我接受耶稣。

但从圣经的记载让我们看到信徒和圣灵的另一重关系。首先，耶稣嘱咐祂的门徒，不要离开耶路撒冷，要等候父所应许的。在使徒行传1章8节耶稣说：『但圣灵降临在你们身上，你们就必得着能力』这里是希腊文的介词epi，是在上面或覆盖，我喜欢充满这个意思。

当圣灵充满你的生命的时候，圣灵的浇灌产生动力，这就是耶稣在约翰福音第7章这里所讲到的第三重关系。当圣灵完成在我里面的工作，那么所成就的工作会从我生命涌流出来，周围的人就因神在我里面的工作而得到属灵的益处。当然，神必须先在我里面动工。这是首要的，但神不会只满足于在我身上的工作，祂希望我的生命能成为祂藉以做工的器皿，或成为一条管道，让祂能藉着我向这个极需要帮助的世界流露祂的权能和慈爱。所以耶稣说『从他腹中要流出活水的江河来』，指的是圣灵。圣灵要像活水的江河那样从你的生命中涌流出来。

几年前我有个同工，每逢周末都在一个青少年退修会当辅导员。有一次，在某个星期一，我和他一起工作的时候，那个同工说：「上周末在我作辅导的营地中出现一些问题。」
「什么问题？」
他说：「有一个讲员对这些孩子们说：『你们在这营地中亲近神，得到被圣灵充满的奇妙经验。但是你们离开营地之后，你妈妈叫你做事，你就说：『我不做』，因为你这种态度，圣灵就流失了一些。然后说不定你撒谎了，或做了别的错事，圣灵又流失了一些，那么过了一阵子，圣灵都流失了，那么你就必须要再让圣灵充满。』」

这个同工继续说：「我就是觉得这不太对呀，但我又指不出那里错了。」
我对他说：「我不知道圣经在哪里提到圣灵会从生命中流失，但我知道有一处圣经宣告圣灵会像活水的江河从生命中涌流出来。」

弟兄姐妹，这就是我要的那种关系，我要我的生命像江河涌流。我希望神的灵从我的生命中涌流出来，像活水江河那样。

第 7 章

可是，还有许多人没有得着圣灵。

约翰福音第7章39节继续说：『因为耶稣尚未得着荣耀』。

耶稣说：「我还没离开，圣灵就不能来，我去了」，『我要求父，父就另外赐给你们一位保惠师』。所以圣灵要在耶稣得着荣耀，升到父神那里之后才赐下来」。

当然，五旬节来到的时候，彼得向群众解释所发生的事。他说：

[32] 这耶稣，神已经叫他复活了，我们都为这事作见证。

[33] 他既被神的右手高举，又从父受了所应许的圣灵，就把你们所看见所听见的，浇灌下来。

所以圣灵浇灌教会，就证明耶稣到父神那里，求祂赐下圣灵。

约翰福音第7章40节说：『众人听见这话，有的说：「这真是那先知。」』

这是引用摩西在申命记所说的话，他说：『我必在他们弟兄中间，给他们兴起一位先知像我，你们要听从祂。』摩西应许将来会另有一位先知到来。

很有趣的是，今天，如果你问那些犹太人，大部分正统的犹太人都会对你说，他们不相信弥赛亚就是神的儿子。但是，弥赛亚将是像摩西一样，是一个人，他们会说因为摩西说『给他们兴起一位先知像我，你们要听从祂。』所以他们会告诉你，这个人会像摩西一样，是神所委任，带领他们脱离捆绑的这么一个人，「所以神要膏立另一个人，我们就在等候这个人。」那么他们期待的徵兆是什么呢？「我们在寻找一个能够重建圣殿的人。」他们相信当弥赛亚来，祂要帮助他们重建圣殿。他们是这样辨认弥赛亚的，寻找一个能为他们重建圣殿的人。

他们说：「这就是那位先知。」也就是摩西在预言中所指的那位先知。

我们继续看约翰福音第7章41和42节：

[41] 有的说：「这是基督。」但也有的说：「基督岂是从加利利出来的吗？

[42] 经上岂不是说『基督是大卫的后裔，从大卫本乡伯利恒出来的吗』？」

第 7 章

显然的,他们不知道耶稣是从伯利恒来的,马利亚和约瑟曾经到伯利恒报名上册,因爲约瑟是属于大卫家、大卫的支系,从路加追溯马利亚的家谱,我们看到马利亚也是大卫的后裔,所以耶稣是属于大卫支系的,而且生在伯利恒。

然而,人们却因爲耶稣而有分歧。这是真的,耶稣经常把人区别出来,祂特意把人区分出来。祂会说一些激动人的话将人区别出来。祂对马大说:『复活在我,生命也在我,信我的人虽死了,也必复活,你信这话么?』

你看,当祂说完这惊人的话以后,马上向人发出挑战:『你信这话么?』藉这问话『你信这话么?』来故意制造一种区别。于是人们就被区分开来,有的人相信,有的不相信。所以耶稣当日所制造出来的区别到今天仍然存在,有的人相信,有的人不相信;有的人有永生,有的人没有永生的;有的人有盼望,有的人没有盼望。耶稣总是在衆人中间造成区别,所以这些人就因爲耶稣的缘故而被区分出来。

约翰福音第7章44到52节继续说:
- [44] 其中有人要捉拿他,只是无人下手。
- [45] 差役回到祭司长和法利赛人那里。他们对差役说;「你们为什么没有带他来呢?」
- [46] 差役回答说:「从来没有像他这样说话的!」
- [47] 法利赛人说:「你们也受了迷惑吗?
- [48] 官长或是法利赛人岂有信他的呢?
- [49] 但这些不明白律法的百姓是被咒诅的!」
- [50] 内中有尼哥底母,就是从前去见耶稣的,他是个法利赛人对他们说:
- [51] 「不先听本人的口供,不知道他所作的事,难道我们的律法还定他的罪吗?」
- [52] 他们回答说:「你也是出于加利利吗?」

换句话说:「你是跟祂同夥的吗?」

约翰福音第7章52节:『你且去查考,就可知道加利利没有出过先知。』

第 7 章

第 7 章

第 8 章

第 8 章

约翰福音第8章第1和2节说：
- [1] 于是各人都回家去了；耶稣却往橄榄山去，
- [2] 清早又回到殿里。

住棚节已经结束了，耶稣在第二天回圣殿去。留意这里说耶稣坐下来教训他们，因为作拉比的总是坐下来教导众人。

约翰福音第8章第2到4节继续说：
- [2] 众百姓都到他那里去，他就坐下，教训他们。
- [3] 文士和法利赛人带着一个行淫时被拿的妇人来，叫他站在当中，
- [4] 就对耶稣说：「夫子，这妇人是正行淫之时被拿的。

「她行淫的时候，被我们抓住了。」

约翰福音第8章第5到9节说：
- [5] 摩西在律法上吩咐我们把这样的妇人用石头打死。你说该把他怎么样呢？」
- [6] 他们说这话，乃试探耶稣，要得着告他的把柄。耶稣却弯着腰，用指头在地上画字。
- [7] 他们还是不住的问他，耶稣就直起腰来，对他们说：「你们中间谁是没有罪的，谁就可以先拿石头打他。」
- [8] 于是又弯着腰，用指头在地上画字。
- [9] 他们听见这话，就从老到少，一个一个的都出去了，只剩下耶稣一人，还有那妇人仍然站在当中。

那个男人在那里？因為那妇人是在行淫的时候被捉拿的，而且按照摩西的律法，他们两个人都该用石头打死的，如果他们是捉奸在床的话，為什么只带了那个女人来呢？所以从一开始他们的处理手段是不公平的。他们应该也把那个男的带过来。

另一个问题是：耶稣在地上写些什么字？当然，圣经没有告诉我们，所以我们可以猜猜看。我猜想祂可能在写那些人的名字，从衆法利赛人中年纪最大的开始写起，因為这些人真的给耶稣压力，而且挑

101

第 8 章

战祂,说:「我们的律法规定要用石头打死她!你说该怎么办?」好,这个老利未,这个老人,他一直坚持这一点,所以耶稣也许在沙地上写下利未这个名字。然后继续写:「上星期二,下午两点你在作什么事?」耶稣继续写老利未在那天的下午两点做的事情。利未说:「哦!我想……我太太要我去买一块面包,哎!我得赶快回家了。」他一溜烟就走了。

圣经说,他们一个个知道自己有罪,都离开了。利未走了,于是耶稣在地上写西门这名字,并且写西门在前一天或以前所犯的罪。西门非常不好意思、惊慌失措的离开。

所以从老到少,耶稣一个个写下他们的名字和他们做过的事,因为他们全部,一个个被自己的良知定罪,所以他们从老到少一个个离开了,到最后只有那女人站在哪里。

约翰福音第8章第10和11节:
- [10] 耶稣就直起腰来,对他说:「妇人,那些人在那里呢?没有人定你的罪吗?」
- [11] 他说:「主啊,没有。」耶稣说:「我也不定你的罪。去吧,从此不要再犯罪了!」

耶稣说:"神差祂的儿子降世,不是要定世人的罪,乃是要叫世人因祂得救,信祂的人不被定罪。"这个女人按照摩西的律法犯了死罪,当场被捉,但耶稣对她说:"我不定你的罪,"因为祂来不是要定我们的罪,祂来是要拯救我们,祂彰显了祂荣耀的事工,寻找并拯救失丧的人,这个女人需要的是被拯救而不是被定罪,我们都和她一样。

那么「谁能定他的罪呢?」基督徒确实活在许多的定罪中,『但谁能定他的罪呢?』如果你是神的儿女,却仍活在被定罪中,是耶稣在定你的罪吗?我们总是以为神好象一直在等候,随时捉到我们的把柄要把我们除掉。求神帮助我们能够从这种老套的看法释放出来。我们有时候也将圣诞老人的形象转移到神的身上,把神当成圣诞老人来看待,你知道,我们总是祷告,求神给我们好的礼物。「哎,小夥子,你今天要什么礼物?圣诞节要甚么礼物?」祷告就像是向神要一些我们想要的东西,但是神的这种形象也使我们以为神拿着一

第 8 章

张单子,一再审核我们,看看谁顽皮、谁守规矩,因爲我们知道自己不乖,对自己的罪感到愧疚,老是觉得神要定我们的罪!但是『谁能定他的罪呢?』

保罗没有宣告谁能定人的罪,他只是反过来的声明,谁不会定人的罪。他说:『有基督耶稣已经死了,而且从死里复活,现今在神的右边,也替我们祈求。』耶稣并不会定我们的罪,祂乃为我们代求,耶稣没有定罪人的罪,祂对这女人说:『我也不定你的罪。去吧,从此不要再犯罪了!』

约翰福音第8章12节说:耶稣又对众人说:「我是世界的光。跟从我的,就不在黑暗里走,必要得着生命的光。」

耶稣曾说:『我是生命的粮』,现在祂宣告:『我是世界的光』。祂又作相当激进的宣告:『跟从我的,就不在黑暗里走,必要得着生命的光。』

约翰福音第8章第13到16节继续记载说:
- [13] 法利赛人对他说:「你是为自己作见证,你的见证不真。」
- [14] 耶稣说:「我虽然为自己作见证,我的见证还是真的;因我知道我从那里来,往那里去;你们却不知道我从那里来,往那里去。
- [15] 你们是以外貌判断人,我却不判断人。
- [16] 就是判断人,我的判断也是真的;因为不是我独自在这里,还有差我来的父与我同在。

耶稣再次宣告:『父差我来』

约翰福音第8章第17到24节:
- [17] 你们的律法上也记着说:『两个人的见证是真的。』
- [18] 我是为自己作见证,还有差我来的父也是为我作见证。」
- [19] 他们就问他说:「你的父在那里?」耶稣回答说:「你们不认识我,也不认识我的父;若认识我,也就认识我的父。」
- [20] 这些话是耶稣在殿里的库房、教训人时所说的,也没有人拿他,因为他的时候还没有到。

第 8 章

[21] 耶稣又对他们说:「我要去了,你们要找我,并且你们要死在罪中。我所去的地方,你们不能到。」

[22] 犹太人说:「他说:『我所去的地方,你们不能到』,难道他要自尽吗?」

[23] 耶稣对他们说:「你们是从下头来的,我是从上头来的;你们是属这世界的,我不是属这世界的。

[24] 所以我对你们说,你们要死在罪中。你们若不信我是基督,必要死在罪中。」

请您留意,耶稣作了多么激进的陈述!祂直接了当地说明事情的因果,祂很清楚地向他们宣告真理,是什么真理呢?这真理就是:「你们若不信祂是基督,必要死在罪中。」因为神为赦免我们的罪,已经预备了救恩,而人相信耶稣基督,就要得着这救恩。所以你们如果不相信祂是基督,那你们就得不到救恩,必要死在罪中。假如你们死在罪中,你们就是失丧的人。

所以耶稣跟这些人正面对抗交锋,祂说:『你们是从下头来的,我是从上头来的。』

约翰福音第8章第25到28节:

[25] 他们就问他说:「你是谁?」耶稣对他们说:「就是我从起初所告诉你们的。

[26] 我有许多事讲论你们,判断你们;但那差我来的是真的,我在他那里所听见的,我就传给世人。」

[27] 他们不明白耶稣是指着父说的。

[28] 所以耶稣说:「你们举起人子以后。

当然,『举起』这个词,是指十字架说的。所以祂实际上是说:「当你们在十字架上把我举起来的时候,或者,当你们把人子钉十字架的时候」。

约翰福音第8章第28和29节,耶稣继续说:

[28] 你们举起人子以后,必知道我是基督,并且知道我没有一件事是凭着自己做的。我说这些话乃是照着父所教训我的。

[29] 那差我来的是与我同在;他没有撇下我独自在这里,因为我

第 8 章

常做他所喜悦的事。」

这是何等宝贵的一段话呀！真的希望有这么一天，我也能这样宣告：『我常做他所喜悦的事』。

天父曾经爲耶稣作见证，祂说：『这是我的爱子，我所喜悦的。』耶稣说：『在我里面没有不义，我常作祂所喜悦的事。』耶稣过不久对他们说：『你们中间谁能指证我有罪呢？』『我常做他所喜悦的事』。

我们继续看约翰福音第8章第30和31节，经文说：
   [30] 耶稣说这话的时候，就有许多人信他。
   [31] 耶稣对信他的犹太人说：「你们若常常遵守我的道，就真是我的门徒；

「你们要相信我，现在要常常遵守我的道，你们这样做的话，就真的是我的门徒了。」

约翰福音第8章第32和33节，耶稣继续说：
   [32] 你们必晓得真理，真理必叫你们得以自由。」
   [33] 他们回答说：「我们是亚伯拉罕的后裔，从来没有作过谁的奴仆。你怎么说『你们必得自由』呢？」

当时，犹太人受罗马人的统治所辖制，但是他们不愿意承认，这是他们的问题之一。他们一直反抗罗马政府。在主后七十年，由于他们这种态度，认为『我们从来没有作过谁的奴仆』，终于整个国家沦亡了。就是因爲他们这种态度，在主后七十年，罗马政府派提多将军和他的部队，一举把这国家消灭了，但是，这个民族的精神让人觉得很有意思的。他们说：『我们是亚伯拉罕的后裔，从来没有作过谁的奴仆。』而耶稣说：『你们必晓得真理，真理必叫你们得以自由。你怎么说『你们必得自由』呢？』

约翰福音第8章34节：『耶稣回答说：「我实实在在的告诉你们，所有犯罪的就是罪的奴仆。」』

你们说你们是自由的？但是，如果你们犯罪，你们就是罪的奴隶。圣

第 8 章

经告诉我们,『你们献上自己作奴仆,顺从谁,就作谁的奴仆吗?或作罪的奴仆,以至于死;或作顺命的奴仆,以至成义得永生。』这是罗马书6章16节说的。

人很容易成为罪的奴隶,罪很快的辖制人的生命,控制他们。耶稣在这里宣告,如果你犯罪,你就成为罪的奴仆。『你怎么说『你们必得自由』呢?』啊!不是的,你们没有自由,你们是罪的奴仆。

约翰福音第8章35和35节说:
   [35] 奴仆不能永远住在家里;儿子是永远住在家里。
   [36] 所以天父的儿子若叫你们自由,你们就真自由了。

啊!我喜爱在耶稣基督里的自由!我是多么喜爱在基督里的自由!事实上,我太爱这自由,所以我会小心的保卫它。

许多人有一个问题, 就是他们不珍惜自己的自由, 不去防卫它。我所享受的自由, 是我有不去做的自由,而不是去做的自由。我有自由去做,但我享受不去做的自由, 因为许多时候如果我使用我的自由去做, 那么我就不再有自由不去做了。所以你怎么运用你的自由是很重要的事。

有些人是被强迫的;有些人无法控制;有些人是奴隶, 而我是自由的, 我不必去做。我有自由不去做,因为神的儿子已经释放了我,使我得自由。使徒保罗谈到维护自由这回事,他说:『凡事我都可行』,太棒了!我有自由!他又说:『但无论哪一件,我总不受他的辖制。』如果我用自己的自由去做任何事,那就会使我受到那件事的影响或者被它辖制。我就得牺牲我的自由,而我就不再自由了,因为我现在要受到这个习惯或我所做的任何事情辖制。我已经被它控制了,我现在就是罪的奴仆或奴隶了。

但是,『天父的儿子若叫你们自由,你们就真自由了。』感谢神!神能够把你从罪的权势的困绑中释放出来, 你不需要再作罪的奴仆了。『天父的儿子若叫你们自由,你们就真自由了。』啊!我是多么欢喜快乐,能够享受我的自由。

第 8 章

耶稣说:『我知道你们是亚伯拉罕的子孙。』他们在前面说过:『我们是亚伯拉罕的后裔,从来没有作过谁的奴仆。』

约翰福音8章37到39节,耶稣继续说:
- [37] 我知道你们是亚伯拉罕的子孙,你们却想要杀我,因为你们心里容不下我的道。
- [38] 我所说的是在我父那里看见的;你们所行的是在你们的父那里听见的。」
- [39] 他们说:「我们的父就是亚伯拉罕。」耶稣说:「你们若是亚伯拉罕的儿子,就必行亚伯拉罕所行的事。

耶稣说:「啊!不是的!」为什么说他们不是亚伯拉罕的子孙,亚伯拉罕不是他们的先祖呢?因为耶稣指的是属肉体和属灵这两方面。亚伯拉罕的子孙不见得就是亚伯拉罕的儿子,因爲亚伯拉罕是那些信神之人的父,他实际上是多国的祖先。以实玛利人是从亚伯拉罕而出,他们是亚伯拉罕的子孙,但不是从应许而来的亚伯拉罕的子孙,所以耶稣所说的子孙是指属灵的儿女以及亚伯拉罕肉身的子孙,这两者之间有很大的不同。耶稣甚至对这些犹太人也这样说:「你们是亚伯拉罕的子孙,但祂却不是你们真正的父。」所以,属灵上你们不是亚伯拉罕的子孙,因爲你们不相信神,祂指出两者之间的差异。祂说:『我知道你们是亚伯拉罕的子孙,你们却想要杀我,因为你们心里容不下我的道。我所说的是在我父那里看见的;你们所行的是在你们的父那里听见的。』

- [39] 他们说:「我们的父就是亚伯拉罕。」耶稣说:「你们若是亚伯拉罕的儿子,就必行亚伯拉罕所行的事。
- [40] 我将在神那里所听见的真理告诉了你们,现在你们却想要杀我,这不是亚伯拉罕所行的事。

这是约翰福音8章39和40节。

「亚伯拉罕并不设法杀害我,他相信神的工作,因此神算为他的义。」

第41节,耶稣又说:『你们是行你们父所行的事。」他们说:「我们不是从淫乱生的。」』

第 8 章

这里可能是指马利亚的童女生子,他们或许在暗示「你的母亲是未婚生子」。马利亚未婚生子的故事,可能到处流传,约瑟并不是耶稣真正的父亲,他们不相信耶稣是由圣灵受孕而生,所以控告祂是私生子。但圣经声明马利亚是童女,因爲至高者的能力要荫庇她,耶稣是神的儿子,基督的降生是个神迹,是经由圣灵作工、作媒介让马利亚成孕而生。他们卑鄙地攻击耶稣,挑战童女生子这回事。

我们可以从这里作一个有趣的结论。从圣经的记载,我们看到耶稣的母亲--马利亚是所有妇女中最伟大的一位,也是最蒙福的一位。当她去犹大山地的小村庄,拜访她的堂姊伊利沙伯的时候,伊利沙伯说:『你在妇女中是有福的,你所怀的胎也是有福的。今后万代要称你为有福』,爲什么?因爲神给她最高的荣耀和特权,是任何女人都得不到的,神拣选她成爲带领神的儿子进入这世界的器皿,这是何等的光荣!

神作了一个聪明的选择,拣选一个有最高尚品格和美德的年轻女子。这一点,路加第1章的马利亚『尊主颂』可以证明,她说:『我心尊主爲大,我灵以神我的救主爲乐,因爲祂顾念祂使女的卑微』等等,她无比欢欣地赞美神,表现出灵里一种深度的特质,那绝对是难能可贵的。除了在这里所记载的:『我们不是从淫乱生的』,「你的母亲才是未婚生下了你」,圣经所描绘的马利亚让我们看到一幅令人非常敬佩的画面。

马利亚有令人敬仰的性格。当耶稣面对审讯,要被钉十字架的时候,马利亚可以很迅速地、干脆出来阻止整个过程。当她看到事情对她的儿子那么不利的时候,儿子要被定十字架,她可以站出来,对彼拉多说:「等一等,我可以告诉你是谁让我怀孕的。」既然耶稣有地上的父亲,那么马利亚可以把耶稣生父的名字说出来。我确信出于母爱,她可以这样做。但是她不能,她无能爲力,只能眼巴巴的看着祂死,因爲耶稣是从神生的,所以她没有办法说出耶稣地上的父亲的名字,而让祂得自由。这就是童女生子最强而有力的证据之一;这也是童女生子在心理上的斗争之一。马利亚没办法说出耶稣的地上父亲的名字,让祂不被定罪,因爲祂根本就没有地上的父亲,祂是从神生的。

第 8 章

但在这里宗教领袖利用这点来中伤祂。

约翰福音第8章41和42节说：
- [41] 你们是行你们父所行的事。」他们说：「我们不是从淫乱生的；我们只有一位父，就是神。」
- [42] 耶稣说：「倘若神是你们的父，你们就必爱我；因为我本是出于神，也是从神而来，并不是由着自己来，乃是他差我来。

祂一直在告诉他们：『乃是祂差我来』，现在祂很清楚地告诉他们是谁差祂来的。耶稣说：『倘若神是你们的父，你们就必爱我；因为我本是出于神，也是从神而来』耶稣在这里作了一个非常清楚的声明：祂本是出于神，也是从神而来。

有些人说：「耶稣从来没有宣称过自己是神的儿子」。等一等！就在这里，祂非常清楚地宣告：『我本是出于神，也是从神而来。并不是由着自己来的，乃是祂差我来的。』

约翰福音第8章43和44节说：
- [43] 你们为什么不明白我的话呢?无非是因你们不能听我的道。
- [44] 你们是出于你们的父魔鬼，

你们父的私欲你们偏要行。他从起初是杀人的，不守真理，因他心里没有真理。他说谎是出于自己；因他本来是说谎的，也是说谎之人的父。

他们说：『我们的父就是亚伯拉罕』。然后他们又说：『我们只有一位父，就是神』。耶稣说：「不是！你们的父不是神，你们是出于你们的父魔鬼」。

约翰福音第8章44节：『你们父的私欲你们偏要行。』
撒但想要毁灭耶稣，「你们偏要这样行」。

第44节又说：『他从起初是杀人的。』
「你们想谋杀我」。

第 8 章

约翰福音第8章44到47节说：
- [44] 魔鬼不守真理，因他心里没有真理。他说谎是出于自己；因他本来是说谎的，也是说谎之人的父。
- [45] 我将真理告诉你们，你们就因此不信我。
- [46] 你们中间谁能指证我有罪呢？我既然将真理告诉你们，为什么不信我呢？
- [47] 出于神的，必听神的话；你们不听，因为你们不是出于神。」

这是很严厉的话，你听到神的话吗？还是只听到没有意义的话？，你或许说：「哎呀！有完没完呀？我要回家了。」神的话是否打动你的心？你接受神的话吗？神的话是否令人扎心？还是温暖了你的心？有没有带给你帮助，滋养你？或者你把神的话撇在一边？你可以很快说出你父亲是谁。因爲耶稣说：『出于神的，必听神的话；你们不听，因为你们不是出于神。』

约翰福音第8章48到52节说：
- [48] 犹太人回答说：「我们说你是撒玛利亚人，并且是鬼附着的，这话岂不正对吗？」
- [49] 耶稣说：「我不是鬼附着的；我尊敬我的父，你们倒轻慢我。
- [50] 我不求自己的荣耀，有一位为我求荣耀、定是非的。
- [51] 我实实在在的告诉你们，人若遵守我的道，就永远不见死。」
- [52] 犹太人对他说：「现在我们知道你是鬼附着的。亚伯拉罕死了，衆先知也死了，你还说：『人若遵守我的道，就永远不尝死味。』

耶稣不轻易放过他们，祂戮下更深的一刀，祂已经准备好面对争论。你们还想继续听吗？那好，让我们继续这个话题。

然后耶稣又有惊人的言论：「人若遵守我的道，就永远不见死。」犹太人回答说：现在我们知道你是鬼附的，亚伯拉罕死了，众先知也死了，你还说人若遵守我的道，就永远不尝死味。

耶稣经常被误会，因爲祂说的是属灵的事，而人们只能想到属物质的事。圣经对死亡，有一个定义，但也有肉体上的定义。从人的肉体定义来说，死亡是指一个人的意识离开了身体。如果医生替一个人

第 8 章

作心电图,图表显示停止了活动,24小时后再作一次心电图,还是没有动静,那么他们通常会拔掉电插头,观察心电图,如果还是没有心跳活动,就表示这人在医学上是死亡了。就是说,他的脑部活动已经停止,他的脑或意识已经离开了身体,没有脑部活动,他是死的。现在他的意识已经离开他的身体。

灵性上的死亡,是指你的意识离开了神。圣经上说,如果人活着只爲享乐,他活着就像行尸走肉一样。你要知道,如果享乐是你的神;如果你活着主要目的是爲着享乐;如果你单单为享乐而活着,那么你的意识就离开了神,所以你是死的。虽然在肉体上你还活着,但你是死的,因爲你的意识离开了神。神不在你的意识里。圣经是这么说的。

所以在这里耶稣指的是灵性上的死亡定义,衪说:『人若遵守我的道,就永远不见死。』我的意识永远不会离开神。嘿!虽然我的意识会离开这老旧的身体,但我不会死亡。因爲我将会活在神的面前,我是活生生的,所以我比任何时候都意识到神。『人若遵守我的道,就永远不见死。』我相信,我完全相信这一点。哥林多后书第 5章1节说:『我们原知道,我们这地上的帐棚若拆毁了,必得神所造,不是人手所造,在天上永存的房屋。』所以有一天,我们在这些身体里不在叹息,而是急切的希望搬出去,不是成为具有身体的灵,而是能迁到天上那个新的身体里。

哥林多后书第 5章第6到8节说:
[6]　所以,我们时常坦然无惧,并且晓得我们住在身内,便与主相离。
[7]　因我们行事为人是凭着信心,不是凭着眼见。
[8]　我们坦然无惧,是更愿意离开身体与主同住。
所以有一天,我要从这个帐棚搬出去,进入那个家,我不是死了,只是搬家而已。

犹太人回答耶稣说:『现在我们知道你是鬼附的,亚伯拉罕死了,衆先知也死了,你还说人若遵守我的道,就永远不尝死味。』
他们对亚伯拉罕又作了一个错误的假设。你记得吧!耶稣跟撒督该人谈话,问过他们一个问题,他们不相信死人复活或灵魂或天使,

第 8 章

耶稣说:『爲何当神在荆棘中和摩西说话时,祂说我是亚伯拉罕,以撒,雅各的神?』祂不是死人的神,乃是活人的神。他们作了一个错误的假设,当他们说亚伯拉罕死了,事实上,在那个时候,亚伯拉罕活得好好的,他正在安慰那些等待弥赛亚的人。

路加福音16章说:,『那讨饭的死了,被天使带去放在亚伯拉罕的怀里。』亚伯拉罕在那里安慰那些等候弥赛亚的人。

约翰福音第8章53到55节继续说
- [53] 难道你比我们的祖宗亚伯拉罕还大吗?他死了,衆先知也死了,你将自己当作什么人呢?」
- [54] 耶稣回答说:「我若荣耀自己,我的荣耀就算不得什么;荣耀我的乃是我的父,就是你们所说是你们的神。
- [55] 你们未曾认识他;我却认识他。我若说不认识他,我就是说谎的,像你们一样;但我认识他,也遵守他的道。

耶稣并没有跟这些人兜圈子,我是说,祂给他们说清楚,然后又说:
- [56] 你们的祖宗亚伯拉罕欢欢喜喜的仰望我的日子,既看见了就快乐。」
- [57] 犹太人说:「你还没有五十岁,岂见过亚伯拉罕呢?」
- [58] 耶稣说:「我实实在在的告诉你们,还没有亚伯拉罕就有了我。」

这是约翰福音第8章56到58节。

耶稣在这里公开宣告祂的神姓,用到永恒的神的名字。当摩西问说:「他们若问我说:『打发你来的,叫什么名字?』我要对他们说什么呢?」神说:「你要对以色列人这样说:『那自有的打发我到你们这里来。』」这个名字显明神的永恒性。『犹太人说:「你还没有五十岁,岂见过亚伯拉罕呢?」』耶稣说:『还没有亚伯拉罕就有了我』现在他们明白祂的话,因为在约翰福音第8章59节说:『于是他们拿石头要打他;耶稣却躲藏,从殿里出去了。』

那么到底亚伯拉罕甚么时候看见耶稣?耶稣说:『你们的祖宗亚伯拉罕欢欢喜喜的仰望我的日子,既看见了就快乐。』亚伯拉罕甚么时候看见耶稣?这里可能说的是旧约的麦基洗德,当亚伯拉罕战胜

第 8 章

了五王回来的时候，撒冷王或是平安王带着饼和酒出来迎接他，或者说跟他相交。亚伯拉罕把所得的十分之一拿出来献给祂，或说把自己掳来的十分之一献给祂。这位旧约的祭司---麦基洗德被称为至高神的祭司，是亚伯拉罕所尊崇的，把自己所得的十分之一献给祂。可能麦基洗德是神的显现，就是神在旧约中以耶稣基督的形象的彰显。因为耶稣说：『还没有亚伯拉罕就有了我』。还有『亚伯拉罕欢欢喜喜的仰望我的日子，既看见了，就快乐。』

还有其他的证据显示麦基洗德就是耶稣基督。圣经说，他没有族谱，他不是从利未祭司支派出来的，因為利未还没出生。利未是亚伯拉罕的后裔，祭司是从他的家族而出，所以很有可能耶稣以麦基洗德的形象彰显在亚伯拉罕面前。

还有另一个可能，就是当耶和华的天使要去毁灭所多玛城的时候，你如果仔细阅读经文，就看到亚伯拉罕与耶和华或耶稣基督说话，他為所多玛和俄摩拉来代求：『假若那城里有五十个义人，你还剿灭那地方吗？行公义的主岂会将义人与恶人一样看待呢？』你读 创世纪18章就会发现亚伯拉罕和耶和华对话，耶和华回答亚伯拉罕。所以亚伯拉罕可能在这时候看到耶稣，既看见了，就快乐。耶稣从起初就存在，并且在旧约时代就彰显出来了，这是一个有趣的花絮。

好了，前面记述的是事发生在逾越节的前六个月，耶稣将在逾越节被钉十字架。第8章记录了祂跟法利赛人的对话以及向他们作的宣告：『还没有亚伯拉罕，就有了我』。所以当时法利赛人要拿石头打耶稣，耶稣却躲藏，从圣殿里出去了。

第 8 章

第 8 章

第 9 章

第 9 章

第9章在这个背景下展开。 第1节,祂过去的时候,『看见一个人生来是瞎眼的』。

根据福音书的记载,当然有其他的记载,在耶稣的医治神迹中,这个例子是福音书里唯一一次记录到这人的病是与生俱来的。

在使徒行传里也记载有几个人生来就有病,而毫无疑问的,耶稣医治了许多患先天性疾病的人,但只有这里很清楚的记载这病是生来就有的。

所以在第2节说:『门徒问耶稣说:「拉比,这人生来是瞎眼的,是谁犯了罪?是这人呢?是他父母呢?」』

当时有人教导说,父母的罪会导致母腹里的婴孩也有罪。有些人接受这种说法,因为有些拉比也是这样教导人,难怪门徒会问:『这人生来是瞎眼的,是谁犯了罪?』假如他生来瞎眼;假如他犯了罪,那么一定是在他出生前就犯了罪!

当时犹太人的拉比也采纳了柏拉图的思想,认为人有身体以前,是以灵体存在,而那些灵体有好的,有坏的。当然柏拉图的教导也就是今天摩门教的教导,他们认为我们原是以灵体生存在天国里,然后我们有了身体,就在地球上经历这段试炼期,看看我们能不能发现摩门教所传的真理,以便在来世能被提升为神。

所以现在门徒的问题是:『这人生来是瞎眼的,是谁犯了罪?是这人呢?是他父母呢?』我认为有趣的是,每当灾难临到我们的时候,我们总是有这种想法,以为那是神直接对我们的报应。神为我所做的某些事,或以前做的事来惩罚我,所以这种困难、艰苦或痛苦的经历,全是因为我的一些过犯而导致神的审判。假如神以那么直接的因果效应来审判人的话,那么每一个犯了相同罪行的人,就应该受到相同的审判了。其实,目前并没有这种因果形式的审判,将来会有,而且神在审判的时候,必定是公平的,因为祂的审判是完全公正的。但是现在神正在吸引人归向祂。耶稣说:『我来本不是要要定世人的罪,乃是要叫世人因我得救。』

第 9 章

所以门徒的问题反映了一般人常有的态度。约伯受苦的时候,来安慰他的朋友,也持着这种态度。他们说:「你一定作了一些可怕的事,哎呀!赶快向神认罪悔改!为什么还让自己受苦?你可别说你是无辜的,只有邪恶的人才会受这样的苦。」但是,你如果有机会读圣经中约伯的故事,就要看到整幅画面,你就明白不是因为约伯犯了罪所以被神审判,而是撒但使约伯受苦,来向神证明约伯会失败。那么是谁犯了罪?

约翰福音第9章3节,『耶稣回答说:「也不是这人犯了罪,也不是他父母犯了罪」』。

约翰福音第9章第3和4节说:
 [3]   是要在他身上显出神的作为来。
 [4]   趁着白日,我们必须作那差我来者的工;黑夜将到,就没有人能做工了。

耶稣避开那个问题,说:「两者都不是。但我必须作我父的工作」,而爲了『作那差来者的工』,耶稣就医治那人。祂是『作父神的工』,但祂给那个问题的答案是:「两者都不是」。

我认爲,如果把这件事解释为:「神让这人在这段时间眼瞎,只是为了让基督在他身上做工」,这是不恰当的。换句话说,这人生来眼瞎是由神事先安排的,为了让神能够在他身上施行医治。我认为,这是错误的解释。

耶稣在这里是带进来一个新的思想:『是要在他身上显出神的作为来,趁着白日我必须作那差我来者的工』,「为了使神的工作能够被彰显出来,我必须作父神的工,黑夜将到,但我还在世界上,我是世上的光。」

约翰福音第9章第5和6节说:
 [5]   我在世上的时候,是世上的光。」
 [6]   耶稣说了这话,就吐唾沫在地上,用唾沫和泥抹在瞎子的眼睛上,

第 9 章

你想耶稣为什么这样做?其实我问这个问题,我也不知道答案。爲什么耶稣做这事?我不知道,但有趣的是,因爲我知道耶稣能够只用说话就医治他,因为祂曾经用说话就治好别的瞎子。在耶利哥,祂问巴底买:『要我为你做什么?』他说:「主啊,我要能看见。」耶稣说:「你去吧!」巴底买睁开了眼睛,立刻看见了。另一个瞎子,耶稣触摸他的眼睛,然后问他:「你看见什么?」他说:「我看见人了;他们好像树木,并且行走。模模糊糊的。」耶稣又按手在他眼睛上,他定睛一看,就复了原,样样都看得清楚了。

现在耶稣做了挺有趣的事,也许祂想引起宗教领袖进一步的争论。几个月前,耶稣违反了安息日的规条,在毕士大池子旁医治了一个瘸腿的人。按传统的解释,在安息日和泥,是违反犹太律法的。事实上,你甚至不准在安息日穿鞋子,因为鞋底有扣子要绑好,那会构成背负担子。如果鞋底有扣子要绑好,就构成背负担子,那实在太严重了吧!他们用这些奇怪的规定来解释律法,所以在安息日和泥也违反了他们的律法。耶稣吐唾沫在地上,用祂的手指搅拌泥土,这举动肯定触犯他们的安息日律法。当祂和好了泥,就抹在瞎子的眼睛上。

约翰福音第9章第7节说:『对他说:「你往西罗亚池子里去洗。他去一洗,回头就看见了。」

这个人前往西罗亚池子里走去,低头浸到池水里,洗他的眼睛。他一洗,眼睛就看见了。

约翰福音第9章第8节说:『他的邻舍和那素常见他是讨饭的,就说:「这不是那从前坐着讨饭的人吗?」

难道这不就是那瞎眼的乞丐吗?果然很像是他呀!

约翰福音第9章第9到11节继续说:
- [9] 有人说:「是他」;又有人说;「不是,却是像他。」他自己说:「是我。」
- [10] 他们对他说:「你的眼睛是怎么开的呢?」
- [11] 他回答说:「有一个人,名叫耶稣,他和泥抹我的眼睛,对我

第 9 章

说:『你往西罗亚池子去洗。』我去一洗,就看见了。」

请你留意!耶稣怎样逐渐地向这人启示祂自己。这时候,瞎子只知道眼前这人名叫耶稣。后来有人问他:『你的眼睛是怎么开的呢?』他回答说:『啊,有一个人,名叫耶稣,祂和泥抹我的眼睛,对我说你往西罗亚池去洗,我去一洗,就看见了。』

『有一个人,名叫耶稣』

约翰福音第9章第12到14节说:
- [12] 他们说:「那个人在那里?」他说:「我不知道。」
- [13] 他们把从前瞎眼的人带到法利赛人那里。
- [14] 耶稣和泥开他眼睛的日子是安息日。

实际上,耶稣的举动违反了两条安息日的律法。在安息日治病是不合法的。就算有病也不得医治的。如果你扭伤了脚踝,也不能在患处冲冷水,因为冷水有医治的功效,你只能忍着痛,等过了安息日再用冷水冲洗,但那已经太迟了,因为脚都肿起来了。你就是不得去医治。你可以去救人的性命,尽你所能去救人的性命,但在安息日决不能施行医治。所以他们控告耶稣两宗罪:祂和泥,还有祂医治瞎子。

约翰福音第9章第15和16节说:
- [15] 法利赛人也问他是怎么得看见的。瞎子对他们说:「他把泥抹在我的眼睛上,我去一洗,就看见了。」
- [16] 法利赛人中有的说:「这个人不是从神来的,因为他不守安息日。」又有人说:「一个罪人怎能行这样的神迹呢?」他们就起了分争。

他们自己起了纷争。

约翰福音第9章第17节说:『他们又对瞎子说:「他既然开了你的眼睛,你说他是怎样的人呢?」他说:「是个先知。」』

所以,瞎子刚才说:『有一个人,名叫耶稣』。现在他声明:『他是个先知』。

第 9 章

约翰福音第9章第18和19节说：
- [18] 犹太人不信他从前是瞎眼，后来能看见的，等到叫了他的父母来，
- [19] 问他们说：「这是你们的儿子吗？你们说他生来是瞎眼的，」

「我们真的不相信？如果他是生来瞎眼的，怎么能看见？」

约翰福音第9章第19到21节说：
- [19] 「如今怎么能看见了呢？」
- [20] 他父母回答说：「他是我们的儿子，生来就瞎眼，这是我们知道的。
- [21] 至于他如今怎么能看见，我们却不知道；是谁开了他的眼睛，我们也不知道。他已经成了人，你们问他吧，他自己必能说。」

他们害怕了，因爲犹太宗教领袖已经『商议定了，若有认耶稣是基督的，要把他赶出会堂』。他们不想被赶出教会，『因此他父母说：「他已经成了人，你们问他吧。』

约翰福音第9章第24到31节说：
- [24] 所以法利赛人第二次叫了那从前瞎眼的人来，对他说：「你该将荣耀归给神，我们知道这人是个罪人。」
- [25] 他说：「他是个罪人不是，我不知道；有一件事我知道，从前我是眼瞎的，如今能看见了。」
- [26] 他们就问他说：「他向你做什么？是怎么开了你的眼睛呢？」
- [27] 他回答说：「我方才告诉你们，你们不听，为什么又要听呢？莫非你们也要作他的门徒吗？」
- [28] 他们就骂他说：「你是他的门徒；我们是摩西的门徒。
- [29] 神对摩西说话是我们知道的；只是这个人，我们不知道他从那里来！」
- [30] 那人回答说：「他开了我的眼睛，你们竟不知道他从那里来，这真是奇怪！
- [31] 我们知道神不听罪人，惟有敬奉神、遵行他旨意的，神才听他。

第 9 章

很多人拿『我们知道神不听罪人』这句话当作教义,当作圣经的教义。然而,我们不能单凭这一句,就把它当成圣经的一个教义的基础,因为这『我们知道神不听罪人』这句话只是一个还没得救的瞎子和法利赛人之间的对话的一部分。他只不过表达当时人们的普遍信念,不是圣经的一个教义。可是许多人把它当成圣经的教义,他们说:「神不听罪人的祷告。」其实不一定是这样的。圣经并没有确实指出那是圣经的真理,因爲这不过是瞎子回应法利赛人质问的陈述。

那么神垂听罪人的祷告吗?你想想你是怎么得救的?如果神不听罪人的祷告,那我们没有一个人会得救。神会听罪人的祷告,这是神的恩典和怜悯。然而,作爲神的儿女,我在祷告的时候,如果心里仍然注重罪孽,神是不听我的,这是大卫说的。

以赛亚书第 59 章说:『耶和华的膀臂并非缩短,不能拯救,耳朵并非发沉,不能听见,但你们的罪孽使你们与上帝隔绝』。罪能使你和神隔绝,断绝你与神的相交。但只说神不听罪人的祷告,并不真实,因爲神确实听罪人的祷告。耶稣说:『那个罪人上殿里去祷告…他低着头,连举目望天也不敢,只捶着胸说:『神阿,开恩可怜我这个罪人。』耶稣说:『这人回家去,比那人倒算为义了。』

因为神听了他的祷告。我们知道神垂听义人的呼求,但是当罪人呼求上帝的怜悯和帮助时,神也垂听。因为神是慈爱的神。

瞎子接着说:『从创世以来,未曾听见有人把生来是瞎子的眼睛开了。』

能开瞎子的眼睛,是不可思议的事。

约翰福音第9章33和34节说:
- [33] 这人若不是从神来的,什么也不能做。」
- [34] 他们回答说:「你全然生在罪孽中,还要教训我们吗?」于是把他赶出去了。

他们假定这人眼瞎是因为他的罪。『你全然生在罪孽中』。但是当门

第 9 章

徒问耶稣:『这人生来是瞎眼的,是谁犯了罪?』耶稣说:「不!他不是生在罪孽中」。可是他们假设这人眼瞎是因为他生在罪孽中。

第34节说:『于是把他赶出去了。』

他被赶出会堂。

第35到37节说:

[35] 耶稣听说他们把他赶出去,后来遇见他,就说:「你信神的儿子吗?」

[36] 他回答说:「主啊,谁是神的儿子,叫我信他呢?」

[37] 耶稣说:「你已经看见他,现在和你说话的就是他。」

这段对话使我们想起约翰福音第4章,那里说到耶稣在撒玛利亚井旁和一个妇人谈话。妇人说:『我知道弥赛亚要来,祂来了必将一切的事告诉我。』

耶稣回答说:『这和你说话的就是祂!』

耶稣在这里问瞎子:『你信神的儿子吗?』

他说:『主啊,谁是神的儿子,叫我信他呢?』

『你们俩人已经看见他,现在和你说话的就是他。』

第38节:『他说:「主啊,我信!」就拜耶稣。』

我们看到一个挺有趣的个案,这人被有组织的宗教团体赶出去,他们把他摒弃在羊圈外。他们把他赶出去,但耶稣找到他,把他带进羊圈里。

约翰福音第9章40和41节说

[40] 同他在那里的法利赛人听见这话,就说:「难道我们也瞎了眼吗?」

[41] 耶稣对他们说:「你们若瞎了眼,就没有罪了;但如今你们说『我们能看见』,所以你们的罪还在。」

有一句俗语说:「没有比不愿意看的人更盲目。」这就是法利赛人光景,他们说他们能看见,又宣称读透了圣经,却拒绝去看、去了解。没有比不愿意看的人更盲目的。耶稣说:「如果你真是瞎了,那还可以原谅,但因为你说你能看见,那你大有麻烦了。」

第 9 章

一个人要为所知道的知识负责任。他们有知识,看见了亮光,却不在光明中行。

第 9 章

第 10 章

第 10 章

第10章延续这段记载,说到这个瞎子重见光明,他被有组织的宗教团体赶出去,却被耶稣基督所接纳。

耶稣说:『我实实在在的告诉你们,人进羊圈,不从门进去,倒从别处爬进去,那人就是贼,就是强盗。』这是约翰福音第10章1节。

后来耶稣说:『我是门』。假如一个人想从其他的系统或藉着其他途径进去,他就是贼和强盗。耶稣说:「我是道路。我是门,只有一条进入羊圈的路,就是要藉着门进去,我是门」。想翻越围墙或者从别的途径进去,那是贼、是强盗所为。如果你想藉着善行进天国,或藉着宗教进天国,你永远进不去。约翰福音第14章耶稣说:『我就是道路,真理,生命,若不藉着我,没有人能到父那里去。』

亚当 史密斯博士在圣地各处游历了好多年,洞悉当地居民的文化。他说,有一次,他跟一个牧羊人谈话,那牧羊人指着羊圈的围墙跟他解释他们怎样在晚上把羊群赶进羊圈,或说带领羊群进入羊圈。在羊圈内羊群是安全的。史密斯博士问他:「羊圈没有门,那怎么防止羊群走出去?」牧羊人说:「我就是门,羊群进入羊圈后,我就躺在入口这里,这是我睡觉的地方,羊儿要出去或狼要进来,都必须越过我。」

这牧人不是在谈论圣经,事实上,他可能连圣经也没听过,但他说「我就是门,你要进来或出去都必须越过我。」 耶稣现在谈的就是那种羊圈,有围墙的羊圈,晚上牧人把羊赶入圈内。

耶稣又说:
[2]　从门进去的,才是羊的牧人。
[3]　看门的就给他开门;羊也听他的声音。他按著名叫自己的羊,把羊领出来。
这是约翰福音第10章第2和3节。

为了安全,牧羊人在傍晚把羊群赶入围墙内,清早牧人准备要领羊群离开的时候,可能发现有好几群羊混在一起。在晚上羊群会混在一起,但是早上,牧人准备领羊群去草场吃草的时候,他走到门口,

第 10 章

呼叫自己的羊,他的羊认得他的声音。羊儿会从羊群中走出来跟随牧人。你可以试着模仿牧人叫羊儿的声音,但羊不会跟随你,他们认得牧人的声音,他们回应他。所以耶稣说:『羊也听他的声音。他按著名叫自己的羊,把羊领出来。』这是一幅非常生动的画面,在当地的文化中,人们是很熟悉的,在我们的文化中就不熟悉。但重点是牧人认识他的羊儿,因为有些羊是属他的,有些不是。

把这道理应用在属灵的寓意上,表示世界有两类人:属耶稣的羊,以及不属耶稣的羊。世界上就这两种人。要嘛你属祂,要嘛不是。祂认识祂的羊,祂按他们的名字叫他们。对我来说,每只羊都差不多,我的意思是,我根本不会分辨,我观察牧羊人在山边牧羊,我看这些羊儿都长得一样,但你去问看守羊群的牧人,你说:「嘿!你有一只羊走迷了。」他就叫那只羊的名字:「啊!祖儿老是给我麻烦,你知道,他是一只可怜的羊,祖儿啊,过来这边。」可能他要吹着口哨,他的狗追出去,汪汪的叫个不停,把那只羊赶回羊群里。他认识他的羊,按著名字叫自己的羊。所以如果你是主的羊,祂认识你,祂叫你的名字,知道你的个性。羊儿认得牧人的声音。

约翰福音第10章4节说:『既放出自己的羊来,就在前头走,羊也跟着他,因为认得他的声音。』

所以,主呼叫祂的羊,他们聼祂的声音,就跟随祂。虽然所有的羊都听到祂的声音,只有属祂的羊会回应。你怎么知道你是不是属主的羊?就看你有没有回应主的呼唤!如果你回应祂的呼唤,你就是属祂的羊。如果你不回应祂的呼唤,你就不是属祂的羊,就这么简单,但当你开始明白这一点就不是那么简单了。『我的羊,他们聼我的声音,也跟从我。』

虽然所有的羊都能听到祂的叫声,但只有祂的羊会响应。

以后我们将会学习罗马书八章二十九节,这是一段值得注意的经文,"因为祂预先所知道的人,就预先定下效法他儿子的模样。"(罗马书8:29)

我们会讲到预定论和那些祂预先所知道的人,神会拣选,并呼召那

第 10 章

些祂所拣选的人，只有属于祂的羊会响应祂的呼召，你如何知道你是属祂的羊呢？就是看你是否响应祂的呼召，如果你响应祂的呼召，你就是属祂的羊。假如你不响应祂的呼召，你就不是祂的羊，就是这么简单，但是当你开始深入思考时，又发现不是这么简单。我的羊认得我的声音并跟随我，耶稣又说，

- [5] 羊不跟着生人；因为不认得他的声音。必要逃跑。」
- [6] 耶稣将这比喻告诉他们，但他们不明白所说的是什么意思。这是约翰福音第10章第5和6节。

于是祂开始解释。

第7和8节：
- [7] 所以，耶稣又对他们说：「我实实在在的告诉你们，我就是羊的门。
- [8] 凡在我以先来的都是贼，是强盗；羊却不听他们。

耶稣说『在我以先来的都是贼，是强盗』指的并不是摩西、以利亚或先知们。祂乃是指那个腐败的宗教体系、就是腐败的犹太教，那个宗教体系想领人从别的道路进到神面前，试图领人藉着善行、并藉着法利赛人的愚昧以及所力图遵守的律法传统领人到神面前。但：『羊不听他们的声音』。

约翰福音第10章第9节耶稣说：『我就是门；凡从我进来的，必然得救，并且出入得草吃。』

耶稣说：『我就是门』，「你必须从我进来的，犹太教的宗教体系不能领你进来你必须藉着我进来。」

第10节耶稣继续说：『盗贼来，无非要偷窃，杀害，毁坏』

这恰恰就是假的宗教体系的作為，他们在你身上偷窃、抢劫、最后把你毁灭，但耶稣又说：『我来了，是要叫羊得生命，并且得的更豐盛。』这是第10节下半节。

第 10 章

别的宗教系统与基督教是何等的不同！很可惜的，基督教时常被人拿来与世界其他宗教相提并论。我研究、分析其他宗教体系，把它们与基督教相比，发现基督教非同一般的宗教体系。最基本的不同是，别的宗教都是人努力寻找神，如果我要用动画来描绘宗教，我会画一个圆圈，那是地球，因爲我有艺术才能，所以我在圆圈上画一个伸出双手的小人物，他想要触摸神。人站在地球上，我让他踮起脚趾试图进入天堂、试图进入无限去接触神。宗教体系是人力图建造一道桥来把人与神连接起来，但是不管人能够伸得多高，他还是不能在有限和无限之间搭起一道桥，这是不可能的。

如果让我画一幅基督教的图画，我会画出一个圆圈，那是地球，然后从天上伸出的一双手，要接触在地球上的人，因为基督教是神力图寻找人。当雅各逃避哥哥以扫，来到伯特利的时候，他找到一块石头来当枕头，因为太累了，他很快睡着了。在睡梦中，他看见一个梯子立在天地之间，耶和华站在梯子以上，有主的使者在梯子上上去下来。早上雅各醒来，心里深感到畏惧，说：『耶和华真在这里，我竟不知道。』「昨天晚上我到这里的时候，又害怕又疲倦，浑身酸痛，我竟然不知道神与我同在。神在这荒凉、无人居住的岩石地，我竟然不知道，但现在我知道了！」『耶和华真在这里，我竟不知道。』请你注意他说话的时态，『耶和华真在这里，是现在；我竟不知道，是昨晚。』「现在我确实知道了」，那个竖立在天地之间的梯子。

梯子是在天与地之间，宗教试图在地上建造一个上达于天的梯子，那是有限的试图接触无限的。但是基督教是无限的来接触有限的。现在，我能接受无限的来接触有限的，对无限的神来说，是没有问题的。所以我对基督教是毫无疑问的，但宗教却造成巨大的问题，因爲它是以有限的力图接触无限的，怎么能成事？不能的！

有趣的是，当耶稣呼召门徒拿但业的时候，祂宣告说：『因为我说在无花果树底下看见你，你就信麼？你将要看见比这更大的事，你们将看见天开了，神的使者上去下来在人子身上。』祂到底在说什么？祂是说：「我是雅各的天梯，我是通往神的道路，你将会看见天为人类打开了，因为神在寻找人，神在建造天梯，我就是神所建的天梯，让人能到神那里去。」所以基督教和一般宗教有天渊之别。宗教体系会抢劫人、毁坏人，但是基督教要给人带来生命，并且是更豐盛

第 10 章

的生命。

宗教体系有许多的规条,规定要有好行为才能得到神的接纳。你想得着神的接纳,就有许多要你去完成的善行。

基督信仰说,任何善行都无法使你得着神的悦纳;在神眼中善行就像污秽、破烂的衣服。只有相信神,才能让神悦纳你,不是靠所行的义,而是靠信心。宗教认为,你必须心地够良善、或受人尊敬,神才会接受你。但基督信仰说,你决不能成為良善的,或受人尊敬的,让你蒙神悦纳。唯一能让神悦纳你的途径,是在祂的儿子里,所以有了神儿子就有生命,没有神的儿子就没有生命。因此,我们看到宗教与基督信仰的分别在于耶稣所说,宗教如同盗贼和强盗,力图用别的方法把人领进羊圈,而不是由羊圈的门进入羊圈。由此可见,一个体系是靠行为,另一个体系则是靠信心。

耶稣说:『我来了,是要叫羊得生命,并且得的更豐盛。』

撒旦用谎话向人们歪曲基督徒的信仰经历。撒旦图谋把基督教变成一种宗教。不幸的是,牠挺成功的。所以基督信仰在许多地方变成了一种宗教,而且改变成功了, 因此基督教就死了,变成了一种形式。甚至在新约时代,保罗指出有些人有敬虔的外貌却没有能力和生命。宗教体系指出:「如果你希望神悦纳你,你就应该这样生活」。但是宗教体系却不帮助你怎样活出来。耶稣指出:「这里有一个方法,但是你自己作不来。只要你相信我,我来了,我要住在你里面,掌管你的生活,使你成为一个新造的人。我要赐给你能力去做你自己做不来的事,因为我要你得到这个能让你和父神相交的豐盛生命。」 我们无法做到的,耶稣藉着住在我们里面,为我们做到了。没有一个宗教体系能给你能力来遵行它的观念。只有基督教能够把神的能力倾注到你的生命里,让你活出神要你在基督里活的豐盛生命。

然后耶稣继续说:
  [11] 我是好牧人;好牧人为羊舍命。
  [12] 若是雇工,不是牧人,羊也不是他自己的,他看见狼来,就撇下羊逃走;狼抓住羊,赶散了羊群。

第 10 章

这是约翰福音第10章第11和12节。

耶稣指出真正的牧人和雇工的不同。

有一次,有位年轻的传道人来见我,说他被一间教会邀请去当牧师。那位传道人去那教会讲了一次道,教会的弟兄姐妹很欣赏他的道,于是他跟执事会面谈。执事会为他定了薪水,职责,也规定了一些限制。他们交给他一张清单,上面列出哪些事他能作,哪些他不许作。那位年轻传道人找我,因为他不知道该不该接受他们的邀请去当牧师。我建议他不要接受,说:「其实他们不是找一个牧者,而是找一个雇工。他们雇用你当他们的牧师,要你讲他们想听的,作他们想要你作的,但是他们并不真正想要一个牧人。他们要的是雇工。我不会做任何人的雇工,我的服事不能用钱买的。」

雇工完全不关心羊群,牧人却不一样。牧人认识祂的羊,他爱他的羊,愿意为羊舍命。耶稣说:『我是好牧人』,对别的宗教体系来说,他们是雇工,他们会撕裂羊群,赶散羊群,但耶稣说:『我是好牧人;好牧人为羊舍命。』

约翰福音第10章13节『雇工逃走,因他是雇工,并不顾念羊。』

很不幸,今天许多传道人都是雇工,他们很专业,却不真正关心羊群,因为他们是雇工。他们唯一关心的是怎样掠夺神的羊群。在外面有一些家伙在图谋敲诈神的羊群。他们整夜不睡,在构思新的方法来掏空别人的腰包,他们想:「啊,如果我们把这一点写进这封信里……」他们出数千元请专家写一些带着花招的信件,谋算诈取神的羊群的钱财。他们是雇工,并不真正关心神的羊群。虽然信里常常这样写:「哦!小陈,我今天特别想到你,最近可好?早上我祷告的时候,主让我想到你,我想到你府上拜访你,和你谈谈,但我知道你很忙,大概没有时间让我拜访你。你可以写信告诉我你的需要,顺便请寄上你的奉献,因为我们的事工面临困难…你是知道的…。」这是雇工的手段,欺诈神的羊群。

牧人关心有没有喂饱神的羊,带领他们到水草茂盛的草场上,有丰富的食物让他们成长。彼得这样写:『喂养我的羊』,『务要牧养在你

第 10 章

们中间神的群羊。』牧人留心喂养羊群,使他们长得强壮、健康。

今天神在许多方面大大的祝福了我们,使我们兴旺,超过所梦想的。也因为神的祝福,让我能够把一半的薪水奉献给教会。我的儿子对他说:「爸爸,你为什么还要继续讲道,继续服事?你应该退休,反正你几乎把你的薪水都退回去了,为甚么不退休,轻松一点?既然你不必那么辛苦,还那么卖力干嘛?」我微笑的回答:「那我要去干甚么?你知道喂养神的群羊是我的心愿、我的爱、我的生命。」我告诉你们,就算你减了我的薪水,我还是会在教会里事奉的,因为我爱这个事工,看见神在工作,是一件太美好的事了!

常常有人打电话请我去不同的地方分享,是很美的事,他们说:「我们需要付你多少讲员费?」我总是很兴奋的回答:「我有一个很富有的天父,祂会负责我一切费用,所以我不收任何讲员费,天父为我负责。」

这是何等荣耀的事,我们白白的领受,也白白的给予!感谢神,让我能这样做,像保罗一样,没有累着任何人,只向神负责,作祂的仆人,为祂作工。

所以我不是雇工,你不能把传道人当雇工。传道人是属于耶稣的牧人,喂养祂的羊群。

耶稣说:『我是好牧人;我认识我的羊,我的羊也认识我,』这是约翰福音第10章14节。

我们和耶稣有如此美丽的关系,祂认识我,我也认识祂,祂爱我,我也爱祂,我和这位好牧人有这样美丽的关系。

约翰福音第10章15节说:『正如父认识我,我也认识父一样,并且我为羊舍
命。』

耶稣先前说过,祂来了,是要叫羊得生命,现在祂说:『我为我的羊将性命舍了』。

第 10 章

约翰福音第10章16节说:『我另外有羊,不是这圈里的。』

当然,祂说的是外邦人,就是那些相信祂的人,祂说的是你,你就是那些在其他羊圈里的羊。

约翰福音第10章16节:『我必须领他们来,他们也要听我的声音,并且也要合成一群,归一个牧人了。』

在基督里,并不分犹太人、希利尼人、化外人、为奴的、自主的,我们都在基督里成为一体。我们没有阶级、地位等等分别, 我们都是一体,在耶稣基督是一体的。长发、短发、穿西装,结领带等,都无关重要。我们在耶稣基督里是合而为一的。耶稣基督已经把每一道人所建立的、使人与人隔开的障碍都冲破了。

存在主义哲学思想的其中一种可悲的副产品,就是把人类隔离,成为一个个孤岛。根据存在主义者的看法, 世界没有根本的真理,只有你个人的经验, 你加以解释就成为你的真理。但这对你来说是真理,对别人则未必是真理。你是被隔离的,你是孤单的。

所以,当你看表现存在主义的现代艺术,你看到这些色彩好像是某人退后十步, 拿起一团红色的颜料往画板上丢去,造成颜料四处飞溅的效果,然后再拿起一团蓝色的颜料丢过去, 最后在底下写个标题:「大峡谷的夕阳」。当你正在研究这画到时候,站在你旁边的人说:「呀!太美啦!真是伟大的创作阿!」你心中想着:「他们到底看到什么?」那些评论家认为是不可思议的艺术,画面上这里有个眼睛,底下有个脚指头,这里有一只手。「啊!经典艺术呀!」可是我穷一生也看不懂,画在表达什么,要你自己去解释。

存在主义所表达的故事中,它们的结局是悬念在那里的,比方故事结尾说到有个人在路上走着,你不知道他会不会拔出手枪轰自己的脑袋?故事就讲完了!还是他跟太太和好了,从此过幸福的生活?你不知道!他们设置悬念让你去想,你得自己去找答案,因为存在主义哲学就是要这样表达的嘛!人人为自己解释,所以你要自己解释每个故事:「它实际上在说什么?究竟是甚么意思?」啊!我不知道,我想有可能是那些作者年老糊涂了, 他们也不知道自己要表达

第 10 章

什么，所以就拿这作为藉口！可是因为没有人能明白，就显得很深奥！当大家都在喝采：「啊！好棒啊！了不起！」其实没人能明白！但是这样只会把我们隔离，将我单独放在一个的小岛上。

在这个浩瀚无边的世界里，我是孤单的，没有人能够真正和我有相同的感觉，没有人和我有相同的思想，因此我有可怕的孤独感。人建造围墙，把自己和别人隔开来，但是耶稣要把这些围墙拆掉，祂要把我们连结在一起，使我们合而为一，祂宣告说：『我是真理。』祂赐给我们一个普世性的真理，祂就是那个普世性的真理。所以我们在祂里面就被结连起来。围墙被拆了，保罗说：『因祂使我们和睦，将两下合而为一，拆毁了中间隔断的墙。』耶稣说：『我另外有羊，不是这圈里的。我必须领他们来，并且也要合成一群，归一个牧人了。』

约翰福音第10章17节，耶稣继续说：『我父爱我；因我将命舍去，好再取回来。』

祂在这里预言五个月后祂要受死和复活。

约翰福音第10章18节：『没有人夺我的命去，是我自己舍的。我有权柄舍了，也有权柄取回来。这是我从我父所受的命令。』

耶稣见证说：「我有权柄把我的性命舍了」，祂在十字架上彰显了祂的见证。『没有人夺我的命去』，不是他们把祂杀死在十架上，他们只把祂挂在十架上，而是耶稣让自己的灵魂离开，祂不给那些罗马兵丁有机会杀死祂，他们不能杀死祂。祂让灵魂离开,祂说：『父啊！我将我的灵魂交在你手里。』圣经又说，祂：『将灵魂交付神t』

耶稣说：『没有人夺我的命去，是我自己舍的，我有权柄舍了，也有权柄取回来。』祂证明祂有权柄舍了生命，三天后祂证明祂有权柄取回来，祂从死里复活，　坟墓是空的，祂有权炳取回来。坟墓是空的，我们为此欢庆。

约翰福音第10章19到21节继续说：
  [19] 犹太人为这些话又起了分争。
  [20] 内中有好些人说：「他是被鬼附着，而且疯了，为什么听

第 10 章

他呢?」

[21] 又有人说:「这不是鬼附之人所说的话。鬼岂能叫瞎子的眼睛开了呢?」

在这些人当中,起了非常明显的分歧。

在第21节和22节之间,有一段时间间隔,大约从10月到12月。第21节所描述的事大约发生在10月,就是耶路撒冷庆祝住棚节的时候。

好,这次我们先温习上回的内容重点,然后继续看约翰福音第10章。

约翰福音第10章第10节,耶稣说:『盗贼来,无非要偷窃,杀害,毁坏;我来了,是要叫羊得生命,并且得的更豐盛。』

别的宗教体系与基督教是何等的不同!假的宗教体系偷窃、抢劫、最后把你毁灭,但耶稣说:『我来了,是要叫羊得生命,并且得的更豐盛。』

宗教体系规定要有一些好行为,才能得到神的接纳;但基督教认为,善行无法使人得着神的悦纳,在神眼中善行就像污秽、破烂的衣服。只有相信神,才能让神悦纳你,不是靠我们所行的义,而是靠信心。

宗教认为,你必须心地够良善、或受人尊敬,神才会接受你。基督教认为,你决不能成爲良善的,或受人尊敬的,让你蒙神悦纳。唯一能使神悦纳你的途径,是在祂的儿子里,所以有神儿子就有生命,没有神的儿子就没有生命。因此,宗教体系是靠行为,基督教则靠信心。

撒旦图谋把基督教变成一种宗教。一旦基督教变成了一种宗教,基督教就死了。甚至在新约时代,保罗也曾经指出,有些人有敬虔的外貌而没有能力和生命。宗教体系不帮助你活出讨神悦纳的生活。只有基督教能够把神的能力倾注到你的生命里,让你活出神要你在基督里活的豐盛生命。

第11和12节:

[11] 我是好牧人;好牧人为羊舍命。

第 10 章

> [12] 若是雇工，不是牧人，羊也不是他自己的，他看见狼来，就撇下羊逃走；狼抓住羊，赶散了羊群。

耶稣指出真正的牧人和雇工的不同。雇工完全不关心羊群，牧人却认识祂的羊，他爱他的羊，愿意为羊舍命。别的宗教体系是雇工，他们会撕裂羊群，赶散羊群，但耶稣说：『我是好牧人；好牧人为羊舍命。』

第13节『雇工逃走，因他是雇工，并不顾念羊。』

很不幸，今天许多传道人都是雇工，他们很专业却不真正关心羊群。他们唯一关心的是怎样掠夺神的羊群，耍手段，欺诈神的羊群。

牧人关心有没有喂饱神的羊，带领他们到茂盛的草场上，有丰富的食物让他们成长。彼得这样写：『喂养我的羊』，『务要牧养在你们中间神的群羊。』牧人留心喂养羊群，使他们长得强壮、健康，并且像保罗一样，不累着别人，只向神负责，作祂的仆人，为祂作工。

约翰福音第10章14和15节：『我是好牧人；我认识我的羊，我的羊也认识我，正如父认识我，我也认识父一样，并且我为羊舍命。』

我们和耶稣有如此美丽的关系，祂认识我，我也认识祂，祂爱我，我也爱祂；耶稣来了，是要叫羊得生命，而且祂说：『我为我的羊将性命舍了』。

第16节：『我另外有羊，不是这圈里的。我必须领他们来，他们也要听我的声音，并且也要合成一群，归一个牧人了。』

耶稣说的是外邦人，就是那些相信祂的人，就是你，你是在其他羊圈里的羊。在基督里，并不分犹太人、希利尼人、化外人、为奴的、自主的，我们都在基督里成为一体、在耶稣基督里是合一的。

存在主义把人类隔离，成为一个个孤岛。所以我是孤单的，人建造围墙，把自己和别人隔开来，但是耶稣把这些墙拆掉，把我们连结在一起，使我们合而为一。保罗说：『因祂使我们和睦，将两下合而为一，拆毁了中间隔断的墙。』耶稣说：『我另外有羊，不是这圈里的。我必须领他们来，并且也要合成一群，归一个牧人了。』

第 10 章

约翰福音第10章17和18节：
- [17] 我父爱我；因我将命舍去，好再取回来。
- [18] 没有人夺我的命去，是我自己舍的。我有权柄舍了，也有权柄取回来。这是我从我父所受的命令。

耶稣预言五个月后祂要受死和复活。祂见证说：「我有权柄把我的性命舍了」，『没有人夺我的命去』，不是他们把祂杀死在十架上，他们只把祂挂在十架上，而是耶稣让自己的灵魂离开，祂不给那些罗马兵丁有机会杀死祂。祂把灵魂交付神，祂说：『父啊！我将我的灵魂交在你手里。』

耶稣说：『没有人夺我的命去，是我自己舍的，我有权柄舍了，也有权柄取回来。』祂证明祂有权柄舍了生命，三天后祂证明祂有权柄取回来，祂从死里复活，坟墓是空的，祂有权炳取回来。

约翰福音第10章19到21节说：
- [19] 犹太人为这些话又起了分争。
- [20] 内中有好些人说：「他是被鬼附着，而且疯了，为什么听他呢？」
- [21] 又有人说：「这不是鬼附之人所说的话。鬼岂能叫瞎子的眼睛开了呢？」

这些人有非常明显的分歧。

在第21节和22节之间，有一段时间间隔，大约从10月到12月。第21节所描述的事大约发生在10月，就是在耶路撒冷庆祝住棚节的时候。

现在，在约翰福音10章22节，约翰说：『在耶路撒冷的修殿节』。

修殿节又称为光明节，是在12月25日举行。修殿节，是为纪念犹大马加比 洁净了被西流古王朝 安提阿古 依比法尼 亵渎污秽的圣殿，安提阿古 依比法尼本是希腊人。修殿节是庆祝犹大马加比这个勇士再次洁净圣殿的节日。

第 10 章

那时是冬天,耶稣再去耶路撒冷。

约翰福音第10章23到25节说:
- [23] 耶稣在殿里所罗门的廊下行走。
- [24] 犹太人围着他,说:「你叫我们犹疑不定到几时呢?你若是基督,就明明的告诉我们。」
- [25] 耶稣回答说:「我已经告诉你们,你们不信。我奉我父之名所行的事可以为我作见证;

耶稣已经告诉他们『还没有亚伯拉罕,就有了我』。所以祂说:『我已经告诉你们』他们要祂明明的说『我就是弥赛亚』,但祂不随他们的意思。

之前,耶稣问祂的门徒:『你们说我是谁?』彼得回答说:『你是基督,是永生神的儿子』。耶稣说:『西门巴约拿,你是有福的,因为这不是属血气的指示你的,乃是我在天上的父指示的。』祂在门徒面前承认自己就是弥赛亚。

撒玛利亚的妇人对耶稣说:「我知道弥赛亚要来,祂来了必将一切的事都告诉我们。」耶稣回答说:「这和你说话的就是祂。」

可是祂没有明明的告诉犹太人,他们却想听到祂清楚的宣告。耶稣回答他们说:『我已经告诉你们,你们不信。』

约翰福音第10章25节又说:『我奉我父之名所行的事可以为我作见证』。

开那瞎子的眼睛、医治瘫了38年的病人,耶稣所行的这些神迹,足以为祂作见证。祂说:「你不用我明明说什么了,这些工作已见证了我是谁」。

约翰福音第10章26和27节说:
- [26] 只是你们不信,因为你们不是我的羊。
- [27] 我的羊听我的声音,我也认识他们,他们也跟着我。

第 10 章

这是三个月前祂说过的,现在旧事重提,谈到祂的羊跟随祂。虽然一段时间过去了,但耶稣立刻把他们带回先前讲过的同一个话题上。关于祂的羊以及羊听祂的话,说:『我的羊听我的声音,我也认识他们,他们也跟着我』,耶稣做了一些非常有意思的陈述。

约翰福音第10章28节:『我又赐给他们永生;他们永不灭亡,谁也不能从我手里把他们夺去。』

当我读到这里的时候,我非常感恩, 因为我是属耶稣的羊,这对我来说是何等荣耀的确据呀!我是祂的羊,听到祂的声音,回应祂,又跟随祂,得到永生,更知道自己永不灭亡,没有人能将我从祂手里夺去。

耶稣说:
 [29] 我父把羊赐给我,他比万有都大,谁也不能从我父手里把他们夺去。
 [30] 我与父原为一。

这是第29和30节。
你要我明明的告诉你,要多明白?『我与父原为一』,够清楚了吧!

约翰福音第10章31节:『犹太人又拿起石头来要打他。』]

「我们得到这个信息,够清楚了!」

耶稣宣称祂和父神是平等的,而且祂确实有权这样声明。腓立比书第2章6节说:『祂本有神的形像,不以自己与神同等为强夺的』。『我与父原为一』宣告祂和神是平等的,宣告祂的神性。犹太人明白祂的宣告。在他们看来,这是亵渎神的,他们拿起石头要打祂,因为安他们对律法的认识,那是亵渎的话。人们说:「耶稣从没有宣告自己是神。」这些人没仔细读圣经。『我与父原为一』。还要多清楚你才能明白?

约翰福音第10章32节说:『耶稣对他们说:「我从父显出许多善事给你们看,你们是为那一件拿石头打我呢?」

第 10 章

「你们是因为了我开瞎子的眼睛拿石头打我?还是因为我治好了伯赛大池旁的瘫?你们是为那一件拿石头打我呢?」

『犹太人回答说::「我们不是为善事拿石头打你,是为你说僭妄的话;又为你是个人,反将自己当作神。」』这是第33节。

他们完全知道祂说什么,当祂说:『我与父原为一』,他们认为耶稣「你是人却把自己当作神」。

约翰福音第10章34节:『耶稣说:「你们的律法上岂不是写着『我曾说...』

「请你们留意在你们的律法, 我岂不是说...」, 祂宣称自己是他们的律法的作者;『你们的律法上岂不是写着『我曾说......』。

约翰福音第10章34到37节:
  [34] 耶稣说:「你们的律法上岂不是写着『我曾说你们是神』吗?
  [35] 经上的话是不能废的;若那些承受神道的人尚且称为神,
  [36] 父所分别为圣、又差到世间来的,他自称是神的儿子,你们还向他说『你说僭妄的话』吗?
  [37] 我若不行我父的事,你们就不必信我;
       耶稣再次宣称祂的工作是祂的见证。

耶稣说:『若那些承受神道的人,尚且称为神』这是什么意思呢?祂是引用诗篇82篇第6节,你可以打开看看。事实上,你可以在约翰福音第 10 章这里注明:诗篇82篇6节。这样,要是摩门教的人来敲门,想跟你证明他们有神的权势,可以成为神,那么这里是他们的根据了,因为耶稣说:「你们是神」;诗篇82篇第6节说:『我曾说,你们是神,都是至高者的儿子。』当然,摩门教是异端。

请留意耶稣引用圣经说:『我曾说』,祂引用哪处经文?你在约翰福音这里注明一下:诗篇82篇第6节和出埃及记 22章8和9节!你就有自己的串珠圣经了!在出埃及记 22 章那里,神制定律法让审判官来执行。所以当有事情发生了, 审判官就要审理这些个案了。所以耶和华的话临到审判官,要他们在以色列执行神的律法。

第 10 章

出埃及记 22章8节，神说到一种情况，『如果找不到贼，那家主必就近审判官，要看看祂拿了原主的物件没有』。第9节说：『两个人的案件，无论是甚么过犯，不管是为牛、为驴、为羊、为衣裳，或是为失掉之物，有一人说这是我的，两造就要将案件秉告审判官，审判官订谁有罪，谁就要加倍偿还。』

按现在的话说就是，如果你丢了夹克，全屋子都找遍了，仍然找不到，后来你到商店时，看到你的邻居穿着你的夹克，你说："这是我的夹克，在我家丢了。"邻居说："不！这是我从商店买的。"争执就这样持续下去，那人否认偷了你的夹克，所以你就到审判官面前，由审判官对两个当事人各自的理由作判断。

有趣的是，审判官这个词，在希伯来文是：伊罗欣，就是：神的意思，所以审判官就好比诸神，他们掌握那些来到他面前的人的命运。审判官替神来行事，所以那些被称为神的实际上就是那些执行神律法的审判官们。

你要知道，这并不是一个教义。但是摩门教徒却认为，他们作个好的信徒，就可以和妻子成为神，并且可以拥有自己的星球。但其实这里是说，那些审判官被称为神，是因为他们有责任在人们身上执行神的审判。 神的话语临到审判官，条例临到他们，所以他们被称为神。

耶稣说：『你们的律法上岂不是写着『我曾说你们是神』吗？』祂并非引用诗篇，而是直接引用出埃及记 22 章 第8和9 节。

曾经有两个摩门教的青年人来找我谈话。我告诉他们，虽然我们用的许多字眼都相同，但是我跟他们相信的并不是同一个神。他们谈到耶稣和神，也谈到凭着在耶稣基督里的信心所得的救恩以及相信祂的宝血为世人的罪而流。从谈话中看来，他们相信的基本上与我们所相信的很像。但是我说；「问题是，在谈论神的时候，你们谈的是另一个神，跟我所信的不同，因为我不相信亚当是我的神，亚当不是我敬拜和事奉的神。你们所承认的先知杨百翰说，『亚当是我们的神，是我们唯一的神。』我读过杨百翰很多的言论，以及他写的护教文章，还有他刊登在晨星杂志上的文章。

第 10 章

我问他们:「你们是不是相信自己可以变成神?」
他们说:「相信啊」。
我又说:「如果你们忠于你们的摩门教,又忠于教会,你们就会被提升为神,可以拥有自己的星球,不是吗?」
「是呀,我们相信。」

我说:「那么杨百翰所说的和你们所相信的完全一致,你们只是比他更推前一步,你们说你们会上升成为神,会有自己的星球。他后退一步,说亚当在以前另一个世界达到了完全的地步,成爲神,还带回来一位外星的妻子夏娃到地球来,然后开始在地球上生活。所以,他只是将摩门教的教义往后推,而不是往前推,如果往前推进一步,是合乎逻辑的话,那么往后退一步,也是合乎逻辑了。所以杨百翰对你们的教义的解释是正确的,你们将要成为神,他只是往后退一步,而不是往前推进一步,因为这个进程一定已经在永恒里持续发生。」

我又说:「你们谈到相信耶稣基督,以及凭着信祂而得救,但你们相信的耶稣不是路西弗的兄弟吗?」
他们回答说:「没错呀,我们相信耶稣是路西弗的兄弟。」
我说:「那么他就不是我所信的耶稣了,你们说的是另一个耶稣基督,我不认识你们所说的那个耶稣,因爲我所相信的耶稣不是路西弗的兄弟,因为那样的话,路西弗就成为神的儿子;但我所相信的耶稣是神的独生子,祂不是受造物,而路西弗是神所造的,如果你们相信耶稣是路西弗的兄弟,那么你就将耶稣的地位拉下来。耶稣说:『我与父原为一』,所以我所相信的耶稣不是路西弗的兄弟,而是与父神为一,所以你们跟我所相信的,实际上是不同的神和不同的耶稣。」

那两个可怜的年轻人愣了,他们摇着头走了,我诚心地为他们祷告,他们是可爱的年轻人,我不想伤害他们,但是很重要的是,要让他们看见他们所信的耶稣实际上是不同的耶稣,不是我们所信的那个牧人,我们听祂的声音,又跟随祂的那位耶稣。因为我们所信的耶稣与父原为一,祂能说:『我与父原为一』,所以那句话:『你们是神』是指在百姓身上执行神的律法的审判官。

第 10 章

约翰福音第10章35到37节说：
- [35] 经上的话是不能废的；若那些承受神道的人尚且称为神，
- [36] 父所分别为圣、又差到世间来的，他自称是神的儿子，你们还向他说『你说僭妄的话』吗？
- [37] 我若不行我父的事，你们就不必信我；

耶稣再次讲到『行我父的事』，这就是祂的见证。

腓力说：『求主将父显给我们看，我们就知足了。』 耶稣对他说：「腓力，我与你们同在这样长久，你还不认识我吗？人看见了我，就是看见了父；你怎么说『将父显给我们看』呢？『叫你们又知道又明白父在我里面，我也在父里面。』『你们纵然不信我，也当信这些事』。这些事为祂做见证。没有人能够开瞎子的眼睛；正如在约翰福音第3章，尼哥底母说：『你所行的神迹，若没有神同在，无人能行。』

约翰福音第10章38节说：『叫你们又知道又明白父在我里面，我也在父里面。』

「我如果不行我父的事，你们就不必信我，我若行了，你们纵然不信我，至少也当信这些事。你所行的神迹，若没有神同在，无人能行。」

约翰福音第10章38和39节说：
- [38] 叫你们又知道又明白父在我里面，我也在父里面。」
- [39] 他们又要拿他，

他们又要拿祂，但是祂的时候还没到，于是祂逃出了他们的手。他们把祂包围起来。

约翰福音第10章39和40节说：
- [39] 他却逃出他们的手走了。
- [40] 耶稣又往约但河外去，到了约翰起初施洗的地方，就住在那里。

耶稣一直住在那里，直到马利亚和马大打发人来请祂到耶路撒冷，

第 10 章

祂叫他们的兄弟拉撒路从死里复活,这是祂最后一次上耶路撒冷,然后在逾越节被捉拿,并且被钉十字架。

所以祂现在是在约旦河外,到了祂开始和出来传道的地方,就是跟施洗约翰在一块。

约翰福音第10章41和42节说:
- [41] 有许多人来到他那里。他们说:「约翰一件神迹没有行过,但约翰指着这人所说的一切话都是真的。」
- [42] 在那里,信耶稣的人就多了。

这些人住在施洗约翰传道的地区,施洗约翰说:『有一位在我以后来的,能力比我更大,我就是弯腰给他解鞋带也是不配的。』所以他们说:『约翰指着这人所说的一切话都是真的』。于是在约旦河外,有很多人信了耶稣。耶稣住在那里几个月,实际上从12月、1月、2月、3月,直到4月,祂都住在约旦河边,然后才前往耶路撒冷。

第 10 章

第 10 章

第 11 章

第 11 章

在约翰福音第11章,我们将看到祂回到伯大尼到拉撒路那里,行了那个奇妙的神迹。这又显示,『你们纵然不信我,也当信这些事』。现在祂表明祂所作的事,是无需怀疑的,因為祂能够叫拉撒路从死里复活。我们现在要进入基督在世上最后的一段生命历程。

我们看到约翰慎密地从耶稣的生平中选录了一些事迹,是為要证明耶稣基督是弥赛亚,是永生神的儿子,并带领人们因信祂,而得到基督所赐的生命。约翰见证耶稣还做了许多别的事,只是他没有记录下来,但记这些事目的是要使你相信耶稣。所以,约翰写书的用意是为鼓舞人们的信心。

在他的福音书的末了,约翰再次宣告说耶稣所行的事,还有许多,若是把有关耶稣基督的话题一一都写出来,所写的书就是世界所有的图书馆也容不下。所以他慎重地挑选某些事迹,而且他已经把耶稣所行的各类神迹都指明出来。我们看过生来瞎眼的人得医治的神迹,证明了除非耶稣是神,否则没有人能开瞎子的眼睛。

现在我们来看拉撒路从死里复活的神迹,这件事最强而有力的证明耶稣基督的神性以及祂是弥赛亚。

约翰福音第11章第1节说:『有一个患病的人,名叫拉撒路,住在伯大尼;就是马利亚和她姐姐马大的村庄』。

伯大尼是个小村庄,位于橄榄山东边的山坡上,面向着耶路撒冷以外的犹大旷野。它靠近耶路撒冷。

马利亚是个特殊的女子,当你想到伯大尼,就会想到马利亚。马利亚很忠于耶稣,经常坐在祂的脚前听道、学习,当她的姊姊马大对主说:「主啊!叫她过来帮忙吧!太不公平了!」耶稣说:「马利亚已经选择那上好的福分,马大,你总是那么忙,为许多事思虑烦扰。马利亚已经选择那上好的福分,是不能夺去的。」当然,她就是那位用昂贵香来膏抹耶稣脚的女子。

我期待在天上遇见马利亚,我深信她是个特殊的女孩,是你希望认

第 11 章

识的那类女子。她的姊姊马大也是一个非常很杰出的人物,但是个性和马利亚不同。

约翰福音第11章第2节说:『这马利亚就是那用香膏抹主,又用头发擦他脚的;患病的拉撒路是他的兄弟。』

约翰为我们清楚指明是这位马利亚,因为在新约记载中,有四个马利亚的故事与耶稣相关。当然,少不了耶稣的母亲马利亚、然后是抹大拉的马利亚、拉撒路的姊姊马利亚,还有革罗罢的妻子马利亚都曾在十字架旁。所以在新约圣经里,至少有四个马利亚,因此约翰有必要指明是哪个马利亚。

约翰福音第11章第3节说:『他姊妹两个就打发人去见耶稣,说:「主啊,你所爱的人病了。」

我认为应有趣的是,她们并没有要求耶稣医治他。他们只告诉耶稣:『你所爱的人病了』。他们知道耶稣会回应的,因为他们跟祂有密切的关系,所以祂会回应的。因此,他们觉得没必要告诉祂怎么回应,或要求回应,只通报一声:『主啊,你所爱的人病了』就够了。

约翰福音第11章第4节说:『耶稣听见,就说:「这病不至于死,乃是为神的荣耀,叫神的儿子因此得荣耀。」』

神允许拉撒路患病,目的是要通过耶稣叫拉撒路从死里复活,来彰显神的大能。

约翰福音第11章第5和6节说:
[5] 耶稣素来爱马大和他妹子并拉撒路。
[6] 听见拉撒路病了。就在所居之地仍住了两天。

所以约翰认为有必要指出耶稣真的爱他们,那不是因为耶稣不关心,而是故意要多逗留两天。这时候,耶稣是在离伯大尼约32公里外的约旦河边。在那个时代,一个团体一起旅行,估计一天大概可以走 16公里路,这是一天的平均路程。所以大约走了 16公里,不管你到了那里,你就会看见村庄,如果在那个范围里没有村庄,通

第 11 章

常有小客栈,有歇脚的地方让你休息。那个小客栈也不像今天的旅馆、酒店。它不过有四道墙围起来,中间是店主住的小屋子,庭院的中央有一口井。你可以挨着墙挡风。这是让你过夜的地方,你可以喝喝水,他们不供应食物,只是一个遮蔽的地方,甚至没有盖的一个歇脚处。

所以耶稣从约旦河到伯大尼要走两天的路程,马大和马利亚家里的人给耶稣捎来了消息。送信的人从伯大尼走到约旦河,已经走了两天,耶稣听到消息之后又在约旦河等了两天,才开始启程走两天的路到伯大尼。所以一来一回共六天。如果送信的人是跑的,那么他一天就到。但是,耶稣逗留了两天,然后才走两天的路程去。所以从送信的人去耶稣那里,到耶稣到达伯大尼,这中间一共是五、六天了。但是我们留意到耶稣是故意的拖延,在祂拖延的两天中,祂清楚的知道伯大尼的情形。约翰说:『耶稣听见拉撒路病了。就在所居之地,就是在约旦河边仍住了两天。』

约翰福音第11章第7节说:『然后对门徒说:「我们再往犹太去吧。」』就是进入耶路撒冷的范围。

约翰福音第11章第8和9节说:
  [8] 门徒说:「拉比,犹太人近来要拿石头打你,你还往那里去吗?」
  [9] 耶稣回答说:「白日不是有十二小时吗?」

就是十二小时的光明,白天。

约翰福音第11章第9和10节说:
  [9] 人在白日走路,就不至跌倒,因为看见这世上的光。
  [10] 若在黑夜走路,就必跌倒,因为他没有光。」

耶稣实际上是说:「趁着白天,我要做工」。

约翰福音第11章第11节说:『耶稣说了这话,随后对他们说:「我们的朋友拉撒路睡了,我去叫醒他。」』

第 11 章

死亡对神的儿女和不是神的儿女来说，有所不同。由于这两者有巨大的差别，所以圣经用「睡了」来形容信徒的灵魂离开身体。你还记得耶稣医治睚鲁的女儿那件事吧！当祂抵达他们家的时候，众人都为那女孩哀哭搥胸，因为她已经死了，耶稣说：『不要哭，她不是死了，是睡着了。』他们嘲笑耶稣，耶稣就把他们推出去。保罗在帖撒罗尼迦前书4章13节说：『论到睡了的人，我们不愿意弟兄们不知道，恐怕你们忧伤，像那些没有指望的人一样。』

所以他用「睡了」这个字眼，并不是我们平常晚上睡觉的意思。这引起了一些人的误会，他们将这个睡着的观念，引申为灵魂睡觉的教义，这种教义认为"在复活以前，灵魂是睡着的。但圣经没有这种教导。圣经教导的乃是：离开这身体就与主同在。所以为了让我们能够分辨信徒与非信徒的死亡之不同，通常用睡了来表示信徒的死亡。

在这里，耶稣用在拉撒路身上，说他睡了。可是祂的门徒不明白主的意思，他们以为睡了就是我们的睡觉，所以他们说：『主阿，祂若睡了，就必好了。』

我们继续看约翰福音第11章13到15节：
[13] 耶稣这话是指着他死说的，他们却以为是说照常睡了。
[14] 耶稣就明明的告诉他们说：「拉撒路死了。
[15] 我没有在那里就欢喜，这是为你们的缘故，好叫你们相信。如今我们可以往他那里去吧。」

约翰说，记录这些事，是为要叫人们相信，所以耶稣现在又再次用祂的工作来证明祂的神性。约翰福音第14章11节，耶稣说：『我在父里面，父在我里面里面，你们不信麽？』在第10章25节，祂说：『我若行了，你们纵然不信我，也当信这些事。』

现在耶稣说：『拉撒路死了，我没有在那里就欢喜』，因为如果祂在那里，祂一定会医治拉撒路的病，那是一个美好的神迹，但是祂要行一个更伟大的神迹，所以祂等到拉撒路死了。实际上，祂等到拉撒路被埋葬了。犹太人通常是在死去的当天就被埋葬的，因为他们没有为尸体防腐的风俗。

耶稣说：「我没有在那里就欢喜，这是为你们的缘故，好叫你们看见

第 11 章

这神迹就相信,使你们真正认识我,相信我是基督。如今我们可以往他那里去吧。」这时候,多马可能根本不明白到底发生了什么事,他有话要说。当你不清楚某些事,你说的话通常是愚昧的。俗话说:「最好闭嘴,比开口胡说八道让人发现你是个笨蛋。」

约翰福音第11章16节说:『多马,又称为低土马,就对那同作门徒的说:「我们也去和他同死吧。」』

记得他们说:「主啊!你为什么还要去那里呢?上次你在那里的时候,他们要用石头打你。」多马可能说:「主啊!别那么愚蠢去送死吧,他们要杀你。」所以他的意思是说:「主如果要去的话,我们也跟祂一起去去送死吧。」

约翰福音第11章17和18节说:
[17] 耶稣到了,就知道拉撒路在坟墓里已经四天了。
[18] 伯大尼离耶路撒冷不远,约有六里路。

伯大尼离耶路撒冷不远,大约是三公里左右。

约翰福音第11章19和20节说:
[19] 有好些犹太人来看马大和马利亚,要为他们的兄弟安慰他们。
[20] 马大听见耶稣来了,就出去迎接他;马利亚却仍然坐在家里。

伯大尼是位于橄榄山东边坡上,你可以从伯大尼一直远远望到死海,还可以看到从耶利哥到耶路撒冷蜿蜒许多里的山路,所以当你从伯大尼往下看,可以看到好远的地方。所以当他们看到一群人走过来,就知道一定是耶稣和祂的门徒来了。马大就离开家,离开那些哀哭的人群,没等耶稣来到伯大尼,就跑出去迎接祂。

约翰福音第11章21节说:『马大对耶稣说:「主啊,你若早在这里,我兄弟必不死。」

毫无疑问,马大的语调带着埋怨和失望:「主啊,你在那里,为何你不马上过来?」有点责备耶稣的意味,『主啊,你若早在这里,我兄弟

第 11 章

必不死。』「主啊，我们找你，你怎么不立刻来，现在已经过了六天了！你知道吗？」

约翰福音第11章22节说：『就是现在，我也知道，你无论向神求什么，神也必赐给你。』

这是充满信心的话，但我不认为马大预期她兄弟会复活，这是非常强烈的信心陈述，也许给耶稣一个提示：『主啊！你无论向神求什么，神也必赐给你。』「谁晓得？但我知道祂会赐给你。」也许她建议耶稣叫她兄弟复活。但是当他们来到坟墓的时候，耶稣说：『你们把石头挪开，马大说说：「主啊，他现在必是臭了，因为他死了已经四天了。」』可是也许马大确实有那个信心：『主啊！我也知道，你无论向神求什么，神也必赐给你。』

约翰福音第11章23到26节：
- [23] 耶稣说：「你兄弟必然复活。」
- [24] 马大说：「我知道在末日复活的时候，他必复活。」
- [25] 耶稣对他说：「复活在我，生命也在我。信我的人虽然死了，也必复活，
- [26] 凡活着信我的人必永远不死。你信这话吗？」

这是个很惊人的宣告，除了耶稣是神的儿子，否则不敢作这宣告。胆敢作这样宣告的人必定马上会被人当他是精神错乱、是个疯子。如果有人胆敢站出来说：「复活在我，生命也在我。凡活着信我的人必永远不死」，他肯定会引起人怀疑的，不然祂就是神的儿子，而在这里，耶稣是神的儿子。然后耶稣问马大：「你信这话吗？」

耶稣总是要求我们作一个决定，是或不是，你不能有中间的立场：「不与我相合的，就是敌我的。」你只能相信或是不相信，这是个很惊人的宣告，祂若不是神的儿子，就是疯子。如果你相信祂，就有永生的盼望，不相信祂，就没有永生的盼望，没有其它的盼望，没有其它的道路，耶稣挑战马大的信心，她回应说『主啊，是的，我信你是基督，是神的儿子，就是那要临到世界的。』这是约翰福音第11章27节。

我们看到耶稣做了这个陈述，也知道祂在前一章第27节那里说过：

第 11 章

『我的羊听我的声音,我也认识他们,他们也跟着我。我又赐给他们永生,他们永不灭亡。』你知道吗?如果说得到永生的人死了,不是很矛盾吗?那是彻底矛盾的说法。「啊!他有永生,可是他昨天死了。」那是自打嘴巴!如果你有永生,你就不会死!这里的记载告诉我们,神赐给我们永生,是永恒的生命呀!这永生是在神的儿子里面,而且有了神的儿子,就有生命。耶稣宣告:『复活在我,生命也在我。』

当神的儿女死了,会怎么样呢?神的儿女有灵。那个灵是真正的我,那个灵从这帐棚搬出去,会发生麽事呢?这个身体是神为我的灵所造的暂时居所,我死后,灵魂会住进不是人手所造的天上永存的房屋。今天我所住的这个帐棚是暂时性的,你绝不要以为这帐棚是永远的居所,它是经常漂泊不定的;我们一直在迁移。

有趣的是,今天在圣地仍然有贝都因人,他们是住在帐棚的游牧民族,经常到处迁移他们的帐棚,在草场上放牧,牧养他们的绵羊和山羊,草吃完了,就拔起帐棚搬走。贝都因男人不懂搭帐棚,这是妇女们的工作,他们搬到另一个地方的时候,妇女们就把帐棚支搭起来。他们是游牧民族。有趣的是,有些贝都因人开始在某些地区安居落户。当他们在某个地方安顿下来的时候,你就知道他们从帐棚迁到建好的小茅屋,他们开始建造房屋。

神为我预备一个新的身体,这个身体的设计是要适合天上的环境。这是我永远的居所,它永远不能、也不会衰老;这个身体不知道疼痛或苦难;这身体也不会被病菌或疾病或别的什么感染而变得衰弱。这个身体不会疲倦,更不会腰围发胖。这个新的身体不是人手所造的,而是神所造的,在天上永存的。

我现在活的这个身体是为生活在地球的环境而设计的。神要为我设计一个新的身体,专门适合天上居住的环境。假如我要进入天上的环境,那么我就必须改变,身体要改变。我们试想想那些小毛毛虫,牠们要经过蜕变。牠们身体的设计是为了能够在地上爬行,牠们有许多的小脚,能够在田里四处爬行。他们爬到公路上,越过高速公路。有些高速公路到处都看见毛毛虫,路面上滑溜溜的,造成驾驶危险。秋天的时候,这些毛毛虫爬过公路,路上的柏油又湿又

第 11 章

烫，我能想象小毛虫在想说：「哦！从田里爬出来，这些脚脏脏的，还要爬过滚烫的马路，真是难受！我要是能飞多好！好烫呀！我希望自己会飞。」但是可怜的小毛虫，牠的身体设计不是为了在空中飞，而是为了在地上爬行，不是爲了在空中飞。

但是有一天，小毛虫爬上了你屋子的墙上，分泌一些黏液，把自己黏在你的窗台下，吐丝成蛹，把自己蚕在茧内。如果你把那个蛹挤破，会有汁液射出来。但是如果你让牠呆在那里，过一段时间，你会看到那个茧在轻轻地蠕动。你继续观察牠，因爲牠蠕动得越来越厉害，最后好像抽筋似的震动，忽然那个蛹壳裂开，伸出两只美丽的黑金色的翅膀，然后一只燕尾凤蝶破踊而出，羽化成蝴蝶，栖息在蛹上，一瞬间两只翅膀展开，先在院子里飞来飞去。很快的，牠飞过了篱笆，越过田野。牠不再有脏脏热热的脚，经过蜕变，牠有了一个新的身体，是为新的环境设计的。牠现在能够生存在以前不能生存的环境中。小毛虫要是试图飞起来，那可就麻烦了！假如牠爬上树枝上，往下跳，然后快快的蠕动，是不可能的，牠只会扑通摔在地上。但是当牠经过蜕变后，飞行变成很自然的事了。

圣经说，我们也一样，我们都要改变。我们也会经过一次蜕变。我观看周遭的世界，我看到腐败、我看到伤害、痛苦、我看到小孩被虐待、我看到大屠杀的威胁。我说：「神啊！我讨厌这双又热又脏的脚，我希望我能飞。」有一天，我们要经历一次蜕变，在转眼之间，我们要被改变。这朽坏的要变成不朽坏的，必死的要变成不死的，我要得到一个新的身体，我不会死去。啊！人们可能要说：「喔！查克弟兄死了。」不！不是的！我只是搬进一个新的身体里，这个身体是神为我造的，不是人手所造的，是永存在天上的。所以经过蜕变，我这新的身体是为在全新的环境居住而设计的。就如大卫所说：『我要住在耶和华的殿中，直到永远。』

耶稣说：『凡活着信我的人必永远不死』，「他们不致灭亡，我已经把永生赐给他们。」有永生的人是不可能死的，不然就不是永生了。而且改变是为着更好，就像从帐棚迁到房屋里；从短暂迁到永恒里；从有限迁到无限里。我们一旦发现这与耶稣同在的新生命和新身体将是怎么样的，会让我们无比惊讶。

我有一个兄弟，是个熟练的工匠，他已经到了主那里去了。我渴望

第 11 章

见到他,因为他知道许多人不知道的事,他总是挑战自己身体的耐力,毫不畏惧,常常把自己的身体推到极限。我很想知道他怎样使用他的新身体。圣经说, 我们『必得神所造,不是人手所造,在天上永存的房屋。』这是多么荣耀的盼望啊!

耶稣说:『你信这话吗?』马大说:『主啊,是的,我信』。

我们继续看约翰福音第11章第28到32节:
- [28] 马大说了这话,就回去暗暗的叫他妹子马利亚,说:「夫子来了,叫你。」
- [29] 马利亚听见了,就急忙起来,到耶稣那里去。
- [30] 那时,耶稣还没有进村子,仍在马大迎接他的地方。
- [31] 那些同马利亚在家里安慰他的犹太人,见他急忙起来出去,就跟着他,以为他要往坟墓那里去哭。
- [32] 马利亚到了耶稣那里,看见他,就俯伏在他脚前,说:「主啊,你若早在这里,我兄弟必不死。」

马利亚也抱怨祂:「主啊!你在哪里,为什么不马上来?你若早在这里,情况就不一样了。」

约翰福音第11章第33节『耶稣看见他哭』。

耶稣感受到她所经历的悲伤和痛苦,祂爱马利亚,也爱马大。祂看见人间的疾苦,人类受到限制的痛苦。

约翰福音第11章第33节:『并看见与他同来的犹太人也哭,就心里悲叹,又甚忧愁』

耶稣体恤人间的痛苦,祂难过极了。
约翰福音第11章第34和35节说:
- [34] 便说:「你们把他安放在那里?」他们回答说:「请主来看。」
- [35] 耶稣哭了。

那些犹太人认为耶稣哭了,是因为祂的朋友拉撒路死了。这太可笑了!为什么拉撒路死了,耶稣要哭呢?耶稣知道再过一会儿祂要叫

第 11 章

拉撒路复活！你记得吧？他们还在约旦河那边的时候，耶稣对祂的门徒祂说：『我们的朋友拉撒路睡了，我去叫醒他』。祂还说这件事的发生是要「叫神的儿子因此得荣耀。我要去叫醒他」，然后祂又说：「他死了，我要叫他从死里复活。」

所以有些解经家说耶稣哭了，是因爲祂的朋友死了，这些人并没有读完整段圣经。耶稣哭，是因为祂看见人间的痛苦和悲伤，祂从祂的朋友马利亚和马大所经历亲人死亡的伤痛中体会到人类的痛苦。因此祂为她们的哀伤而哭泣。耶稣为我们的软弱而心痛。我们有这么一位大祭司，祂能够体恤我们的软弱，祂看到我们的脆弱，看到我们的悲伤，被我们的悲痛、忧伤之情、被我们的软弱所触动。祂就是这么一位大有慈爱和怜悯的主，祂被我们的悲伤和痛苦所牵动，因此祂为他们哭泣。

其实，许多时候，我们不是为去世的人哭泣，而是为那些存留下来的人哭泣。当我的父亲和弟弟死的时候，我没有为他们哭，而是为自己哭，因为我失去了一个最好的支持者—我的父亲。我也失去了一个好弟弟。他们在一场飞机失事的意外中丧生，我痛失两个至亲的人，经历很大的失落。我为自己哭，有点气他们居然比我率先到那边，也有点嫉妒他们。我和弟弟是好夥伴，常常在一起，一起活动，一起滑雪，每件事都一起去做，一起渡过许多美好的时光。虽然弟弟比我小几岁，我们的关系却是亲密的，我很想念他们，很想念他们给我的提点。我哭是为自己哭，是自私的哭泣，「好小子，竟然把我丢下。」然而我哭，是为自己哭。

所以耶稣并不是为拉撒路哭。如果死去的人是在主里的，你不会为他而哭。但如果他们不是在主里，则另当别论了。那么『我们忧伤，像那些没有指望的人一样。』

约翰福音第11章36节说：『犹太人就说：「你看他爱这人是何等恳切。」』

他们彻底误会祂为什么哭。

约翰福音第11章37节说：『其中有人说：「他既然开了瞎子的眼睛，

第 11 章

岂不能叫这人不死吗?」』

这是指祂上次在耶路撒冷所行轰动一时的神迹。

约翰福音第11章37到39节说:
- [37] 其中有人说:「他既然开了瞎子的眼睛,岂不能叫这人不死吗?」
- [39] 耶稣说:「你们把石头挪开。」

你记得吧!马大说:『主啊!我也知道,你无论向神求什么,神也必赐给你。』马大又说:
- [39] 「主啊,他现在必是臭了,因为他死了已经四天了。」
- [40] 耶稣说:「我不是对你说过,你若信,就必看见神的荣耀吗?」
- [41] 他们就把石头挪开。耶稣举目望天,说:「父啊,我感谢你,因为你已经听我。
- [42] 我也知道你常听我,但我说这话是为周围站着的众人,叫他们信是你差了我来。」

这是约翰福音第11章39到42节。

耶稣曾经说:
- [10] 我在父里面,父在我里面,你不信吗?
- [11] 你们当信我,我在父里面,父在我里面;即或不信,也当因我所做的事信我。

耶稣这话是记载在约翰福音第14章10和11节。
耶稣现在要再次证明父在祂里面,祂在父里面,祂与父原爲一。现在祂再指出另一个重要的证据:『父啊,我说这话不是为着我说的,而是为周围站着的众人,叫他们信是你差了我来。』

约翰福音第11章43节说:『说了这话,就大声呼叫说:「拉撒路出来!」』

有一位解经家说,如果耶稣只呼叫:「出来」,整个墓地里的死人都会复活。所以祂呼叫:「拉撒路出来!」

第 11 章

约翰福音第11章44到48节说：
- [44] 那死人就出来了，手脚裹着布，脸上包着手巾。耶稣对他们说，「解开，叫他走！」
- [45] 那些来看马利亚的犹太人见了耶稣所做的事，就多有信他的；
- [46] 但其中也有去见法利赛人的，将耶稣所做的事告诉他们。
- [47] 祭司长和法利赛人聚集公会，说：「这人行好些神迹，我们怎么办呢？
- [48] 若这样由着他，人人都要信他，罗马人也要来夺我们的地土和我们的百姓。」

在这里，约翰让我们窥见宗教领袖的阴谋，他们想要置耶稣于死地，因为他们害怕失去自己的地位。他们在想：「我们将不再是重要的人物了，我们会丢掉饭碗、失去我们的地位，该怎么办呢？我们得想想办法，不然，我们的饭碗就不保了。」

约翰福音第11章49和50节说：
- [49] 内中有一个人，名叫该亚法，本年作大祭司，对他们说：「你们不知道什么。
- [50] 独不想一个人替百姓死，免得通国灭亡，就是你们的益处。」

约翰说，该亚法根本不知道自己在说些什么。他是大祭司，因为他在这地位上，所以他是在说预言，讲到一个人替百姓死，这是很有趣的预言。后来，当耶稣被钉十字架的时候，大祭司又说了一个预言，他说：『祂救了别人，不能救自己』。完全正确呀！如果耶稣救自己，就不能救别人。祂不能同时两样都做到。如果耶稣从十字架上下来，祂就不能救我们，所以大祭司说：『祂救了别人，不能救自己』。非常有意思的陈述！也非常正确！因为他是大祭司，他在说预言：『你们不知道什么。独不想一个人替百姓死，免得通国灭亡，就是你们的益处』。耶稣替百姓死，免得通国灭亡。

所以约翰指出大祭司说这话不是出于自己。
约翰福音第11章51到54节继续说：

第 11 章

[51] 他这话不是出于自己,是因他本年作大祭司,所以预言耶稣将要替这一国死;

[52] 也不但替这一国死,并要将神四散的子民都聚集归一。

[53] 从那日起,他们就商议要杀耶稣。

[54] 所以,耶稣不再显然行在犹太人中间,就离开那里往靠近旷野的地方去,到了一座城,名叫以法莲,就在那里和门徒同住。

耶稣叫拉撒路从死里复活以后,就回到约旦河,没有留在耶路撒冷一带。

约翰福音第11章55节说:『犹太人的逾越节近了,有许多人从乡下上耶路撒冷去,要在节前洁净自己。』

犹太人要在逾越节之前进行洁净的仪式。他们要上耶路撒冷,在主面前立誓,然后进行洁净的仪式。

你还记得吗?当保罗回耶路撒冷的时候,有一个节期快到了,保罗希望回耶路撒冷参加这个节期,所以他要进行洁净的仪式,正当他进行这个仪式的时候,有人从亚西亚来的看到他,说:「嘿!这不就是在各处教训外邦人的那个人吗?」他们看见保罗在殿里行洁净的仪式,就耸动了众人,下手拿他。所以,许多犹太人会提早去,以便进行洁净的仪式,参加节期。

约翰福音第11章56节到第12章3节继续说:

[56] 他们就寻找耶稣,站在殿里彼此说:「你们的意思如何,他不来过节吗?」

[57] 那时,祭司长和法利赛人早已吩咐说,若有人知道耶稣在那里,就要报明,好去拿他。

第 11 章

第 11 章

第 12 章

第 12 章

第 12 章

第12章第1到3节：
- [1] 逾越节前六日，耶稣来到伯大尼，就是他叫拉撒路从死里复活之处。
- [2] 有人在那里给耶稣预备筵席；马大伺候。拉撒路也在那同耶稣坐席的人中。
- [3] 马利亚就拿着一斤极贵的真哪哒香膏，抹耶稣的脚，又用自己的头发去擦，屋里就满了膏的香气。

典型的马大！典型的马利亚！马大热衷服事；马利亚热衷敬拜。人各有特点，神给我们不同的性格。

约翰福音第12章第4和5节说：
- [4] 有一个门徒，就是那将要卖耶稣的加略人犹大，
- [5] 说：「这香膏为什么不卖三十两银子周济穷人呢？」

实际上，这香膏很昂贵，三十两银子是当时一个工人一天的薪水。这个香膏的价格相等于一个人一整年的工资。

约翰福音第12章6节说：『他说这话，并不是挂念穷人，乃因他是个贼，又带着钱囊，常取其中所存的。』

很不幸的，在【万世巨星】这部荷里活电影里所拍摄的犹大卖主这整个情节中，他们把耶稣描绘为一个奢侈的人，不顾念穷人，而犹大则变成英雄。他是社会改革者，关心穷人等等。他们完全没有按照圣经来演这部电影，你可以说他们是故意的，因为在圣经这里明明说犹大不挂念穷人，我们必须认清他的爲人，他决不是关心社会的好人，他乃是个贼，又带着钱囊，常取其中所存的。把香膏卖掉，钱可以进他的钱囊，所以这是他要卖掉的唯一理由。他并不是那部电影所描绘的那种人。

约翰福音第12章第7和8节说：
- [7] 耶稣说：「由他吧！他是为我安葬之日存留的。
- [8] 因为常有穷人和你们同在，只是你们不常有我。」

第 12 章

所以祂吩咐犹大不要阻止马利亚。

约翰福音第12章第9和10节说：
- [9] 有许多犹太人知道耶稣在那里，就来了，不但是为耶稣的缘故，也是要看他从死里所复活的拉撒路。
- [10] 但祭司长商议连拉撒路也要杀了；
  他们是何等邪恶。

约翰福音第12章第10和11节说：
- [10] 但祭司长商议连拉撒路也要杀了；
- [11] 因有好些犹太人为拉撒路的缘故，回去信了耶稣。

所以他们想杀拉撒路，以毁灭证据。

约翰福音第12章第12和13节说：
- [12] 第二天，有许多上来过节的人听见耶稣将到耶路撒冷，
- [13] 就拿着棕树枝出去迎接他，喊着说：「和撒那！奉主名来的以色列王是应当称颂的！」

群众知道耶稣要从伯大尼来，必定要从橄榄山下来，于是他们前往从伯大尼过来到橄榄山下，进入汲沦溪山谷，来到耶路撒冷的那条路上。当耶稣进入汲沦溪山谷的时候，他们摇动棕树枝欢迎祂。这就是棕枝节的由来，就是耶稣被钉十字架前的那个星期天。群衆唱着诗篇118篇，「和撒那！」「和撒那」希伯来文就是拯救的意思。『奉主名来的以色列王是应当称颂的！』

约翰福音第12章第14到16节说：
- [14] 耶稣得了一个驴驹，就骑上，如经上所记的说：
- [15] 锡安的民哪，不要惧怕！你的王骑着驴驹来了。
- [16] 这些事门徒起先不明白，等到耶稣得了荣耀以后才想起这话是指着他写的，并且众人果然向他这样行了。

在这里约翰非常诚实、非常坦率的，说：『起先我们不明白，等到耶稣得了荣耀以后才想起这话是指着他写的』，「哦！记得吗？我们摇动棕树枝欢迎祂，祂骑着驴驹，不就是撒迦利亚说预言的吗？」『锡

第 12 章

安的民哪,应当大大喜乐。耶路撒冷的民哪,应当欢呼。看哪,你的王来到你这里。祂是公义的,并且施行拯救,谦谦和和的骑着驴,就是骑着驴的驹子。』「哇!」

换句话说,约翰是说:「我们没有特意去准备那个场景,我们没有说,现在看看圣经说下一幕该是什么?我们照着做吧!」这一切都不是预先特意安排,而是他们自发去做的。事后他们才想起来:「哇!我们使预言应验啦!」他们是等到耶稣得了荣耀以后,才想起这话是指着祂写的。所以就门徒来说,他们没有特意去安排这事件。

约翰福音第12章第17节说:『当耶稣呼唤拉撒路,叫他从死复活出坟墓的时候,同耶稣在那里的众人就作见证。』

他们逢人都述说这件事。

约翰福音第12章第18说:『众人因听见耶稣行了这神迹,就去迎接他。』

耶稣叫拉撒路从死里复活的神迹,引起轰动,所以大家都很兴奋。

约翰福音第12章第19和20节说:
  [19] 法利赛人彼此说:「看哪,你们是徒劳无益,世人都随从他去了。」
  [20] 那时,上来过节礼拜的人中,有几个希利尼人。

他们只可以在外邦人的院子里敬拜神,不能进入内院。

约翰福音第12章第21到24节说:
  [21] 他们来见加利利伯赛大的腓力,求他说:「先生,我们愿意见耶稣。」
  [22] 腓力去告诉安得烈,安得烈同腓力去告诉耶稣。
  [23] 耶稣说:「人子得荣耀的时候到了。
  [24] 我实实在在的告诉你们,一粒麦子不落在地里死了,仍旧是一粒,若是死了,就结出许多子粒来。

第 12 章

这是多么美丽的图画！假如你有一粒麦子，你把那粒麦子放在讲台上，一年后你回来，它还是一粒小麦子。十年后，这粒小麦子还是在讲台上。但是如果你把那粒麦子埋在土里，它死了，但是因着死却长出了一个新的形体，一个新的身体，先是长出根茎，接着长出新的子粒或他们说的麦子，以及许多的麦粒。一粒小麦粒的潜力是巨大的。

我读到一些资料说，如果你把一个玉黍蜀的玉米种在地上，它长大后，再把这棵植物上的每一颗玉米种在地上，十年后，就会有足够的玉米子粒种在地球表面所有的土地上。只要每年拿那棵玉黍蜀的玉米种在地上就够了。你看到当神创造植物的时候，祂说：『滋生繁多，充满世界』，所以可以确定的是，潜力就在那里，所以耶稣用这个美好的例子来说明祂的死，『看哪！一粒麦子不落在地里死了，仍旧是一粒，若是死了，就结出许多子粒来。』祂讲到自己的死，藉着祂的死，要结出许多的子粒来。你就是其中的一粒。

约翰福音第12章第25节继续说：『爱惜自己生命的，就失丧生命；在这世上恨恶自己生命的，就要保守生命到永生。』

耶稣说过：『凡要救自己生命的，必丧掉生命，凡为我丧掉生命的，必救了生命。』同样的，『爱惜自己生命的，就失丧生命』。但是当你等候那个新生命，就要得着永恒的生命。

约翰福音第12章第26和27节说：
- [26] 若有人服事我，就当跟从我；我在那里，服事我的人也要在那里；若有人服事我，我父必尊重他。」
- [27] 我现在心里忧愁，我说什么才好呢？父啊，救我脱离这时候；但我原是为这时候来的。

弟兄姐妹，你还记得吧？耶稣不断在说：『我的时候还没有到，我的时候还没有到。』现在耶稣来到那个时候了，当祂要面对那个时候，祂内心开始起挣扎。『现在心里忧愁，我说什么才好呢？父啊，救我脱离这时候』！祂的心情彷佛已经进入在客西马尼园里的那种痛苦一样。祂祷告说：『我父啊，倘若可行，求你叫这杯离开我。然而，不

第 12 章

要照我的意思，只要照你的意思。』在那时候之前，祂已经内心挣扎起来。『父啊，救我脱离这时候；但我原是为这时候来的。』

约翰福音第12章28节说：『父啊，愿你荣耀你的名！』
啊！这个祷告就像在客西马尼园里那个祷告一样的有力，当时耶稣说：『我父啊，倘若可行，求你叫这杯离开我。然而，不要照我的意思，只要照你的意思。』亲爱的弟兄姊妹，当我们把自己的道路交托在神的跟前的时候，是多么荣耀的事啊！『父啊，救我脱离这时候；但我原是为这时候来的。主啊，愿你荣耀你的名！』

约翰福音第12章第28到30节说：
[28] 当时就有声音从天上来，说：「我已经荣耀了我的名，还要再荣耀。」
[29] 站在旁边的众人听见，就说：「打雷了。」还有人说：「有天使对他说话。」
[30] 耶稣说：「这声音不是为我，是为你们来的。

耶稣是说：「我不需要这种引人注目的显现来让我相信。这个声音不是为我，而是为你们来的」

约翰福音第12章第31节说：『现在这世界受审判，这世界的王要被赶出去。』

你看他们刚刚高喊：和散那，就是「拯救我们」。但是耶稣说：「不！现在这世界要受审判，这世界的王要被赶出去。」耶稣要被藐视，被人们厌弃。

约翰福音第12章第31节，耶稣继续说：『我若从地上被举起来』。

那粒麦子死了，却要结出许多子粒。『我若从地上被举起来，就要吸引万人来归我。』

约翰福音第12章第33节说：『耶稣这话原是指着自己将要怎样死说的。』

第 12 章

耶稣说:『我若从地上被举起来』, 祂是说:「我将要被钉十字架,被举起来,我要死在十字架上」。被举起来就是象徵十字架上的死亡。很不幸的, 许多传道人和基督徒,都把被举起来这几个字解释为高举耶稣。他们认为:「我们只要在众人面前高举耶稣,如果我们高举耶稣,如果我们在群众面前高举祂,祂就会吸引众人到祂面前来。所以,我们要做的就是在众人面前高举耶稣,把耶稣高举起来,这样所有的人就要被吸引归向祂。」不对!耶稣不是这样说的!你要是想一下, 就要发现有些诗歌几乎亵渎神,例如说:「高举祂,高举祂,让世人看见祂」。

其实,耶稣只是说祂将要在十字架上舍命。一粒麦子落在地里死了,就结出许多子粒来。不是在世人面前高举耶稣,或把祂举起来。耶稣根本不是这意思!很多人没念下一节经文,所以就误解了。他们只着重耶稣说『我若从地上被举起来, 就要吸引万人来归我』这一句,于是他们说:「啊!我们来高举耶稣吧!」不!要是我说:「我们来高举耶稣吧!」那我就是说:「啊!我们来把耶稣钉十字架!」

约翰福音第12章第33和34节说:
- [33] 耶稣这话原是指着自己将要怎样死说的。
- [34] 众人回答说:「我们听见律法上有话说,基督是永存的,你怎么说『人子必须被举起来』呢?这人子是谁呢?」

你说:「我要被钉十字架」,等一下!圣经不是说弥赛亚是永存的吗?。以赛亚书9章第6和7节说:
- [6] 因有一婴孩为我们而生;有一子赐给我们。政权必担在他的肩头上;他名称为「奇妙策士、全能的神、永在的父、和平的君」。
- [7] 他的政权与平安必加增无穷。【就是说,弥赛亚是永存的】他必在大卫的宝座上治理他的国,以公平公义使国坚定稳固,从今直到永远。万军之耶和华的热心必成就这事。

既然圣经说弥赛亚是永存的,主啊,你怎么说你要被钉十字架呢?

约翰福音第12章第35和36节说:
- [35] 耶稣对他们说:「光在你们中间还有不多的时候,应当趁着

第 12 章

有光行走，免得黑暗临到你们；那在黑暗里行走的，不知道往何处去。

[36] 你们应当趁着有光，信从这光，使你们成为光明之子。」耶稣说了这话，就离开他们隐藏了。

虽然法利赛人正要捉拿祂，但是祂仍然掌管一切。祂被钉十字架的事必须在逾越节发生，因为祂要应验祂作为逾越节祭牲的所有象征。过去以色列民在埃及的时候，把被杀的羔羊的血抹在门楣上，给那些注定要死的人带来生命。所以，耶稣必须在逾越节被钉十字架。然后，祂隐藏了自己。

约翰福音第12章第37节说：『他虽然在他们面前行了许多神迹，他们还是不信他。』

现在有一个普遍的错误想法，就是如果人们看到神迹，就会相信！其实不是，他们看见很多神迹，却还是不相信。事实上，更糟的是，第39节说，他们就是不能相信。

约翰福音第12章第38节说：『这是要应验先知以赛亚的话，说：主啊，我们所传的有谁信呢？主的膀臂向谁显露呢？』

接下去约翰福音第12章第39到41节说：
[39] 他们所以不能信，因为以赛亚又说：
[40] 主叫他们瞎了眼，硬了心，免得他们眼睛看见，心里明白，回转过来，我就医治他们。
[41] 以赛亚因为看见他的荣耀，就指着他说这话。

以赛亚预言耶稣要『被人藐视，被人厌弃』，而且祂要『多受痛苦，常经忧患』。『他们所以不能信』，为甚么他们不能信？这是很有意思的陈述：『他们所以不能信』。虽然他们看见许多神迹，还是不能信！

耶稣在其他的福音书里警告我们关于不得赦免的罪，如果你心里持续拒绝圣灵的感动，就永不得赦免。一个人如果多次拒绝基督，那么要他信耶稣就变为不可能的了！有一条形而上学的定律说到，我们的头脑是一个有趣的工具，我们可以在脑子里制造一些模式，

第 12 章

就是说一个不断重复的动作,可以在我们的脑子里形成一套模式。一旦这个模式形成后,就难以改变,甚至无法改变了。

你观察妇女学编织,起初她的针穿来穿去,动作又慢又生硬,但只要她坚持做下去,你会发现她在脑中创造出一个模式,建立起一些常规动作,如果她不断练习她的针,到最后她手上的针好像会飞似的,她可以一边聊天、看电视或做别的事,她的针不停的穿梭,因为那个常规动作已经根植于脑中,她连想也不用想,就照模式「钩一针,跳两针……」,模式已经定好了,她就照做。所以一旦一个重复的动作在脑子里形成一个固定的模式,就变成很简单的事,许多事情都是这样的。

不幸的是,在信耶稣基督这件事上,也是这样。你第一次面对耶稣的宣告,你想:「祂说的是真的吗?祂真的是神的儿子吗?信祂,真的能得永生吗?啊!我不知道。」这是很难下的决定,我是说,要对耶稣说:「不!」这决定也不容易下,但是最后你说:「哎!我想还是不信吧!总之,不是在今天晚上!」

你既然说了「不」,那么下次你再面对的时候,你已经有个常规的模式了。你在脑子里种下个这模式,而且它要成为固定的一部分。下次你面对的时候,就更较爲轻易的说:「不!我想不是在今天晚上!」你每次说「不」的时候,那个常规的模式就越来越深刻、越来越深刻,直到你现在要面对无争论馀地的证据的时候,你已经不能胜过那个脑子里的模式了。这就是法利赛人目前的光景。这里有一个人从死里复活,证据确凿,他们无法否认,他们想杀掉他,消灭证据,但他们不能否认这件事。但他们不能信,因为他们已经没有回头的馀地。在这时候,他们无法扭转这件事实。

有一件非常值得注意的,就是十分之九的人是在青少年时期决志接受耶稣基督的。因为脑子的模式还没深刻的定型,所以十分之九的人在青少年时期决志。你的年纪越大,脑中固定的模式越来越深,在统计上来看说 救恩会变成不可能的事了。但是神是满有恩典的神,我们经常看到八,九十岁的老人相信耶稣,那是神迹!照统计上来讲,是不可能的,但神不被统计学限制的。在数学上来说,你可以证明一个七十岁的老人接受耶稣基督是多么不可能!可是这样

第 12 章

的事会发生的！你能怎么说呢？神是行神迹的神，救恩就是一个神迹。但是『他们不能信祂』。

你还记得吧？法老的心刚硬。最后神掌权，祂使法老的心刚硬。神会坚固你的立场，神坚固他们的立场，他们希望自己的眼睛是蒙蔽的，他们不想看见，那好啊！神就使他们的眼被蒙蔽；他们不要相信，那好啊！神坚固他们的决心，祂使他们的心刚硬，叫他们有眼无珠，『瞎了眼，免得他们眼睛看见，心里明白，回转过来，神就医治他们！』『以赛亚因为看见他的荣耀，就指着他说这话。』

约翰福音第12章42节说：『虽然如此，官长中却有好些信他的，只因法利赛人的缘故，就不承认，恐怕被赶出会堂。』
这是很可悲的一节圣经！

约翰福音第12章43节说：『这是因他们爱人的荣耀过于爱神的荣耀。』
这真是对一个人生命的最可悲评价。如果一个人被这样评论，真是悲哀。他们在意人们对他们的看法，胜过神对他们的看法；他们在意人们的支持胜过神的支持，在意人们的称赞胜过神的称赞。真是可悲！

约翰福音第12章44到46节说：
 [44] 耶稣大声说：「信我的，不是信我，乃是信那差我来的。
 [45] 人看见我，就是看见那差我来的。
 [46] 我到世上来，乃是光，叫凡信我的，不住在黑暗里。

使徒保罗在帖撒罗尼迦前书第5章第4和5节说：
 [4] 弟兄们，你们却不在黑暗里，叫那日子临到你们像贼一样。
 [5] 你们都是光明之子，都是白昼之子。
   所以我们行事为人要像光明之子。保罗是引用耶稣在约翰福音第12章这里的话。

约翰福音第12章47节说：『若有人听见我的话不遵守，我不审判他。我来本不是要审判世界，乃是要拯救世界。』
耶稣说了多少次这样的话？『不信的人，罪已经定了』。「我来不是要

第 12 章

定世人的罪，乃是要叫世人因我得救。」现在祂又提到这一点。按约翰福音第3章的记载，耶稣当时刚开始祂的传道事工，祂向尼哥底母谈重生，祂说

> [16]「神爱世人，甚至将他的独生子赐给他们，叫一切信他的，不至灭亡，反得永生。
> [17] 因为神差他的儿子降世，不是要定世人的罪，乃是要叫世人因他得救。
> [18] 信他的人，不被定罪；不信的人，罪已经定了，因为他不信神独生子的名。

这是约翰福音第3章第16到18节。

耶稣说：「我来不是要审判世人，要是有人不相信我，我不会审判他，我来不是要审判，乃是施行拯救。」啊！这是耶稣荣耀的使命！不是要定罪，不是要审判，而是要给世人带来救恩。

耶稣要再来，当祂再来的时候，就要施行审判，但是在祂第一次降临的时候，祂的使命是救赎世人。

约翰福音第12章48节说：『弃绝我、不领受我话的人，有审判他的，就是我所讲的道在末日要审判他。』
你如果要受审判，就要受到神话语的审判，你不相信神的话语，那么神的话语就要来审判你。

约翰福音第12章49和50节说：

> [48] 弃绝我、不领受我话的人，有审判他的，就是我所讲的道在末日要审判他。
> [49] 因为我没有凭着自己讲，惟有差我来的父已经给我命令，叫我说什么，讲什么。
> [50] 我也知道他的命令就是永生。故此，我所讲的话正是照着父对我所说的。」

所以耶稣的意思是说：「我所说的话，是从神来的，我所说的话将来要审判你。我知道这些话是真实的；我知道神已经把永恒的生命赐给我。」这就是你要面对的审判，神的道将要审判你。
现在我们进入约翰福音一个新的段落，一直到17章，从13到17章

第 12 章

这段圣经大约涵盖36个小时的时间。也许24小时的事情都包括在下面这5章经文里面。所以,这是从耶稣被出卖的那天晚上开始,祂在17章的祷告是在去客西马尼园之前的事,就是在24小时后。因此我们实际上在研读基督生命中一段短的时间。

因爲这是很重要的时段,所以约翰几乎用他福音书的四分之一篇幅来记录,约翰对这段时间的重视,显示出耶稣基督这段生平的重要性。在全卷书中,约翰用了四分之一的篇幅来记述在这24小时里所发生的事。所以我们要留心查考在这段时间里所记录的事迹,而且我们藉此能够体会到耶稣的内心状况。启示录是揭示耶稣基督,但这里把耶稣向我们敞开,让我们有这宝贵的机会窥见耶稣的内心。

第 12 章

第 12 章

第 13 章

第 13 章

约翰福音第13章1节说:『逾越节以前,耶稣知道自己离世归父的时候到了。他既然爱世间属自己的人,就爱他们到底。』

祂『爱他们到底』;祂爱他们到最后,Teleois这个希腊词语就是『到底』的意思。就是使他们完全得赎。祂爱他们到一个地步,愿意使他们完全得赎,这要祂付上生命的代价。『爱他们到底』。

我们在往后几章将读到耶稣对祂的门徒说:『人為朋友舍命,人的爱心没有比这个大的。』这是约翰福音15章13节 那是爱到底的爱,耶稣是那么爱属祂自己的人。我们得以被数在属祂的百姓当中,是何等荣耀啊!究竟祂有多爱你?祂爱你到底,祂爱你,使你能完全得赎。

这时候,耶稣和祂的门徒准备去过逾越节,祂知道自己离世的时候到了。你记得从约翰福音一开始,我们就讨论过时候这个话题:『我的时候还没有到;我的时候还没有到。』有一次,犹太人想强迫耶稣作王,祂就藏起来,因為祂的时候还没有到。那个时候通常是指祂為了救赎你,而作出最的伟大的牺牲。那是祂得荣耀的时候;祂顺服天父的旨意被钉十字架,为我们的罪舍命,而得着荣耀。

约翰福音13章2节说:『吃晚饭的时候』。

这是逾越节的筵席。筵席结束了。无疑的,耶稣和祂的门徒一起过犹太人的传
统的逾越节。

约翰福音13章第2到4节继续说:
- [2] 魔鬼已将卖耶稣的意思放在西门的儿子加略人犹大心里。
- [3] 耶稣知道父已将万有交在他手里,且知道自己是从神出来的,又要归到神那里去,
- [4] 就离席站起来,脱了衣服,拿一条手巾束腰,

现在逾越节的晚餐结束了,撒但进入了加略人犹大的心。耶稣知道时候到了,这将是祂和门徒最后一次一起吃饭。祂拿一条手巾束腰,男人拿手巾束腰表示他是奴隶,这是奴隶的表徵,是最低贱的

第 13 章

奴隶。耶稣拿起手巾束腰,门徒不懂祂在做什么。爲什么祂拿手巾束腰?那是奴隶才作的。

约翰福音13章第5和6节说:
- [5] 随后把水倒在盆里,就洗门徒的脚,并用自己所束的手巾擦乾。
- [6] 挨到西门彼得,彼得对他说:「主啊,你洗我的脚吗?」

我认爲,这里强调的是那两个代名词:「嘿!等一等!你要洗我的脚?」彼得认爲这根本不恰当呀!怎可以让主来洗他的脚啊!很像耶稣找施洗约翰给祂施洗那样。施洗约翰说:「不行!是我该受你的洗才对!」耶稣回答说:「你替我施洗吧」『你暂且许我。因爲我们理当这样尽诸般的义。』彼得被耶稣的举动吓住了。

约翰福音13章第7节:『耶稣回答说:「我所做的,你如今不知道,后来必明白。」』

「彼得,你现在不明白我所做的,但迟些时候,你就知道了。」

约翰福音13章第8和9节:
- [8] 彼得说:「你永不可洗我的脚!」耶稣说:「我若不洗你,你就与我无分了。」
- [9] 西门彼得说:「主啊,不但我的脚,连手和头也要洗。」

我喜欢彼得,他不太懂,但是他有一股傻劲, 既然是对的就做吧!「主啊,你替我们洗吧!」

约翰福音13章第10节:『耶稣说:「凡洗过澡的人,只要把脚一洗,全身就干净了。你们是干净的,然而不都是干净的。」』

洗脚这个习俗在当时罗马澡堂里是很普遍的。他们离开澡堂,走回更衣室,脚上会沾到泥土,所以回到更衣室,换衣服离开之前先洗脚。他们回到更衣室要做的第一件事,就是洗掉脚上沾到的泥土,他们就全身干净。他们泡在澡堂里一、两个小时,但是再回到更衣室的途中又沾了一些泥土或脏东西,所以要把脚洗干净。

第 13 章

耶稣强调的是，我们在世上生活，难免会因爲接触世界而沾染一些污秽，但那些污秽只是表面的，不是在我们头脑中，不在我们心思里，不在我们的生命中，只要洗洗脚就行了。你所要做的，是洗你的脚，因爲你的心已经干净了，你的心思也是正确的，只要除掉污秽就行了。到教会去，就是那种体验，我们一整个星期在世界里打滚，听到污秽的言语。在世界里生活，那是表面的污秽。能够到主的跟前来，坐下，与主同在真好！耶稣说：『现在你们因我讲给你们的道，已经干净了。』我们要让神的道洁净我们。我们在教会里聚集敬拜，就感觉到神话语洁净的功效。

所以耶稣说：「不！这不只是身体的洁净，我告诉你，彼得，现在你不明白我所做的。」『耶稣说：「你们是干净的，然而不都是干净的。」』

我们继续看约翰福音13章第11和12节，经文说：
　　[11] 耶稣原知道要卖他的是谁，所以说：「你们不都是干净的。」
　　[12] 耶稣洗完了他们的脚，就穿上衣服，又坐下，

耶稣脱了衣服，拿一条手巾束腰，成爲一个奴隶，现在祂再穿上衣服，坐下。
约翰福音13章第12节：『对他们说：「我向你们所做的，你们明白吗？」』

我很惊讶彼得没说：「明白呀！你洗我的脚。」但他可能完全不懂。

约翰福音13章第13节，耶稣说：『你们称呼我夫子，称呼我主，你们说的不错，我本来是。』
「你们称呼我夫子和主是正确的，我是你们的夫子和主。」

约翰福音13章第14到17节说：
　　[14] 我是你们的主，你们的夫子，尚且洗你们的脚，你们也当彼此洗脚。
　　[15] 我给你们作了榜样，叫你们照着我向你们所做的去做。
　　[16] 我实实在在的告诉你们，仆人不能大于主人，差人也不能大于差他的人。
　　[17] 你们既知道这事，若是去行就有福了。

第 13 章

因爲耶稣替门徒洗脚,所以有些教会实行洗脚的仪式,甚至有些教会把洗脚列入惯常的仪式里。我并不反对他们,如果他们有洗脚的仪式,很好,我不介意。不过,有一次,有几位满奇怪的人要洗我的脚,他们用冷水,如果用温水,可能会让我觉得舒服一点,但我可以接受。只是我认爲有些人把洗脚当成教会的仪式,却没能真正领会耶稣的教导。祂所教导的重点是彼此服事。

当时,洗别人的脚表示服事对方。今天不再是奴隶的社会,我们也很少穿着凉鞋走在泥路上,或许有些地方还是那样,但替人洗脚不是我们文化的惯常习俗。或者你可以替邻居做别的事来代替,比方替他割草或洗垃圾桶。耶稣替门徒洗脚所要的教导是:我是卑微的,你有需要,我可以服事你。爲主的缘故,我愿意像仆人那样,来服事我的弟兄。我可以谦卑下来服事你,放下身段说:「嘿!我是卑微的,愿意那样服事你。」

我的父亲生在贵族之家,祖父是南太平洋铁路公司的副总裁,我的父亲曾在私立的预科学校读书,家里有仆人伺候,和各种享受。所以父亲对某些事有他的观点,比方史密斯家的人从不洗碗、不擦地板、也从不修理机械,他也决不割草。这些事会降低史密斯家族的地位,我父亲就在这种环境中长大,这是他所接受的培育方式。要他擦地板,太委屈他了!后来我母亲成爲史密斯家族的成员,她并不觉得做那些事很委屈,可是他父亲来说,那种想法却是根深蒂固的。有些事,他就是不做的,因爲会叫他失去尊严。他总是穿西装结领带,吃每顿饭,必需用白亚麻布的餐巾。其他家人就用纸巾,父亲就是与衆不同。

其实,耶稣是说:「没有任何事是太卑下的,你们要彼此服事,以仆人的态度来彼此服事。要乐意去服事人,满足别人的需要。不要摆架子;不要擡高自己;不要高高在上,而要求别人来服事你。我已经给你们立了榜样,这榜样是要你们以仆人的态度去服事人。」

这就是耶稣对这些初期教会的传道人、牧者的教导。作爲传道人和牧者,你不是要得人的荣耀和赞美,认爲你是牧者所以别人要来服事你;你进来,他们应该给你倒茶;他们应该来问你,有什么事可以爲你效劳的,让你感到舒服。毕竟「我是传道人」。

第 13 章

不幸的是,许多传道人有那种心态,认爲:「我是传道人,所以你们要来服事我、照顾我。」传道人这个词,意思不是这样,它的意思是仆人。我是说,那个爲你倒茶、搬椅子、照顾你,让你感到舒服的人应该是我。如果我以爲自己高高在上、了不起,要你来服事我的话,那我应该去做别的工作了。如果我不愿意服事人、照顾人的需要,那么我就比我的主还大,我大有麻烦了,因爲我没有我主的那种态度,我不能真正代表祂。

所以耶稣说:「你看到我怎么做吗?我是你们的主和夫子,你们称我主和夫子,很好,但是如果我作爲你们的主尚且服事你们,你们也当彼此服事。不要摆出一副高姿态的样子,不要摆架子,去等别人服事你们。你们要出去,服事有需要的世人。」求神帮助我们,我们需要更多有仆人心态的传道人,这才真正是耶稣基督的传道人。

祂说:『你们既知道这事,若是去行就有福了。』不是仅仅知道,因爲仅仅知道还不够,雅各书1章22节说:『只是你们要行道,不要单单听道。』

我得承认,有时候我服事并不太喜乐。有的服事会让我发牢骚,我承认!发牢骚后会有罪咎感,有时我的确发牢骚。尤其是在教会周围捡烟蒂,我讨厌做这工作,因爲从小妈妈教导我「不要碰香烟」,每次捡烟蒂的时候,就觉得自己不聽妈妈的话。我讨厌蹧到香烟,所以捡烟蒂的时候,心里时常在嘀咕。
直到主对我说话,祂说:「你爲谁捡烟蒂?」
我说:「我在爲你做啊,主,不是爲别人。」
祂说:「那你干嘛嘀嘀咕咕?」
我说:「我不知道,对不起,主啊,求你原谅我。」
通常我觉得服事带给我喜乐,因爲耶稣说:『我的弟兄啊,这些事你们既作在我这弟兄中一个最小的身上,就是作在我身上了。』

耶稣说:『我实在告诉你们,这些事你们既作在我这弟兄中一个最小的身上,就是作在我身上了。』我服事我的弟兄,就是服事主。我作在弟兄身上的,就是作在主的身上,我是祂的仆人,祂命令我去服事耶稣基督里的肢体。所以作爲主的仆人,我服事主里的肢体,只不过是服从主的命令。服事基督的身体就是服事主,所以你不能

第 13 章

把它分开,这是连结在一起的。

约翰福音13章第14到17节说:
> [18] 我这话不是指着你们众人说的,我知道我所拣选的是谁。现在要应验经上的话,说:『同我吃饭的人用脚踢我。』
> [19] 如今事情还没有成就,我要先告诉你们,叫你们到事情成就的时候可以信我是基督。

耶稣在这里用了旧约圣经里对神的名字的称呼:『叫你们可以信我是基督』。『基督』是翻译者为了读者更容易理解而加上去的,耶稣的原话是『可以信我是』,而『我是』就是旧约圣经中神的名字。

约翰福音13章第20节说:『我实实在在的告诉你们,有人接待我所差遣的,就是接待我;接待我,就是接待那差遣我的。』

所以这是环环相扣:如果你接待主所差遣的,就是接待主;如果你接待主,就是接待天父。

约翰福音13章第21节说:『耶稣说了这话,心里忧愁』。

> [21] 耶稣说了这话,心里忧愁,就明说:「我实实在在的告诉你们,你们中间有一个人要卖我了。」

虽然耶稣知道犹大要出卖祂,祂仍然拣选了犹大。当祂拣选犹大的时候,祂就知道犹大会这样对待自己,会出卖祂。耶稣知道圣经的预言必须应验,耶稣拣选犹大是因为圣经说:『与他同吃饭的人,用脚踢他。』但是耶稣心里忧愁,犹大跟随祂后还会作这件事。所以耶稣『心里忧愁』。

约翰福音13章第21到23节:
> [21] 耶稣……,就明说:「我实实在在的告诉你们,你们中间有一个人要卖我了。」
> [22] 门徒彼此对看,猜不透所说的是谁。
> [23] 有一个门徒,

第 13 章

当然,约翰没有具体地说出自己,但这个门徒正是约翰。

约翰福音13章第23节,约翰继续说:『是耶稣所爱的,侧身挨近耶稣的怀里。』

毫无疑问的,约翰是很有爱心的人,从他的书卷中可以看出来。他总是用爱的语调,许多次谈到爱。

约翰福音13章第24节说:『西门彼得点头对他说:「你告诉我们,主是指着谁说的。」』

他可能坐在约翰旁边,说:「约翰,你问耶稣,到底祂指的是谁?」

约翰福音13章第25和26节说:
[25] 那门徒便就势靠着耶稣的胸膛,问他说:「主啊,是谁呢?」
[26] 耶稣回答说:「我蘸一点饼给谁,就是谁。」耶稣就蘸了一点饼,递给加略人西门的儿子犹大。

在那个时代,蘸一点饼给谁,就好像现在对谁敬酒一样,是友谊的表示。我想耶稣甚至在这时候说:「犹大,如果你现在要回转,你可以回转的。虽然你已经跟大祭司有了交易,跟他们谈价还价了,但是你可以勒马回头。我仍然要作你的朋友。」

约翰福音13章第27到31节继续说:
[27] 他吃了以后,撒但就入了他的心。耶稣便对他说:「你所做的,快做吧!」
[28] 同席的人没有一个知道是为什么对他说这话。
[29] 有人因犹大带着钱囊,以为耶稣是对他说:「你去买我们过节所应用的东西」,或是叫他拿什么周济穷人。
[30] 犹大受了那点饼,立刻就出去。那时候是夜间了。
[31] 他既出去,耶稣就说:「如今人子得了荣耀,神在人子身上也得了荣耀。
[32] 神要因自己荣耀人子,并且要快快的荣耀他。

耶稣说:『人子得荣耀的时候到了』祂怎样得荣耀呢?很奇怪的是,祂将藉着被钉十字架得荣耀。

第 13 章

约翰福音13章第33节说:『小子们』。

这是耶稣唯一一次用这个称呼,这是非常温柔的词语,约翰在他其他的书信中用过『小子们』希腊话就是teknon。

约翰福音13章第33节继续说:『我还有不多的时候与你们同在;后来你们要找我,但我所去的地方你们不能到。这话我曾对犹太人说过,如今也照样对你们说。』

「过不久,你们要找我。但我要去的地方你们不能到。」

约翰福音13章第34和35节说:
[34] 我赐给你们一条新命令,乃是叫你们彼此相爱;我怎样爱你们,你们也要怎样相爱。
[35] 你们若有彼此相爱的心,众人因此就认出你们是我的门徒了。」

这个新命令是一个包含一切的命令,因为你不用再为以下这些诫命烦恼了,例如:『不可撒谎、不可偷盗、不可作假见证陷害人、不可贪婪、不可奸淫。』如果你遵守这个诫命:『你们彼此相爱;我怎样爱你们,你们也要怎样相爱』,就不必担心这些诫命了。『彼此相爱』是至高的爱、是自我牺牲的爱、是奉献的爱,这是主希望我们彼此实践的那种爱,而且藉着彼此相爱,世人就认出你们真的是耶稣基督的门徒了。

我不认为我们有这种爱,我们或许有一点点这种爱;这里一点,那里一点,有时有,有时没有。但是,通常我们都缺少这种爱,与主的命令还有一段距离,因为祂给我们的爱是至高的爱。主的爱是自我牺牲的爱,祂把自己赐给我们,因为祂爱我们。我们需要的正是这种爱,就像主爱我们一样。

在约翰一书 3章14节,约翰写说:『我们因为爱弟兄,就晓得是已经出死入生了。没有爱心的,仍住在死中。』所以我们要彼此相爱,首先,这是给世人的一个记号,让他们看出我们是祂的门徒。第二,彼此相爱也是给我们自己的一个记号,让我知道自己已经是出死入生的,因为神为着祂的家把这个爱放在我的心中。

第 13 章

愿我们敞开自己的心,让神在我们里面作工,使越来越多的爱表现在我们的行为上。不只是在言语上,而且是在行为上。喔!神啊,在我心中作工,让我们敞开自己的心,让圣灵在我们里面作工。

圣灵所结的果子,就是仁爱,(加拉太书5:22)

我们需要这种爱在世人面前作见证,我们真是祂的门徒。我在这个方面常常失败,有多少我应该关心别人的时候,我却只顾自己,应该注意别人需要的时候,我却只注意自己的需要,因此我需要神将这个爱浇灌在我心中。现在让我们安静,对神敞开我们的心,求圣灵让这个爱在我们心中动工,因祂先爱我们,所以我们才能爱别人。我们祷告请求圣灵将这特别的爱浇灌在我们心中。

我怎样爱你们,你们也要怎样相爱。(约翰福音13:34)

主啊!我们没有能力制造这种爱,这不是人的感情,是神所赐的能力,我们需要这种爱,我们的生命需要这种爱的印记,现在就作工吧,父啊!求你的圣灵用你的爱来充满我们,让我们能够真正的彼此相爱,就像你爱我们一样。谢谢主在我们身上所作的工,求你继续作工直到你的爱在我们里面完全。奉主耶稣基督的名求,阿们。
约翰福音第13章36节说:『西门彼得问耶稣说:「主往那里去?」耶稣回答说:「我所去的地方,你现在不能跟我去,后来却要跟我去。」』

「彼得,现在你不能跟我去,但以后你却要跟我去。」

约翰福音第13章37和38节:
  [37] 彼得说:「主啊,我为什么现在不能跟你去?我愿意为你舍命!」
  [38] 耶稣说:「你愿意为我舍命吗?我实实在在的告诉你,鸡叫以先,你要三次不认我。」

再过不久,大约二十四小时之内,耶稣会对彼得说:「彼得,和我一起祷告,我真的需要帮助,跟我一起祷告。」但是当耶稣回来,祂会看到彼得睡着了,然后祂要对彼得说:『啊,彼得,你们心灵固然愿意,肉体却软弱了。』现在就是这种情况,我相信,当彼得说:『主啊,

第 13 章

我愿意为你舍命』，他是完全真诚的。他的心灵确实愿意，肉体却软弱了。很不幸的，我发觉自己常常是这样，我心里确实愿意做该做的事，不过，有些时候，心灵却不愿意做。但是也有些时候，我的心灵是愿意做该做的事，可肉体却软弱了。

当我轻率的谈论某人所做的某些事的时候，我知道自己应该向他们道歉，但是我的心灵却不愿意，因为我觉得我说的没错呀，他们确实是那样！这时候主开始对我内心说话：「嘿！就算是这样，你还是错了，你要请求他们原谅。」「主啊！我不想去！」我的心灵不愿意，所以有时候，那是我的问题。而有时候，神把这些事放在我心里，我要说：「主啊！我不想那样做！因为我根本是不愿意的，所以你得要使我愿意去做。」但是，还有的时候，我的心灵却是是愿意的。但是我的肉体退缩，肉体软弱了。

彼得是真诚的，祂对主的爱是诚挚的。他的委身也是实在的，而彼得也觉得自己要为耶稣舍命。他真的会为主舍命，对这一点我绝不怀疑。但许多时候，为耶稣而活往往比为耶稣而舍命要困难多了。你知道吗？当某人用枪指着你说：「嘿！否认你的主！不然你脑袋开花！」你回答：「好啊！开枪吧！我愿意为耶稣舍命，那样我就在荣耀里与祂同在了！」问题是，许多时候，为耶稣而活比为耶稣而死困难多了。

这就是彼得的经验的。当众人反对耶稣的时候，为主挺身而出时困难的。当那个使女上前来跟他说：「噢，这也是耶稣的门徒嘛！我看见你跟祂一块儿啊。」
「你说什么？我不认识祂！我只是在这里烤火取暖。」
「真的！我看见过你跟祂一块，你跟他们是一伙的。」
「不是！我不认识祂。」

所以，彼得的问题是关乎为耶稣而活，但为耶稣舍命又是另一回事了！在客西马尼园里的时候，他愿意拔出剑来，频频挥动他的剑，形势剑拔弩张。但是许多时候，主却呼召我们不要为祂而死，只要为祂而活。彼得说：「主啊！我愿意为你舍命。」但主说：「彼得！你办不到。」

第 13 章

第 14 章

第 14 章

好,现在我们进入约翰福音第14章,第1节,耶稣说:『你们心里不要忧愁』。

他们心里忧愁,因為耶稣一直在说:「我要去的地方,你现在不能跟我去。」耶稣一直在谈论自己的死亡;一直在谈论自己要被出卖的事。祂一直在谈这些令他们心里非常忧愁的事。但是,祂却对他们说:『你们心里不要忧愁』,而医治心灵忧愁的良方就是在第1节下半节,主说:『你们信神,也当信我。』

『你们信神』,这,要嘛是一个问题,要嘛就是一个陈述。『你们信神,也当信我。』

约翰福音第14章第2节:『在我父的家里有许多住处;若是没有,我就早已告诉你们了。我去原是为你们预备地方去。』

住处这个词,是指居住的地方。『在我父的家里有许多住处;……我去原是为你们预备地方去。』

约翰福音第14章第3和4节:
[3] 我若去为你们预备了地方,就必再来接你们到我那里去,我在那里,叫你们也在那里。
[4] 我往那里去,你们知道;那条路,你们也知道。」

多年来,我听到有人把这节经文解释为神在天堂里為我们预备的富丽堂皇的大厦。等我们到了天堂,彼得会在大门口迎接我们,领我们进入天堂的城市,经过荣耀大道,那里有花团锦簇的树林,当中耸立着一间华厦,有走廊、玄关,还有的小溪缓缓流过,主对我说:「这儿是你住的地方了,进去吧!」 但是随着时间过去,我开始相信耶稣所说的并不是祂在天堂里为我建造的美丽房屋,我认為他所说的是指当我们离开这个旧帐棚后,要搬进去的那个新的身体。

保罗在哥林多后书第5章说到:『我们原知道,我们这地上的帐棚若拆毁了,必得神所造,不是人手所造,在天上永存的房屋。我们在这帐棚里叹息,深想得那从天上来的房屋,好象穿上衣服。』

第 14 章

神要给我们一个全新的身体，比我们现在的身体要好得多。我们现在活着的身体就好比是一个帐棚，一个暂时栖身的地方，与神所建造的房屋全然不同，那『不是人手所造，在天上永存的房屋』。我们现在的身体有许多奇妙的特点，但也有不太管用的地方。现在我们这身体会有一个老化的过程，叫我们逐渐衰老。当我们年纪老了，身体的运作功能就渐渐衰退，身体衰弱，还会生病、染上病痛，然后变得软弱。

但是，　神要给我一个新的身体，这新的身体远远比现在的身体要好。新的身体不需要靠睡觉来恢复体力。所以，假如在天堂我有一间大厦，我不需要卧室，因爲在那个时候我的身体不需要靠休息来恢复体力，你大概也不需要厨房，因爲你的身体可能靠别的类型的食物来维持。我可能也不需要浴室。

所以当耶稣说祂在天上爲我们预备住处的时候，我认爲祂所说的是爲我们预备一个新的身体。『神所造，不是人手所造，在天上永存的房屋』。我们就在神的国度里，在那个完全的境界中生活，与祂永远同住。

主应许我们说：『我若去爲你们预备了地方，就必再来接你们到我那里去。我在那里，叫你们也在那里。"』主已经实现祂给门徒的应许，祂已经接祂的门徒到祂那里，现在在祂的国度里与祂同住。祂也会对我们遵守承诺，有一天，祂要来接我们到祂那里，祂在那里，叫我们也在那里。在生命中的某一天，当主来接我们到祂那里；　当我们离开这个身体，与祂同在的时候，将会远远胜过留在现在的身体里。耶稣说：『我往那里去，你们知道；那条路，你们也知道。』

约翰福音第14章第5和6节继续说：
[5]　多马对他说：「主啊，我们不知道你往那里去，怎么知道那条路呢？」
[6]　耶稣说「我就是道路、真理、生命；若不藉着我，没有人能到父那里去。

这又是耶稣其中一句激进的陈述，祂在这里宣告说：若不藉着祂没有人能到父那里去。

第 14 章

而有些人却宣称:「条条大路都通往神那里;所有的宗教都引导人到神那里;所有的路都通到神那里。」不对!只有一条路能引导我们到神那里,那就是藉着耶稣基督,祂说:『我就是道路、真理、生命;若不藉着我,没有人能到父那里去。』人们可能去寻求其他的神,事奉其他的神,他们所事奉的并不是又真又活的神。唯有藉着耶稣基督才能引导人到神那里。祂说:『若不藉着我,没有人能到父那里去。』

这是很容易引起争议的宣告,很多人希望耶稣没有说这句话,因为人们控诉我们基督徒心胸太狭窄了。"你们应该放宽视野,神肯定不会只限定一条路,让人到祂那里去。"这样你是在否定耶稣的宣言。假若你说耶稣这话是错的,那你就是在说耶稣不值得相信,祂的话不能相信。

耶稣之所以要做这样的宣告,祂是要你作一个决定。只有借着祂才能到父那里去,如果还有其它的路,那么耶稣是说谎的,如果耶稣是说谎的,你怎么还能相信祂其它的话呢,如果因此说我心胸狭窄,那么随你怎么说。耶稣作这个宣告,就是要你选择相信祂,或不相信祂。

好,我们继续看约翰福音第14章第7到9节,耶稣又说:
- [7] 你们若认识我,也就认识我的父。从今以后,你们认识他,并且已经看见他。」
- [8] 腓力对他说:「求主将父显给我们看,我们就知足了。」
- [9] 耶稣对他说:「腓力,我与你们同在这样长久,你还不认识我吗?人看见了我,就是看见了父;你怎么说『将父显给我们看』呢?

这是多么激进的陈述!耶稣已经快走到尽头了,祂的宣告一个比一个激进。『人看见了我』,「你想要看见天父吗?呐!我与你们同在这么久,如果你看见了我,就看见了父,因爲...还不认识我么?人看见了我,就是看见了父。」

因爲,祂继续说:「我做的工作, 不是我自己做的,乃是住在我里面的父做的。」

在约翰福音第14章第10节, 祂又说:『我对你们所说的话,不是凭

第 14 章

着自己说的,乃是住在我里面的父做他自己的事。』
「我代表了我的父,如果你们看见我,就是看见了父。」

如果我们每个人都能做这样的声明,神一定会很高兴,但我认爲我们都不可能说这样的话。我应该在这世界上作神的代表,应该在这里做神的工作,传讲神的道,但不幸的是,许多时候,我在作自己的工,说自己的话,所以我不可能说:「你们看见我,就是看见了父。」

在某些情况下, 我们可以这么说; 但不是在所有的时候。可是耶稣却在祂的一生中都持续的完全代表着父神; 在祂所作的工作上,所说的话语里,在祂一切行爲上,都代表着父神。

你想知道神究竟是怎样的一位神?那么你只要看看耶稣就知道了,因爲耶稣到世上的目的就是要把父神彰显出来。希伯来书第1章第1和2节说:『神既在古时借着众先知,多次多方的晓谕列祖,就在这末世藉着他儿子晓谕我们。』神在过去藉着众先知启示自己,现在祂藉祂的独生子完全的把自己彰显出来。

如果你看见了耶稣,就是看见了父。那么耶稣基督究竟向我们启示了怎样的一位神呢?祂所启示的是一位慈爱的神、有怜悯的神、一位关心人类需要的神、一位为人类的失败而流泪的神、一位要救赎失丧的人的神!因爲祂说:『人子来,为要寻找,拯救失丧的人。』

耶稣基督藉着祂的生命和服事向我们启示了一位多么美好的神!而这位神, 就是我们认识的、我们敬拜的、我们事奉的;这位就是耶稣基督向我们启示的神!耶稣说:『人看见了我,就是看见了父』。

在某个意义上说. 我们也是神在世界上的代表,而且更重要的就是,我们这些作神话语的老师们,能够站在这里代表神, 向你们传讲神的真理,有多么令人畏惧的责任啊!因为站在这里作为神的代表,替神来宣讲真理,祂对我所做的这些事是很关注的。

按旧约的记载, 有一次,摩西没能正确的代表神,因为以色列百姓第二次在旷野没水喝, 开始向他发怨言,摩西去跟神说:「神啊!我烦死了,这百姓岂是我生下来的呢?我担当不起这重任,他们又发

第 14 章

怨言，真受不了。」 神说：「摩西，你去吩咐磐石流出水来，他们就会有水喝。」

但是摩西怒气填胸地出去，举起手杖愤怒地击打磐石。神按着祂的慈爱和恩典赐下水给百姓喝。但是因为摩西愤怒的走出去，用杖击打磐石，而不照神的话，吩咐磐石，因此百姓以爲神生气他们，厌烦他们，所以摩西在米利巴水那个地方错误的代表神，以致他和亚伦都不能进入应许之地。

民数记20:12　神对摩西和亚伦说："因为你们不信我，不在以色列人眼前尊我为圣，所以你们必不得领这会众进我所赐给他们的地去。"

这是很严重的事，他们一生的梦想破灭了，因为他们在米利巴会众面前，没有将神正确的表现出来。他们是神的代表。

求神帮助我，让我常常记得， 自己肩负的是何等畏惧的责任啊！所以， 如果我好像生你的气，那么我就没有好好代表神，因爲神不会生你的气，祂爱你。神也不会感到厌烦，更不会闹情绪。神对你是大有忍耐、怜悯和慈爱的。而作爲祂的代表，我们也要以同情和怜悯彼此相待。

耶稣一直所要表达的就是：「我所作的工爲我作见证，我宣告我是神的儿子，而我所作的工爲我作见证。我做神的工作。」什么是神的工作？医治病人、扶持跌倒的人，这是神在这困苦的世界里所作的工作。「我做父的工作」， 『即或不信，也当因我所做的事信我』，「因为我所做的工作为我做见证」。

约翰福音第14章第12节说：『我实实在在的告诉你们，我所做的事，信我的人也要做』。

我们要作耶稣所做的工作，向世人显出同情、爱心、温柔、关怀和关心。

约翰福音第14章第12 到14节继续说：

第 14 章

[12] 并且要做比这更大的事，因为我往父那里去。
[13] 你们奉我的名无论求什么，我必成就，叫父因儿子得荣耀。
[14] 你们若奉我的名求什么，我必成就。」

这俩个关于祷告的应许，实在是广泛的叫人难以置信。耶稣说：
[13] 你们奉我的名无论求什么，我必成就，叫父因儿子得荣耀。
[14] 你们若奉我的名求什么，我必成就。」

非常广泛的应许！这些应许是向谁说的呢？现在耶稣并不是对群众说话，祂也不是站在圣殿里高声宣告：『你们若奉我的名求什么，我必成就。』祂乃是向那些已经舍弃一切来跟从祂的人说的。祂是对祂的门徒说的。成为主门徒的条件是甚么呢？在马可福音第 8 章 34 节那里，耶稣说：『若有人要跟从我，就当舍己，背起他的十字架来跟从我。』

这个广泛的祷告应许是跟谁说的？首先，就是对那些舍己的人说的。所以耶稣的祷告所赐下的应许，不是给那些只求自己荣耀和财富的人，也不是给追求物质丰富的人。『若有人要跟从我，就当舍己』，这是承受这个广泛应许的人的第一项资格。

第二项资格，耶稣说：『背起他的十字架来跟从我。』这样，他就能完全顺服在父神的旨意之下。就像耶稣说的：『然而不要照我的意思，只要照你的意思。』能够完全把自己的生命降服在父神旨意底下的那个人，那个舍己、背十字架来跟从耶稣基督的人，他就能得着这个从耶稣而来的荣耀、广泛的应许。『你们若奉我的名求什么，我必成就。』因爲我所祈求的，都是合乎神的旨意，也是我渴望看到的。

现在有些人轻视主的这个祷告：『不要照我的意思，只要照你的意思。』我认为，轻视这个祷告，就是亵渎神，因为献上这个祷告的乃是主耶稣！『主阿，愿你的旨意成就！』他们说：「啊！那不就表明缺乏信心吗？」不对！不是的！其实这是最大的信心！比对事情一知半解却偏偏想要按自己的方式去做的信心还要大。这些广泛的祷告应许是荣耀的，但只是对门徒说的，是有限制的！

第 14 章

约翰福音第14章第15节， 耶稣说：『你们若爱我，就必遵守我的命令。』

耶稣的命令是甚么？就是我们要彼此相爱， 正如祂爱我们一样。约翰在他的书信中也再次谈到要守主的诫命。然后他说主的命令是：我们要彼此相爱。耶稣又说：『你们若爱我，就必遵守我的命令。』

所以我爱你，就能表达出我对主的爱，是的．我爱主，为这缘故，所以我爱你，因为这是主的命令，但是， 很幸运的是，爱你很容易呀，因爲你很可爱嘛。多么美好，是不是？

约翰福音第14章第16节说：『我要求父，父就另外赐给你们一位保惠师(或作：训慰师；)』

希腊话叫做Parakletos，到你身边来帮助你的那一位！

约翰福音第14章第16和17节说：
[16] 叫他永远与你们同在，
[17] 就是真理的圣灵，

在这里我们看到三位一体的真理。耶稣说：「我要向父祷告，祂要赐给你一位保惠师，真理的圣灵，祂要永远与你们同在。」所以三位一体圣父、圣子和圣灵。

约翰福音第14章第17节说：『乃世人不能接受的；因为不见他，也不认识他。你们却认识他，因他常与你们同在，也要在你们里面。』

我们在这里看到圣灵和门徒的双重关系，第一，圣灵与你同在"para"。与Parakletos相同；"para"这个介词是指『他常与你们同在』，「在你们身边」，但『又在你们里面』。圣灵要进到你的里面。

在你还没有接受耶稣基督以前，圣灵与你同在。圣灵引导你承认自己是个罪人，需要帮助；圣灵指出耶稣基督能够为你解决罪的问题；圣灵吸引你到耶稣跟前来， 说：「啊！主阿！进入我的生命，掌管我的一切。」这一切都是圣灵的工作，使你愿意把生命交出来，降服

第 14 章

于耶稣基督。在你交出生命的主权给耶稣基督的那一刻，圣灵就进入你的里面，开始内住在你里面。

耶稣说：『你们却认识祂。这圣灵，因他常与你们同在，也要在你们里面。』「祂要来，内住在你们的生命里。」

保罗在哥林多前书第6章第19和20节说：
- [19] 岂不知你们的身子就是圣灵的殿吗？这圣灵是从神而来，住在你们里头的；并且你们不是自己的人；
- [20] 因为你们是重价买来的。所以，要在你们的身子上荣耀神。

所以看到圣灵和门徒的双重关系：首先，圣灵与我同在、领我到耶稣基督面前。现在，我接受了耶稣基督，祂就内住在我里面。但是，当我们读到使徒行传的时候，我们会发现圣灵跟我们之间还有一重关系，耶稣在使徒行传第1章8节说：『但圣灵降临在你们身上，你们就必得着能力。』『临在』就是希腊话"hepi"。所以信徒的生命有圣灵赐下的能力，我们在这里看到双重关系。

其实还有第三重关系，但是耶稣在这里没有提到这第三重关系。

约翰福音第14章第18和19节，耶稣说：
- [18] 我不撇下你们为孤儿，我必到你们这里来。
- [19] 还有不多的时候，世人不再看见我，你们却看见我；因为我活着，你们也要活着。

耶稣一直在谈到祂要离开门徒『我要去的地方，你们不能去』，祂一直谈论自己的牺牲，但是祂也谈到自己的永恒生命。『我要去了，世人不再看见我，你们却看见我；因为我活着，你们也要活着。』

所以我永恒生命的盼望，是以耶稣基督从死里复活作为根据。如果基督没有从死里复活，那么我的盼望就是徒然的，我所传讲的道理也是徒然的，而且我会成为一个非常可怜的人。但，因为耶稣从死里复活的缘故，所以彼得说：
- [3] 愿颂赞归与我们主耶稣基督的父神！他曾照自己的大怜悯，藉耶稣基督从死里复活，重生了我们，叫我们有活泼的盼望，

第 14 章

[4] 可以得着不能朽坏、不能玷污、不能衰残、为你们存留在天上的基业。

[5] 你们这因信蒙神能力保守的人,必能得着所预备,到末世要显现的救恩。

这是彼得前书第1章第3 到5节的记载。

约翰福音第14章第20节说:『到那日,你们就知道我在父里面,你们在我里面,我也在你们里面。』

亲爱的弟兄姊妹,我们现在与神有多么荣耀的关系呀!基督住在父神里面,而我们住在基督里面;基督住在我们里面;父神助在我们里面。这是多么美好啊!

约翰福音第14章第21节, 耶稣继续说:『有了我的命令又遵守的,这人就是爱我的;爱我的必蒙我父爱他,我也要爱他,并且要向他显现。』

向谁显现?就是向遵守祂命令的人显现。

约翰福音第14章第22和23节说:
[22] 犹大【不是加略人犹大,他已经离开,这是另一个犹大】问耶稣说:「主啊,为什么要向我们显现,不向世人显现呢?」
[23] 耶稣回答说:「人若爱我,就必遵守我的道;我父也必爱他,并且我们要到他那里去,与他同住。

人与神之间的关系必须靠赖顺服神的道。从我们的爱能够彰显我们是否遵守耶稣基督的命令。所以如果我们爱耶稣,我们遵守祂的道,父神和基督会来与我们同住。父神和基督要来,住在我们里面。

保罗写给以弗所的教会说:『使基督因你们的信,住在你们心里』。保罗说的住那个字,跟这里的同住是同一个字。同住的意思是「安居落户,在心中安顿下来。」

你的心是耶稣基督的家吗?祂在你心中觉得舒服吗?祂觉得像自己的家吗?或者你挂在墙上的图画令他不安吗?你的心中有什么东

第 14 章

西?啊，要让基督在你心中有在家里的感觉！但愿我的心成为基督的家！但愿基督在我心中有在家里一般的全然自在的感觉。

耶稣说：『人若爱我，就必遵守我的道；我父也必爱他，并且我们要到他那里去，与他同住。』

约翰福音第14章第24到26节说：
 [24] 不爱我的人就不遵守我的道。你们所听见的道不是我的，乃是差我来之父的道。
 [25] 「我还与你们同住的时候，已将这些话对你们说了。
 [26] 但保惠师，就是父因我的名所要差来的圣灵，

这里又出现三位一体的真理：圣灵是『父因我的名所要差来的』。

约翰福音第14章第26节说：『他要将一切的事指教你们，并且要叫你们想起我对你们所说的一切话。』

所以这里应许或，圣灵会帮助我们，指教我们一切事，让我们很快的回想起耶稣对我们所说的一切话。

然后是耶稣最后赐的宝贵平安！

约翰福音第14章第27节继续说：『我留下平安给你们；我将我的平安赐给你们。我所赐的，不像世人所赐的。你们心里不要忧愁，也不要胆怯。』

对这一群胆怯、忧愁的门徒，耶稣说：『看哪！我将我的平安赐给你们』，这平安就像那日，当他们坐的船快要下沈，而祂还能睡觉的那种平安；这平安是对神完全信靠的平安，因爲知道在我生命所发生的一切事都由父神在掌管着。神掌管着一切。就是这里说的平安。

『你们心里不要忧愁，也不要胆怯。』

约翰福音第14章第28节说：『你们听见我对你们说了，我去还要到你们这里来。你们若爱我，因我到父那里去，就必喜乐。』

第 14 章

这是有趣的说法！耶稣说：「你们若爱我，就必喜乐，我要牺牲了，我要到父那里去，如果你们爱我，你们就该无比喜乐！」知道吗？仔细想想，多么有意思。当我们所爱的人去世，我们会哭。但是如果我们真正爱他们，我们应该喜乐，因爲他们已经与主同在了，我们哭是因爲我们爱自己！我们希望能把他们带回到这个痛苦的地球，想要把他们带回到这衰老的身体里去！这其实是拦阻了他们，使他们不能在那个新的身体里，得以在神荣耀的国度居住，在新的荣耀中与主同在了！

我曾经说过，现在还要再说，假如神有一天将我接去，若有人为我祷告，说："喔！主啊！不要让他死去，让他活过来，主啊！"当我回来时，小心，我会迁怒于你。

耶稣说：『你们若爱我，因我到父那里去，就必喜乐』，啊！与父同在是多么荣耀的事啊！我们不晓得，只是因为我们对天堂的状况没有任何正确的概念。我们以为：「啊！地球太美好啦！生命是何等荣耀呀！他那么年轻，就英年早逝，多可惜呀！」啊！那是个祝福呀！因为他不需要继续在这个病态的世界里经历那些痛苦！你对天堂的观念不正确，你不知道天堂是何等的荣耀！

所以保罗祷告说：『并且照明你们心中的眼睛，使你们知道祂的恩召有何等指望。』这是以弗所书第1章18节的话。要是你知道神为祂所爱的人所预备的是多么美好；要是你知道在光明中的圣徒所要承受的基业是何等的荣耀，你就不会祷告说：「啊！神啊！把他们带回来吧！」而你会祷告说：「主啊！愿你的旨意成就吧！」

我妈妈去世的前几天，牧师们常来为她祷告：「哦！神啊，求你医治她！」但是他们离开后，妈妈总是微笑着说：「我不同意他们的祷告，我不希望得医治，我要去与主同在，爲甚么他们不祷告让我去呢？而求神医治我？所以，我就是不同意那个祷告。」要是我们知道神国度的荣耀，我们的看法就不一样了！

约翰福音第14章第29节，耶稣说：『现在事情还没有成就，我预先告诉你们，叫你们到事情成就的时候就可以信。』

第 14 章

在约翰福音第13章19节那里,耶稣说过这话,现在祂又说一次,这是圣经所应许的其中一个目的, 就是使你能因此成为信徒能相信神。事情还没有发生,就预先告诉你,等到事情发生的时候,你会相信。是的, 耶稣知道祂在说什么,所以耶稣说的这个预言就像一个信心的柱石。

『现在事情还没有成就,我预先告诉你们,叫你们到事情成就的时候就可以信。』耶稣的意思是:「你们还记得吧!我告诉过你们,要相信我掌管一切,我知道我在说甚么,一切的发生都是按计画的,事情不会在我的掌握之外!」

约翰福音第14章第30节说:『以后我不再和你们多说话,因为这世界的王将到。』

不久之后,耶稣要出去,到客西马尼园里,去面对这世界的王,就是魔鬼撒旦,祂要去客西马尼园, 与地狱的权势和能力争战。『这世界的王将到』。

约翰福音第14章第30节,耶稣又说:『他在我里面是毫无所有』。

在客西马尼园里, 一场巨大的战争要发生了。耶稣的汗珠如血点,滴在地上。面对着十字架,耶稣经历了一场巨大的属灵争战。

约翰福音第14章第31节说:『但要叫世人知道我爱父,并且父怎样吩咐我,我就怎样行。起来,我们走吧!』
于是, 祂与门徒起来,一块儿朝着客西马尼园的方向走去。

第 14 章

第 15 章

第 15 章

约翰福音第 15 章里记载耶稣的教导，很可能是当他们在走向客西马尼园的路上，经过葡萄园的时候所说的话，祂教导门徒，他们要与祂之间有这荣耀的关系，就好比葡萄树和枝子的关系一样。

当耶稣跟门徒走去客西马尼园的时候，不知道他们是否经过圣殿的外院，福音书并没有记录耶稣的脚踪，有可能他们会穿过圣殿的门，因为在逾越节的时候，圣殿的门整夜都打开，方便人们可以随时进来祷告。

那些门上都雕刻着一串串的葡萄，这象徵神对以色列百姓的期望，要他们成为多结果子的葡萄树。所以当他们经过雕刻着一串串葡萄的殿门，看到象徵以色列民族的葡萄的时候，激发耶稣对祂的门徒说了约翰福音第15章所记载的话。祂说：『我是真葡萄树』。

在希腊文，这意思是：「我是葡萄树，是真的。」虽然你说：「啊！这有什么不同呢？听起来好像一样啊！」我觉得是有点不同。「我是葡萄树，是真的。」

在整本旧约圣经里，神用葡萄树来象徵以色列民。许多先知和诗篇也用葡萄树来象徵以色列民。葡萄树是以色列民的象徵。在以赛亚书第5章说到，这个民族是葡萄园，神怎样刨挖园子，捡去石头，栽种上等的葡萄树，又凿出压酒池。当收获葡萄的时候，它却结出了野葡萄。所以神就任凭葡萄园荒凉，让荆棘生长，无人居住。实际上，那个葡萄园依然努力地，盼望着能结出果子。

在路加福音第20章那里，耶稣说了一个比喻，让法利赛人很清楚的知道那是针对他们说的。在这个比喻中，耶稣说，有个家主栽了一个葡萄园，当收成的时候近了，主人打发仆人到园户那里去收葡萄。但是园户拿住仆人，打了他们，又赶他们走。于是，主人又打发别的仆人去，也被打了，甚至用石头打死一些人。最后园主说：『我要打发我的爱子去。或者他们尊敬他。』（路加福音20:13）不料，当园户看见他儿子，就彼此说：『这是承受产业的。我们杀他罢，使产业归于我们。』

205

第 15 章

耶稣说:『这样,葡萄园的主人,要怎样处治他们呢。他要来除灭这些园户,将葡萄园转给别人。』根据这个背景,我们看到葡萄园所象徵的以色列民是失败的,那时的宗教领袖,就是照顾葡萄园的园户所代表的。当耶稣来的时候,他们说:「看哪!祂会威胁我们,也威胁我们的地位,我们最好除掉祂。」所以他们把祂杀了。主要怎样处置他们呢?祂会收回葡萄园,另外赐给别人。所以,耶稣说:『我是真葡萄树,我父是栽培的人。』这是约翰福音第15章1节。

祂这话的意思是说:「你们是那被交托看管葡萄园的人。」或是说:「现在你们是神的葡萄园。神的真葡萄园,你们是为神结果子的人。以色列民失败了,没有满足神的心意,没有结出神所期望的果子来。所以,现在神也给你们这个特权,就是给教会这个特权,成为神的葡萄园,为神结出果子。」耶稣说:『我是真葡萄树,我父是栽培的人。』因此,祂就是那直接管理葡萄园的人,祂不再处于祭司或宗教领袖的权柄之下,祂自己承当起园户的地位,看管葡萄园。

约翰福音第15章2节:『凡属我不结果子的枝子,他就剪去;凡结果子的,他就修理干净,使枝子结果子更多。』

所以,凡不结果子的枝子,祂就剪去。这个修剪的过程也在教会里进行,正如父神修剪不结果子的枝子一样。然后,祂栽种那些结果子的枝子。祂洁净它们。

今天,在以色列,许多的葡萄是生长在地上的。假如你到希伯仑地区,以实各谷,你会看到那里栽种的葡萄是品质最好的,处处可以看见粗壮的葡萄树。它们大约有两米长,匍匐在地上,有的树干在岩石旁边冒出来,所结的葡萄就躺在葡萄园的石头地上。当葡萄渐渐成熟的时候,修剪葡萄树的工人会在园中选最大串的葡萄,把它们洗干净,把泥土洗掉。他们洗干净这些葡萄,让葡萄长得成熟且完美。我告诉你,那里的葡萄真是好吃,长满了整个山谷。

耶稣用当地人很熟悉的画面来讲述真理,他们看见人们把葡萄枝子洗干净,让枝子结出更多葡萄。如果你不结果子,就要被剪去,你要被修剪。如果你结果子,祂就把你修理干净,使你结果子更多。那么神用什么来洁净教会呢?就是用祂的道。

第 15 章

约翰福音第15章3节:『现在你们因我讲给你们的道,已经干净了。』

神的道,洁净的能力是何等的大啊!
诗篇119篇11节说:『耶和华啊!我将你的话藏在心里,免得我得罪你。』
诗篇119篇9节说:『少年人用甚么洁净他的行为呢。是要遵行你的话。』
神的话有强大的洁净能力。我的岳父是个瑞典人,他在圣经上写:「这本书能避免你犯罪,而罪也会拦阻你去读这本书。」这是真的。神的话有洁净的能力。神的话能使你不犯罪。『现在你们因我讲给你们的道,已经干净了。』

约翰福音第15章4节,耶稣继续说:『你们要常在我里面』

耶稣说:『我是葡萄树,是真的,你们是枝子。』枝子要常在葡萄树里面,这是很重要的。耶稣在以下几节经文中要强调这个关系。我们必须在祂里面,祂宣告:『你们要常在我里面』。

约翰福音第15章4节继续说:『我也常在你们里面。枝子若不常在葡萄树上,自己就不能结果子;你们若不常在我里面,也是这样。』

如果没有耶稣基督内住的大能,你绝不能为神结出任何有价值的果子。在耶稣基督以外,为神所做的一切努力,都是没有价值的。就好像在哥林多前书3:12里所说,当审判的日子来到,那些要被扔在火里烧的草木、禾楷一样。唯一能够常存的果子,是与耶稣基督建立关系所结出来的。

结果子的观念为我们指出了神的方法。果树结果子是一件很自然的事。树上的苹果不必为了要成熟而挣扎、奋斗、拼命地推、尽一切努力,它就挂在树上,时候到了会自然成熟,以致熟透。我们只要住在基督里,很自然的住在祂里面,自自然然就在生命中结出果子来。

今天教会的问题之一,就是强迫人结果子:「你一定要为主做这样,做那样⋯。」你被勉强去参加各样的活动,而不是直接得到圣灵的引导,白白地浪费许多精力。除非是神在背后、神在引导、神在指

第 15 章

引,除非你是住在祂里面,你自己无法结果子。

你不能够坐下来,说:「啊! 这是我今年要为神做的事,这些是我要努力的方案,还有这是我要达成目标的计划。」神所渴望的果子是最自然的事,只要你住在基督里面,你就能自自然然的结果子。这是自然的作用。所以耶稣说:『你们若不常在我里面,自己就不能结果子。』

约翰福音第15章5节说:『我是葡萄树,你们是枝子。常在我里面的,我也常在他里面,这人就多结果子。』

这是一个在進行的成长过程。从我接受耶稣基督开始,我被接到葡萄树上,成为葡萄树的枝子,我开始从祂那里吸收养分。当我的生命开始结出果子的时候,祂的道就洁净我,让我能结出更多的果子。我常住在主里面,就更多的结果子,『我父因此得到荣耀』,这就是天父所期望的,祂期望我的生命能为祂多结果子。所以耶稣说:『我是葡萄树,你们是枝子。常在我里面的,我也常在他里面,这人就多结果子。因为离了我,你们就不能做什么。』

我在我的圣经这节经文旁边画了一道线,来提醒自己因为我靠自己做了许多事,都失败了。我不知道这些真理甚么时候才会真正的嵌入我的心里,让我明白除了耶稣以外,我什么事都不能做,连去尝试也没用。为神所作的任何事,如果不是由圣灵引导,都是没有价值。『因为离了我,你们就不能做什么。』

我又在这段经文旁边写这保罗在腓立比书第4章13节所说的话:『我靠着基督给我力量的,凡事都能作。』所以这节和上面的经文意义是相同的。离了耶稣,我什么都不能做。靠着耶稣,我凡事都能做。没有什么是困难的。我靠着耶稣,凡事都能做,但是离了祂,就不能作什么。

约翰福音第15章6节,耶稣又说:『人若不常在我里面,』

这里带出一个有趣的问题:一个人是否有可能不常在耶稣基督里呢?如果不可能,那为什么耶稣要在这里提出来呢?祂提出这个观

第 15 章

点，意味着有那个可能。『人若不常在我里面，』

约翰福音第15章6节，耶稣继续说：『就像枝子丢在外面枯乾，人拾起来，扔在火里烧了。』

枝子从树干上被砍下来，就会枯乾。先知以西结告诉我们，折下来的葡萄枝子是没有用处的。它的硬度不够，不能作钉子，又因爲它的组织和表面不够好，不能用来作任何木器。葡萄树的枝子只有一个好处，就是结果子。如果它不结果子，就毫无用处，甚至不能当柴烧，因为它像是朽木，只会冒烟，不能燃烧起来。葡萄树的枝子也不能用来做木器，就是没用。它只有一个目的，就是结果子，就是为神结果子。如果你不为神结果子，那么你就像朽木一样，毫无价值，你这个人就毫无价值。耶稣说：『人若不常在我里面，就像枝子丢在外面枯乾，人拾起来，扔在火里烧了。』

约翰福音第15章7节说：『你们若常在我里面，我的话也常在你们里面，凡你们所愿意的，祈求，就给你们成就。』

现在耶稣谈到祷告这个话题，并且祂在祷告这个题目上，给了一个很宽广的应许：『凡你们所愿意的，祈求就给你们成就。』但这个宽广的应许是给谁的呢？就是给那些常在祂里面，祂的话也常在他们里面的人。祂说：『你们若常在我里面，我的话也常在你们里面』，在这种情况下，『凡你们所愿意的，祈求就给你们成就。』

约翰福音第15章8节说：『你们多结果子，我父就因此得荣耀，你们也就是我的门徒了。』

神呼召以色列民为祂结果子，但是他们失败了。于是神把葡萄园交给了别人。今天教会成了为神结果子的器皿。罗马书第11章21节说：『神既不爱惜原来的枝子，把它们砍下来，也必不爱惜你。』假如我们不能达到为神结果子的目的，那么神会再兴起别人来为祂结果子。

我相信，只要我常在耶稣基督里面，我就有永恒的保障。没有任何权势能从祂手中把我夺走。我对我的永恒保障和救恩，是绝对没有

第 15 章

疑惑,也没有疑虑的。我不会担心说:「啊,神会救我吗?我能坚持到最后一天吗?」我知道我会的,因为除了住在耶稣基督里面之外,就不作别的打算。只要我常在祂里面,我就有永恒的保障。

你说:「如果你没有住在祂里面,那怎办呢?」这是你的问题,不是我的问题。这绝不会进入我的思想里。这些人对永恒保障等等感到苦恼,真是太糟糕,因为只要我常在祂里面,我就有永恒的保障。我不打算作别的事。

耶稣说:『我爱你们,正如父爱我一样;你们要常在我的爱里。』这是约翰福音第15章9节。

加拉太书5:22说,『圣灵所结的果子,就是爱。』神要看到教会结出爱的果子,要有爱的表现。祂不只要语言表达爱,也要有爱的行为表现,就像我们的太太要听到话语的保证,也要有行动的证明。单单是话语的保证,而没有行为,是没什么意义的。但是只有行为,却没有话语也是没有意义的。有时候,我们的太太需要我们说出来。神需要我们用话语向祂表达我们的爱;神也要我们去爱,而且透过行爲表现出爱心。这就是神要求教会,要祂的葡萄园,所结出的果子。啊!巴不得我们能够更丰满的、更完全的表现出我们对神的爱。

约翰福音第15章10和11节说:
- [10] 你们若遵守我的命令,就常在我的爱里,正如我遵守了我父的命令,常在他的爱里。
- [11] 「这些事我已经对你们说了,是要叫我的喜乐存在你们心里,并叫你们的喜乐可以满足。

这是福音书第一次提到耶稣基督的喜乐:『这些事我已经对你们说了,是要叫我的喜乐』。许多人想像耶稣是个非常忧愁的人,他们把福音书中多次记载『耶稣哭了』的经文都记下来,但他们从不记录「祂笑了」的经文。我认为,圣经保持沉默并不证明耶稣没笑过。我个人深信耶稣经常笑,因为圣灵的果子是仁爱,而仁爱的特征就是喜乐。但是,多年来,在教会里有一个不成文的看法,认爲如果你看来越悲伤,就表示你越圣洁,所以那些传道人经常弄得自己看来是苦着脸的,忧心忡忡、很严肃的模样,从不露出笑容,因爲他们不想让

第 15 章

人以爲他们落入肉体的情欲中。他们总是压低嗓子,用很低沉的声调说:「早安,弟兄们,我们今天聚集在这里…」,很沉的声调,让你觉得好像被笼罩在一朵乌云底下。

诗篇16篇11节说:『在你面前有满足的喜乐;在你右手中有永远的福乐。』耶稣在这里谈到祂的喜乐。有趣的是,祂竟然在上十字架前,谈到祂的喜乐。希伯来书12章2节说:『祂因那摆在前面的喜乐,就轻看羞辱,忍受了十字架的苦难』,然后,祂说到祂的门徒都要得到满足的喜乐。『要叫我的喜乐存在你们心里,并叫你们的喜乐可以满足』。

喜乐和快乐有很大的不同。世人疯狂的追求快乐,但是快乐是一种情绪上的经验,而喜乐则是灵性上的经验。因爲快乐是在情绪的范畴里,所以快乐会改变。一个人可以在一瞬间由狂喜变成痛哭流涕。你有没有留意到我们的情绪是多么相似?如果我们任凭情绪发泄出来,我真的会变得很情绪化,一下子开怀大笑,一下突然就哭起来,就是喜极而泣。

我观察我的孙子们,看到他们一下子尖叫又大笑,一下子又撅起小嘴哭了起来。你会想:「哎!到底怎么了?」他们刚才不是快乐得又叫又笑,玩得挺开心的吗?怎么忽然哭起来?因为他们是在情绪的范畴中。我们的情绪会改变,也变得很快!

所以主没应许赐给我们快乐,因为快乐不长久。主应许给我们喜乐,因为喜乐是灵里的经验,比情绪的层面更深入,是一种常存的喜乐,是不改变的。虽然我的外在环境会发生巨大的改变,但因爲那是喜乐,所以喜乐不会随着外在环境的变化而改变。喜乐是恒久的。

假如你对我说:「啊!查克弟兄,我真的山穷水尽了,需要一万元付这些账单,不然他们要取消我的抵押。」我可能坐下来,写一张一万元的支票给你,说:「喏,拿去吧!」你高高兴兴地离开,说:「噢!太好啦!」你一路笑着到银行去兑现支票,但当他们告诉你:「哎!他的户头没足够的钱来兑现呀!」那么你的快乐就一瞬间变成忧愁了,因爲外在的环境改变了,可是喜乐却不会改变。

第 15 章

主希望我们的喜乐可以满足。主在最后与祂的门徒谈话中，两次提到满足的喜乐。 而在这里，满足的喜乐是与祷告的生活密切相关的。啊！能花时间，在祷告中与天父相近，并看到祷告蒙神应允，是何等喜乐啊！祷告得蒙神的垂聽，是何等喜乐呀！所以，喜乐与我们的祷告生活相关的，『叫你们的喜乐可以满足』。

约翰福音第15章12节后半节说：『这就是我的命令』。

耶稣说过：「你们遵守我的命令，就常在我的爱里」。祂的命令是什么？
就是：『你们要彼此相爱，像我爱你们一样；这就是我的命令。』

虽然只是一个命令，但这个命令一点都不简单。主仅仅给我们一个命令：『你们要彼此相爱，像我爱你们一样』。我说过，神要我们结出的果子，就是爱。耶稣说：『因为离了我，你们就不能作甚么』。单凭你自己要结出爱的果子，是不可能的，你办不到！因为这是与主建立关系以后所结的果子。我在主里面，主的话也在我里面，我就被祂的话语洁净，然后我的生命就能结出累累的果实。神的爱要从我的生命中流露出来，触摸在我周围的人的生命。这不是靠我的挣扎、努力作得到的，而是藉着住在耶稣里面所产生的自然结果。主的爱开始从我的生命流露出来，去感动其他的人，这真正证明基督确实内住在我里面，也证明我是祂的真门徒，因爲我有祂这种爱。所以主说：：『你们要彼此相爱，像我爱你们一样；这就是我的命令。』

然后祂宣告说：『人为朋友舍命，人的爱心没有比这个大的。』这是约翰福音第15章13节。

耶稣说：「我赐给你们的就是这种爱；我要为你们舍命，来证明我爱你们。我也要你们这样彼此相爱，藉着一种自我牺牲、施与的爱，愿意为彼此舍命。」

第14节，耶稣又说：『你们若遵行我所吩咐的，就是我的朋友了。』这个命令就是要我们彼此相爱。

第 15 章

第15节:『以后我不再称你们为仆人,因仆人不知道主人所做的事。我乃称你们为朋友;因我从我父所听见的,已经都告诉你们了。』

有趣的是,虽然耶稣宣告这个新的关系,是朋友而不是主人和仆人的关系,但新约的作者都用仆人这个词来描述他们与耶稣的关系。例如:保罗称自己为『耶稣基督的仆人保罗』;犹大自称是『耶稣基督的仆人。』。彼得自称是『耶稣基督的仆人』;雅各也称自己为『主耶稣基督的仆人』。虽然耶稣说:『我乃称你们为朋友』,但惟有当我完全降服在主面前,服事祂的时候,我才知道并意识到我有真正的生命。

现在耶稣宣告说:『不是你们拣选了我,是我拣选了你们』,这是约翰福音第15章16节上半节。

对我来说,神拣选我,的确是令人兴奋的事!神什么时候拣选了我?在以弗所书1章4节说:『神从创立世界以前,在基督里拣选了我们』。

值得注意的是,我们传福音的时候,往往强调人必须选择耶稣基督。实际上,耶稣说:『不是你们拣选了我,是我拣选了你们』。保罗在以弗所书第1章列举属灵的福气的时候,他说:『愿颂赞归与我们主耶稣基督的父神,他在基督里,曾赐给我们天上各样属灵的福气。』当他列举这些在天上各样属灵的福气的时候,他把什么福气排在第一位?就是神的拣选,神拣选他。

实际上,神的拣选应该排在我们的第一位,因为如果神没有拣选我们,那么其馀的福气都得不到。但是,因爲神拣选了我们,所以其馀的福气也都跟着来。神拣选别人的话,你会感到不安吗?当然,如果你已经蒙神拣选了,你就不会不安。我真有福气,因爲神拣选了我。

可是,当我一领悟到这个真理,我的心思马上要说:「等一等!如果神拣选了一些人,那么对某他人就不公平了。神应该是公正的,不是吗?祂只选择那些可以得救的人,那么其他的怎办呢?这算公平吗?」使徒行传第13章48节说:『凡预定得永生的人都信了。』耶稣说:「我拣选了你们,并且分派你们作我的门徒。」而使徒行传说:『凡预定得永生的人都信了。』这就解释了上面的疑问了,不是吗?这

第 15 章

是神的工作！『救恩是出于耶和华。』若不是天父吸引人，没有人会到耶稣基督的跟前来。『神从创立世界以前，在基督里拣选了我们，使我们在他面前成为圣洁，无有瑕疵』；又在主的爱中，为祂结出祂所喜悦的果子。

神究竟根据什么标准来拣选人呢？请不要挑神的毛病；不要急着论断神。神所作的拣选都是根据祂的全知、根据祂的全知和预知。因为祂是全知的，祂什么都知道，当然我无法想像神是怎样思想的。如果你打从一开始就知道所有的事情，那你怎么还会有问题呢？你知道事情要怎样进展；你也知道它的结果。我根本无法想像这种思考的方式。当然，如果我能这样想，我的决定就会有所不同，我也决不会把事情搞砸。要是每件事我都知道，那我就会做正确的决定。我会按已知的来做决定，傻瓜才不这么做！

神知道那些对祂的爱和恩典有回应的人。因此神根据祂的预知，就是祂知道这些人将是在基督里的，来拣选他们。我感谢神拣选了我。司布真在这个议题说得挺有意思的，他说：「神是在我未出生以前就拣选了我，这是件好事！因为在我出生后，相信祂一定不会拣选我。」我知道司布真是在说笑，神在他还没出生就拣选了他，因为神完全认识他，而且神知道他这个人一生的结局，就像知道我们一样。神知道我们所有的事，但祂还是拣选我们，是不是很棒呢？全是神的恩典啊！

耶稣对门徒说：『不是你们拣选了我，是我拣选了你们』。别人鼓励我选择耶稣，我选择了祂，相信了祂。我一信了耶稣，祂就对我说：「不是你拣选了我，是我拣选了你」。

约翰福音第15章16节，耶稣继续说：『并且分派你们去结果子，叫你们的果子常存』。

我非常重视主的这番话，不但要结果子，还要结出常存的果子。许多人批评我，说我没在讲完道后，强烈的呼召人接受救恩。我没有站着、流泪、请求人接受耶稣基督。我只告诉他们，如果想要得救，可以去找个牧师一起祷告。我不诉诸强烈的情绪，所以有些人就说我做错了。但是如果圣灵在一个人的生命中作工，他一定会回应，

第 15 章

我们无法作任何事去催逼他。救恩是神的工作,这一点我们必须知道。

我不期望又许多人对诉诸情绪的呼召做出回应,让我可以记录数目说:「因为我不断请求他们,不断的要求他们,所以有20个人接受耶稣。」其实,我怀疑一年以后究竟在同一批人当中,还有多少仍然跟随主?常存的果子,『叫你们的果子常存』。

有人在幕迪举办的布道大会过后,作了一个有趣的研究。这个研究发现,在幕迪布道会中出来决志的人,五年后,有85%已经不继续过基督徒生活了。如果你读过幕迪的讲道词,或者知道他的事工,你知道他通常是以一个真实、感人流泪的故事来结束布道信息,这些人在情绪上被打动,但不是很深刻,那不是常存的果子。

相反的,芬尼博士则藉着神的道进行非常强而有力的传道事工。他没当传道人之前是个律师,所以他能够把圣经非常逻辑的、有条不紊的讲出来。成千上万的人在芬尼博士的聚会中、在芬尼博士的奋兴会上接受耶稣。

有人在不同的社区作过调查,发现那些在芬尼博士的聚会中出来决志的人,五年后,有85%仍然跟随主。他们的信心不是建基于情绪上的诉求,或一时情感的冲动,而是建立在神话语的事实上。而且他们的信心是建立在神的道上。那就是常存的果子。『叫你们的果子常存』。

我相信神呼召和按立了幕迪,也相信神呼召和按立了芬尼博士;我相信神让幕迪传福音给芬尼博士所传不到的人,而芬尼博士传福音给幕迪所传不到的那些人。当然德怀特.慕迪是神赐给美国历史上最伟大的布道家之一。神使用不同的方法传福音给不同的人;使用不同的器皿传福音给不同的人。

所以,弟兄姐妹,我盼望自己不只是结果子,而且能结常存的果子。所以我不在乎果子的数量,而是在乎透过我的事工所结出的果子的品质。所以,我们要花更多时间查考神的话。

第 15 章

约翰福音第15章13节说，『现在你们因我讲给你们的道，已经干净了。』因为只有神的话语才能结出许多的果子，也让这些果子能常存。

在16节下半节耶稣继续说一些有意思的话，祂说：你们『无论向父求什么，他就赐给你们。』

现在耶稣又回到祷告的话题上，要奉祂的名向父神祷告。我确实相信我们应该要奉耶稣的名向父神祷告。我认为，耶稣为我们设立这个模式。在第14章那里，祂说：『你们奉我的名，无论求甚么，我必成就，叫父因儿子得荣耀。』祂再次说：『使你们奉我的名，无论向父求什么，祂就赐给你们。』不是「祂将要」。

这节经文有一个重大的问题，你必须注意。耶稣没有说天父将要赐给你们，而是说天父就赐给你们。这表示天父一直就想要赐给你们，而祷告就为你们打开了这道门，将祂从开始就想要赐给你们的东西赐给你们。许多人以为祷告只是一段作报告的时间，要告诉神我所有的困难，可能祂还不知道！然后，我要把我的解决方案呈交给祂，希望祂照我的办法去替我解决。因为我处理这些问题太久啦，所以我必须想出办法怎样解决。我已经想到了怎么解决，所以我开始祷告，主就开始在这里动工，那里动工，把这处理处理，把那也处理处理，我是在指示神怎么去解决我的问题。

我没有让神来指示我的祷告，也没有为这个需要来祷告，但是因为我已经想好神可以满足我的需要的方法，所以，我的祷告是指示性质的祷告，我在指挥神怎样解决我的问题，因为我把一切都想好了，认为这是最好的方法。

有时候，我对神感到失望，因为祂没有照我的指示去做！祂总是不按我的方法去做！于是我想：「啊！神不听我的祷告，我已经告诉祂这样做，指示祂方法，应该这样的！如果祂做这个、还有这个，那不就解决了吗？然后我就可以处理了。我已经给祂方法了，祂就是不照我的指示。」有时候，因为神不照我的指示，我就生气。但是，有个早上我起来，发现祂已经把事情办妥了，祂用了我想不到的，更聪明的方法处理好了！真是聪明！主啊！太好了！祂真的垂聼我真诚的

第 15 章

祷告，但祂不是照我的方法去做。

这是很重要的，当我们祷告的时候，与其指示神怎样把问题解决，倒不如把整件事摆在祂面前，说：「主啊！我知道你比我聪明，就照着你看为适当的方法去做吧！」这样我打开了门，让神照祂的想法来为我解决。祷告是与神的旨意达到一致，让神做祂想要做的事。有些人说，你要给神详细的指示，不然，祂不知道怎样垂听你的祷告，我是完全不同意这种看法的。

有个传道人写了一本书，书上讲到他向神求一部自行车，他祷告了很久，神还没给他。有一天他说：「主啊！我一直求你给我一部自行车，你为什么还不给我呢？」主回答说：「你从没告诉我你要哪一种。」可怜的主，祂居然不知道他要的是哪一种，祂必须等那人来告诉祂：「我要十段变速并且有绿色和银色条文的自行车。」

我不能接受这种说法！耶稣说：『你们没有祈求以先，你们所需用的，你们的父早已知道了。』所有我所祈求，想得到的东西，只要是正确的，在我还没开口去求以前，神已经决定要给我了。我的祈求为神打开了门，让祂照祂自己的旨意来为我解决。

『你们的父就赐给你们』，不是「你们的父将要赐给你们」。你的天父要赐福给你；你的父要垂听你的祷告，祂等着要为你行奇妙的事，但是祂也赐给你选择的能力，祂不会侵犯你的选择，也不会违背你的意志而行。祷告是同意让神凭祂的旨意为你行事，使祂能够将祂想要给你的东西赐给你。

接着，耶稣再次强调爱的重要。

约翰福音第15章17节：『我这样吩咐你们，是要叫你们彼此相爱。』

我们读到许多关于遵守主的命令的经文，这让我们对祷告有信心，因爲我们知道：『我们一切所求的，就从他得着；因为我们遵守他的命令』。祂的命令是什么呢？就是要我们彼此相爱。这正是神要从祂的葡萄园寻找的果子，祂期望看到爱从祂那儿流到我们里面，再通过我们的生命流到弟兄姊妹彼此的生命中，让神把我们对主内弟

第 15 章

兄所怀的一切苦毒、仇恨、恶意或别的什么都除去,使我们真正彼此相爱,像祂爱我们一样。求神帮助我们,啊!当我们常在耶稣里面,耶稣也住在我们里面的时候,愿圣灵所结出的果子从我们生命中冒出来。

接着,耶稣告诉他们将会在一个与祂对立的世界中面对的问题。
约翰福音第1章10和11节说:
  [10] 他在世界,世界也是藉着他造的,世界却不认识他。
  [11] 他到自己的地方来,自己的人倒不接待他。『祂到自己的地方来,自己的人倒不接待祂。』
耶稣像是个外星人来到了地球,祂从没有定居成为世界的公民,祂是个外人。

耶稣说:『世人若恨你们,你们知道,恨你们以先已经恨我了。』这是约翰福音第15章18节。

你不要感到惊讶,他们恨你是因为你爱耶稣,因为你和耶稣的关系。你要知道,他们恨你以先,已经先恨耶稣了。

约翰福音第15章19节,耶稣继续说:『你们若属世界,世界必爱属自己的;只因你们不属世界,乃是我从世界中拣选了你们,所以世界就恨你们。』

圣经教导我们:『不要爱世界,和世界上的事。人若爱世界,爱父的心就不在他里面了。』这是约翰一书 2章15节 经文教导我们,不要爱世界;而且圣经在这里也告诉我们,世界不会爱我们。你们若属世界,或属于他们的系统,他们必会爱你,因为他们必爱属自己的。但是你们不属世界,这是很严肃的事,足以促使我们每一个人好好去审察世界对我们的态度。他们是否称赞我是大好人?他们有没有拍拍我的背,说我做得真好?如果是这样,那我要躲到衣橱里去忏悔,并求神饶恕我,因为『你们若属世界,世界必爱属自己的。只因你们不属世界,所以世界就恨你们。』
约翰福音第15章20节『你们要记念我从前对你们所说的话:『仆人不能大于主人。』他们若逼迫了我,也要逼迫你们;若遵守了我的话,也要遵守你们的话。』

第 15 章

你不是比主大,如果他们恨主,他们也会恨你;如果他们逼迫主,也要逼迫你。

约翰福音第15章21节:『但他们因我的名要向你们行这一切的事,因为他们不认识那差我来的。』

耶稣说:
- [11] 「人若因我辱骂你们,逼迫你们,捏造各样坏话毁谤你们,你们就有福了!
- [12] 应当欢喜快乐,因为你们在天上的赏赐是大的。在你们以前的先知,人也是这样逼迫他们。」这是马太福音5章11和12节。

如果你被世界迫害,或遭到世界取笑,你要确定你是为着基督的缘故而遭受逼迫的,而不是因为你是个令人讨厌的人。我读大学的时候,认识一个最叫人讨厌的女孩。她有独特的个性,这样说是恭维她了。她是个说话很大声的女人,受过歌剧训练,声音的宏亮可以和著名的男高音恩里科·卡鲁索相比。晚上,我经常搭公车回家,偶尔和她搭同一班车。当她从在车厢后面看到我的时候,会用那把唱歌剧的嗓门大声说:「赞美主!弟兄!」所有的人,包括我在内,都转头看她是对谁说话。但是好像全车的人都知道她是叫我。她甚至扰乱课堂,当有人说个笑话,惹得哄堂大笑的时候,她笑得比谁都大声。

有一天,我鼓足勇气念一节经文来教训教训她:『妇女在会中要闭口不言……,他们总要顺服』她走开的时候却说:「感谢主,我受到逼迫了。」但我不是为公义、或爲主的缘故迫害她,只是因为她就是那么令人讨厌!像这种因爲叫人厌烦、或因厚颜无耻,或什么的所遭到逼迫,是没有赏赐或特别益处的。但是,如果你真是为基督的缘故受苦, 并知道你为主受苦,也与祂一同受苦,那么将来你要与祂一同掌权。

耶稣说:『他们若逼迫了我,也要逼迫你们;但他们因我的名要向你们行这一切的事,因为他们不认识那差我来的。』

约翰福音第15章22节:『我若没有来教训他们,他们就没有罪;但

219

第 15 章

如今他们的罪无可推诿了。』

每个人要为他所知道的负责任，而不需要为他所不知道的负责任。当神审判人的时候，是根据他们所领受的知识。知识的多寡决定责任的大小。圣经说：『那些从没听过福音的人比听过又离去的人还好。』你说：「好啊！这样最好我从没聽过福音。」可惜现在太迟了！你已经听到福音，你就要负责任了。知识必然带来责任的。耶稣说：『我若没有来教训他们，他们就没有罪；但如今他们的罪无可推诿了。』

约翰福音第15章23和24节，耶稣又说：
[23] 恨我的，也恨我的父。
[24] 我若没有在他们中间行过别人未曾行的事，他们就没有罪；但如今连我与我的父，他们也看见也恨恶了。

耶稣在这里对那些犯罪、得罪了神所赐给他们真理的亮光的人，做出何等严厉的控诉！

约翰福音第15章25节说：『这要应验他们律法上所写的话，说：『他们无故的无缘无故的恨我。』』

假如你分析那些憎恨耶稣的人，他们实在是无缘无故的。但有趣的是，有许多人确实是毫无理由的恨恶耶稣，你知道，除了耶稣以外，他们可以很理性的和你天南地北地聊世界上任何话题。一旦说到耶稣，他们就变得毫无理性，他们会光火，甚至还用暴力。他们是正常、理性的人，却充满了憎恨，你问他们：「为甚么这么恨耶稣？」他们无法回答，因为没有原因，他们不知道爲什么，就是有仇恨在他们里面。

约翰福音第15章26节说：『但我要从父那里差保惠师来，就是从父出来真理的圣灵』。
请你注意，耶稣在教导祂门徒的最后谈话中，经常把父、子和圣灵的关系连结起来，并且指出这三者的关系，说：『但我要从父那里差保惠师来，就是从父出来真理的圣灵。』而在这里，第26节，祂说：『但我要从父那里差保惠师来，当我差祂来时，就是从父出来真理的

第 15 章

圣灵。祂来了,就要为我作见证。』

你留意父、子和圣灵是互相连结的。圣灵是经耶稣的要求,由父差派下来,为耶稣作见证的,『就要为我作见证』。

约翰福音第15章27节说:『你们也要作见证,因为你们从起头就与我同在。』

耶稣对祂的门徒谈话时,宣告说,他们和圣灵都要为祂作见证,『因为你们从起头就与我同在。』

除了耶稣列出的那十二个使徒之外,还有许多人跟随祂的。但是到底还有多少人跟随祂作门徒呢?我们不知道!后来,门徒聚集在一起,彼得站起来讲话,他说:「我们要选一位从起头就与基督同在的人,来代替犹大。犹大已经丢弃,往自己的地方去了。我们要填补他在十二使徒中的遗缺,所以我们要从那常与我们作伴的人中立一位与我们同作耶稣复活的见证。他要取代加略人犹大做使徒。」所以,这是挺有意思的,他们拣选的其中一个条件,就是要从起头就与基督同在的。

耶稣说:『你们是我的见证,你们也要作见证,因为你们从起头就与我同在。』就是指祂在世上事工的开始。

第 15 章

第 15 章

第 16 章

第 16 章

我们继续查考约翰福音第16章。

首先我们要明白约翰福音第16章的背景，在这之前，耶稣和门徒一直在楼房里。祂与祂的门徒吃主餐就是最后的晚餐的时候告诉他们，从今以后，祂不再喝那葡萄汁，直到祂在祂父的国里同他们喝新的那日子。晚餐后，耶稣洗门徒的脚，给他们树立服事的榜样，就是作爲仆人的例子。然后耶稣在楼房上告诉他们，他们藉着圣灵能够与圣父及圣子有美好的关系，祂又说，祂要离开，但祂还会再回来。祂现在要回到父那里去。然后他们就离开楼房。

这时，十字架就在祂的面前，祂心里很清楚。门徒们并不理解，但是主知道这将是跟他们谈祂的心底话的最后一次机会。所以从约翰福音第15章的记载，我们看到也许耶稣跟祂的门徒正在步行，走在楼房和客西马尼园这段路程之间，耶稣跟他们谈话，宣告祂是葡萄树，是真葡萄树，天父是栽培的人；神对他们生命的目的，是要他们结出许多果子。神所寻找的果子，就是爱。祂要我们彼此相爱，如同祂爱我们一样。祂所强调的是结果子，结出彼此相爱的果子。

约翰福音第16章第1节，耶稣继续说：『我已将这些事告诉你们，使你们不至于跌倒。』

实际上，耶稣告诉门徒将发生在他们身上的事：「你们进入外面的世界，他们会逼迫你们，他们不会接纳你们。如果你们是属世界的，他们就会接纳你们；但是你们不属世界。」耶稣说：「现在我还要告诉你们，好让你们知道当世界不接纳你们的时候，你们就不至于被除灭。」

有趣的是，在我们的思想里不知怎的会成爲理想主义者，我们倾向于认爲，要是一个人过诚实、正直的生活，那么每个人都会尊重他、欣赏他。但是，不知道你有没有读到有些人所面对的麻烦，他们就是因爲诚实，把捡来的钱交给警察，所以他们收到各种憎恨的信件，遭到邻居的威胁，结果很多人只好被迫搬走。他们的邻居对他们如此的诚实感到不满，骚扰他们，说他们是笨蛋，骚扰他们，因爲他们诚实。

第 16 章

所以耶稣说:「我要在事情还没发生前,先告诉你们,『我已将这些事告诉你们,使你们不至于跌倒。』

约翰福音第16章2节说:『人要把你们赶出会堂,并且时候将到,凡杀你们的就以为是事奉神。』

当使徒保罗还是个大发热心的法利赛人的时候,他确实做了这样的事。当他们用石头打司提反的时候,保罗说:『我也喜悦他被害。』保罗替那些要用石头打司提反的人拿外套,毫无疑问的,他耸动他们用石头把司提反打死。保罗在腓立比书第3章宣称,以前他对神的热心,就是逼迫教会。那时他以为那就是服事神了。

约翰福音第16章3节说:『他们这样行,是因未曾认识父,也未曾认识我。』

有趣的是,这些人那么沈迷传统的犹太教,耶稣却对他们说:『他们未曾认识父』。我相信,你也可能太沈迷基督信仰的传统,以致不真正认识子。即使知道所有教会的传统,也可能被这些传统束缚、捆绑。但是,也有可能你对基督徒参加教会等等这些方面来说,你很虔诚,可是你却没有真正的以真实和亲密的方式认识耶稣。我们必须预防这样的事发生,让我们不陷在宗教仪式里,而是要在耶稣基督里面,与祂建立个人的关系。许多时候,变得很虔诚,会形成与主建立关系的真正障碍。神啊!求你使我们敞开!神啊!求你让我们有弹性!不是固步自封,限制在一个宗教系统里。神啊!求你防止我们落入宗教系统里,失去与耶稣真正的关系。

耶稣说:「当他们杀害你们的时候,他们以为自己是在事奉神,因为他们真的不认识圣父和圣子。」

约翰福音第16章4节,耶稣继续说:『我将这事告诉你们,是叫你们到了时候可以想起我对你们说过了。我起先没有将这事告诉你们,因为我与你们同在。』』

耶稣是说:「我在那里做你们的盾牌,抵挡他们的击打, 并回答他们的指控。我以前没有告诉你,因为我与你们同在。但是现在我要离

第 16 章

去。你们要独自面对,他们爲我的缘故要逼迫你们,因爲你们要奉我的名行事。」真的,我们读使徒行传的时候,就发现这些事确实发生。他们因耶稣基督的名,也因奉祂的名事奉,受到逼迫。

约翰福音第16章5节『现今我往差我来的父那里去』。

耶稣要回到天父那里去。

约翰福音第16章5节继续说:『你们中间并没有人问我:『你往那里去?』』

耶稣在约翰福音第14章对门徒说:
- [3] 我若去为你们预备了地方,就必再来接你们到我那里去,我在那里,叫你们也在那里。
- [4] 我往那里去,你们知道;那条路,你们也知道」
- [5] 多马对他说:「主啊,我们不知道你往那里去,怎么知道那条路呢?」

多马并不是说:「你往那里去?」他只说:『主啊,我们不知道你往那里去』。他们没有一个人问:「主,你要去那里?」耶稣一再说:「我将要离去。」但是他们并没问祂:「你要去那里?」

约翰福音第16章6节,耶稣接着又说:『只因我将这事告诉你们,你们就满心忧愁。』

现在我说:「我要去了,你们都很难过,但是你们不问:「你要去那里?」如果他们问::「你要去那里?」他们就知道祂是往父那里去。当然,在第16章这里显示出来。如果他们知道祂是往父那里去,他们就不会忧愁了。事实上,他们会爲耶稣欢喜,虽然他们还是可能爲自己难过。

约翰福音第16章7节说:『然而,我将真情告诉你们,这是必须的,我去是与你们有益的』。

这是必须的。

第 16 章

约翰福音第16章7节继续说：『我若不去，保惠师就不到你们这里来；我若去，就差他来。』

当耶稣取了人的身体，祂必然受到人体的特定限制。人体的其中一项限制，就是地方。你的身体只能在一个地方出现一次。有时候，这是令人苦恼的。有时候，我巴不得我的身体能够同时在两个或三个地方出现，但只要我还在这个肉体里，就不能这么做。有时候，我的身体在一个地方，我的心却在另一个地方。这个身体是受限于地方。但不久之后这些门徒要被赶散，他们要把福音带进世界里。到那时候，如果耶稣还在肉体里，是不可能与所有的门徒同在的。

当保罗往居比路和以弗所去的时候，如果主和保罗一起去，祂就不能和彼得、约翰一起同耶路撒冷了。所以，他们现在出去传福音的时候，耶稣离开他们，回到父那里去是必要的。耶稣要恢复属灵体的状态，不再受肉身的限制，才能差派圣灵来，圣灵是不受地方限制的，不管他们去哪里，圣灵都能与他们同在。现在耶稣是在灵里，不受地方限制。所以，祂对门徒说：「看哪！『我就常与你们同在，直到世界的末了。』

爲了以这种方式与你们同在，我必须离开，免受这个身体的限制。这样，神就能够无所不在。圣灵，保惠师才能来。」在第14章那里耶稣说：「我离去的时候，要差圣灵到你们这里来，『我要求父，父就另外赐给你们一位保惠师，就是真理的圣灵，叫他永远与你们同在』。」在16章这里，耶稣再次应许差圣灵来。

约翰福音第16章8节，祂又说：『他既来了，就要叫世人为罪、为义、为审判，自己责备自己。』

这时候，耶稣详细地讲述祂说的圣灵的责备。对我来说，这个详述是非常有趣的，因爲跟我所想的不一样，圣经讲到圣灵责备世界的罪。当祂责备罪的时候，我想到人所做的一切可怕的事。我想到谋杀、欺骗、说谎等等所有这些事。但耶稣说：『为罪，是因他们不信我；』这是约翰福音第16章9节后半节。

挺有趣的陈述！因爲你知道，只有一个至于死的罪，那就是不相信

第 16 章

耶稣基督的罪。我不关心你做过什么事,我没必要知道你过去做了什么事,你可以把过去隐藏起来。我知道:耶稣基督,就是神的儿子的血洁净人所有的罪,无论是什么样的罪。当人们站在神面前的时候,只有一个罪真正能定人的罪,那就是不相信耶稣基督。『要叫世人为罪责备自己,是因他们不信我』。

耶稣对尼哥底母说:
  [17] 因为神差他的儿子降世,不是要定世人的罪,乃是要叫世人因他得救。
  [18] 信他的人,不被定罪;不信的人,罪已经定了,因为他不信神独生子的名。

不是因爲他是个骗子、小偷、奸夫、谋杀犯,而被定罪。他被定罪,乃是因爲他不信神的独生子。这就是他的罪。『光来到世间,世人不来就光』,所以神要审判你,因爲你不相信祂藉着耶稣基督所为你预备的救恩。

接着,圣灵要爲义作见证。

对我来说,似乎我们所见证的公义,往往说:「人应该要这样行事爲人的。你应该行在爱中;你应该行在真理中;你应该行在怜悯中,你应该行在诚实里。」所有这些事都向我们显示一条正确的道路,以及我们彼此之间应有的正确关系,向世界见证义,或责备世界的义。

但是在约翰福音第16章10节,耶稣说:『为义,是因我往父那里去,你们就不再见我』。

真是有趣的陈述!耶稣的意思是,今天,我们对义,有许多按照人的想法所设立的不同标准。甚至在教会肢体里,对于义也都有不同的标准。在一些教会里,女人化妆,或看起来穿着不得体,都是不义的。我觉得有意思的是,美国的教会都反对喝酒。我个人也反对。但是,在瑞典这个国家,基督徒认爲喝喝啤酒不是问题。当我们到瑞典的时候,和一些传道人一起出外吃饭,对方会问:「你想喝啤酒吗?」我对此感到惊讶。但是他们中间有些人却对师母喝咖啡感到震惊。他们说:「啊!弟兄!我们会爲你祷告的。」
所以,很多时候,义的标准是因爲文化的不同而有所差别。某个社

第 16 章

会的道德和义的标准，往往是由人们互相比较所设定的。当我想到义的标准的时候，我朝周围看看说：「我比他好。我不会那样做。」看着别人的错误，我有时会为自己沾沾自喜，自以爲义，说：「天父，我感谢你，我不像其他人，因爲我不做他们所做的那些事。主啊，我做这件事。」但是耶稣说：「你跟别人相比是不对的。因爲我不在乎你是多么义的，或我是多么义的，『我们的义，若不胜于文士和法利赛人的义，断不能进天国』。

依照外在的公义以及律法的公义来说，文士和法利赛人的义是远远超过我们所能梦想达到的。文士和法利赛人穷他们的一生都在尝试遵行律法上最微小的律例，解释这些律例并且彻底遵行律法最细微的要求。而使徒保罗可以见证他自己作爲法利赛人的经验，他说：『就律法上的义，我是无可指摘的。』

但是在马太福音5章20节耶稣说：『我告诉你们，你们的义，若不胜于文士和法利赛人的义，断不能进天国。』你知道这使门徒感到沮丧吗？因此他们说：「好吧！还有什么用？我们再回去捕鱼吧！我们不可能做到的。我放弃了。」如果你认爲这很困难，那么聼聼耶稣怎样结束祂的信息，祂说：『所以你们要完全，像你们的天父完全一样。』这是马太福音第5章48节。

这下完了！我被淘汰了！尽管不愿承认，可我是不完美的。你或许不相信我的话，我太太会很乐意证明这点。如果我的公义必须胜过文士和法利赛人的义；如果我不看周围的人而设立公义的标准，那么神所接受的公义标准在那里呢？如果祂不接纳文士和法利赛人严格的标准的话，那么祂接纳什么样的标准呢？

耶稣说：『圣灵要爲义责备世界，是因我往父那里去』。耶稣升天，回到天父那里去，圣灵见证这就是神能够接受的公义，也就是胜过文士和法利赛人的义，以及父神所接纳的义。

当保罗提到就律法的义他是无可指摘时，他说：

『只是我先前以为与我有益的，我现在因基督都当作有损的。不但如此，我也将万事当作有损的，因我以认识我主基督耶稣为至宝。

第 16 章

我为他已经丢弃万事，看作粪土，为要得着基督。并且得以在他里面，不是有自己因律法而得的义，乃是有信基督的义，就是因信神而来的义。』腓立比书3:7-9

超过文士和法利赛人的义才是天父会接受的义。如果我想要天父接纳我，想要进入天国，我必须以耶稣基督的义进入，其它的都不行。即使你说自己是个道德家，再怎么有道德、诚实、良善、仁慈，靠你自己都做不到。我们需要的是耶稣基督。我们需要的是相信祂。因为相信祂，我们的罪得赦免。我不再被定罪。相信祂，我就有基督的义。

耶稣又说：『为审判，』(约翰福音16:11)

启示录记载，将来有一个白色大宝座的审判，神坐在宝座上审判世界。

启示录第20章12到15节说：

- [12] 我又看见死了的人，无论大小，都站在宝座前。案卷展开了，并且另有一卷展开，就是生命册。死了的人都凭着这些案卷所记载的，照他们所行的受审判。
- [13] 于是海交出其中的死人；死亡和阴间也交出其中的死人；他们都照各人所行的受审判。
- [14] 死亡和阴间也被扔在火湖里；这火湖就是第二次的死。
- [15] 若有人名字没记在生命册上，他就被扔在火湖里。

但这不是圣灵所见证的审判。

约翰福音第16章这里说的是另一个审判，是基督审判台前的审判。所有的基督徒都必须站在基督台前去面对他们在肉体里所做的事，不管是善、是恶。我们的善行要受火的审判，被焚烧后，剩下的要得到赏赐；要判定我们做的是什么工作。我们内心的动机也要受到试验。耶稣说：『你们要小心，不可将善事行在人的面前，故意叫他们看见。若是这样，就不能得你们天父的赏赐了。我实在告诉你们，他们已经得了他们的赏赐。』

如果你这样做只是想展现自己，让人们看着你说：「噢！他真体贴！

第 16 章

他真棒！他真好！不是吗？」如果这就是你做事的动机，你希望人们夸奖你、给你鼓掌喝彩，那你就从人那里领受了你一切的赏赐。我们必须在神面前行义，而不把人的注意力吸引到我们身上。在马太福音5章16节，耶稣说：『你们的光也当这样照在人前，叫他们看见你们的好行爲，便将荣耀归给你们在天上的父。』

所以，我们将站在基督台前接受审判。就在那里，我们要按照自己怎样跑这一生的路来得到赏赐。但这不是圣灵所说的审判。

耶稣说：『为审判。是因这世界的王受了审判。』这是约翰福音第16章11节。

真是有趣！祂说的不是我们的审判，而是这世界的王要被审判。世界的王要在那里受审判？祂要在十字架上受审判。保罗在歌罗西书第2章15节那里告诉我们，基督『既将一切执政的掌权的掳来，执政的掌权的，就是那些邪灵的等级，明显给衆人看，就仗着十字架夸胜。』这世界的王已经被审判了。基督在十字架上已经打败了撒但。

撒但有巨大的权势。当神创造世界，把人安置在当中的时候，神给人管理世界的主权。神对亚当说：「你们『管理海里的鱼，空中的鸟，地上的牲畜，和全地，并地上所爬的一切昆虫』都交给你们管理。」但是人在伊甸园，却将主权拱手让给了撒但。所以人不再是世界的管理者，撒但反成了世界的统治者。我们今天看到在撒但的管制下的悲惨结果，人们在战争中，在苦难中，所有这些惨痛的后果都是撒但统治所导致的。

我们祷告说：『愿你的国降临。愿你的旨意行在地上，如同行在天上。』但是你们还没看到这个实现。正如我们在希伯来书里读到：『叫万物都服在耶稣的脚下』，但我们还没有看到万物服在祂的脚下。我们仍然看到世界背叛神，我们仍然看见我们所住的世界背叛神的后果。

有一天，藉着神的恩典，我们会住在神要我们住的国度里。旧约圣经有对这国度的美好描述：『豺狼必与绵羊羔同居，豹子与山羊羔同卧。少壮狮子，与牛犊，并肥畜同群。小孩子要牵引他们』。『旷野

第 16 章

和干旱之地必然欢喜;沙漠也必快乐;又像玫瑰开花,那时,瘸子必跳跃像鹿;哑巴的舌头必能歌唱。在旷野必有水发出;在沙漠必有河涌流。』哑巴必向神唱赞美诗;瞎子要看到我们耶和华的荣耀。不会再有肉体的疾病,因为以前的事都将会过去,一切要变成新的。再也没有悲哀或痛苦,因为你将看到世人与神和谐同在;你所要看到的世界正如神所预备的和祂所期望的那样。

但是现在,我们看到的却是一个悖逆的世界。我们看见人被撒但所辖制。圣经告诉我们,撒旦在违抗他们的意愿下,仍将他们掳去。保罗说:「让我们从仇敌手中把他们夺回来」,『他们已经被魔鬼任意掳去』。保罗告诉我们:这世界的神『叫他们瞎了眼』,看不见真理。今日人们看不见真理,他们被撒但的权势捆绑,心眼被它蒙蔽。我们看见世人作无用的挣扎,试图使自己从黑暗的权势中得到释放。

圣灵为义、为审判,责备这个罪恶的世界,因为世界的王被审判。这意思是说,你不必在撒但的权势底下; 你不必在败坏的束缚底下,因为耶稣基督在十字架上胜过了撒但,基督的得胜就成为你的得胜。而且藉着耶稣基督的能力,你能完全胜过,并能控制世界、肉体和邪恶。你不必在撒旦的权势下。实际上,今日撒旦所掌控的,只是篡夺得来的权势和权柄,并不真正属于牠的。

你记得吧?当扫罗王不顺服神,神拒绝他作以色列王的时候,神对撒母耳说:『你为他悲伤要到几时呢。你将膏油盛满了角,我差遣你往伯利恒人 耶西那里去,因为我在他衆子之内,预定一个作王的。』于是撒母耳悄悄地下到耶西的家,恐怕扫罗生气。他对耶西说:『你能将你的孩子带到我面前吗?』
第一个儿子以利押进来,他是个高大英俊的小夥子。
撒母耳想:「这个一定是神拣选做以色列王的。」
神却对撒母耳说:『撒母耳,不要看他的外貌和他身材高大,我不拣选他,因为耶和华不像人看人,人是看外貌,耶和华是看内心。』
以利押不是作色列王的人选。于是,耶西的儿子列队, 一个接着一个来到撒母耳面前,每一个耶和华都说:「不是这个」。最后,撒母耳转向耶西说:「你还有别的儿子吗?」
「啊!还有个小的,他还很小,现在在外面放羊。」
撒母耳说:「去叫他来!」

第 16 章

年幼的大卫进来了,他面色光红。耶和华对撒母耳说:『这就是他』,于是撒母耳就用油膏他大卫的头,膏立他为以色列的王。

从这一刻起,就神来说,大卫是君王。神已经膏抹了他作王。然而,扫罗不愿意接受。继续读撒母耳记上就看到扫罗想尽办法要杀大卫,想保住神取走了的王位。先知已经告诉他:『你既厌弃耶和华的命令,耶和华也厌弃你作王。』这是撒母耳记上 10章19节。

但是他尽一切所能,用武力来保住神已经取走的王位。今天同样的事情也发生在人们的生命中。你知道耶稣已经为世人舍命,但是撒旦仍然以牠的权势辖制人。就像旧约的扫罗一样,不再有合法的权力,而篡夺的权力。耶稣用祂的血买赎了世人,所以我们能够进入耶稣的得胜里,胜过撒但,我们也能从撒旦手中、从被敌人所掳去的人拯救出来。我能够将这些人一个、一个带到主面前,我可以说:「主阿,我宣告耶稣基督的大能以及祂胜过了辖制他们、蒙蔽他们的撒旦的权势。主啊,求你把他们从敌人的权势和蒙蔽当中释放出来。」

我不能藉着祷告来救他们,但是至少能让他们有选择的自由。我们谈论到『可以行使自由意志的行为者』,这几乎是个错误的词。你没办法说一个罪人是一个『可以行使自由意志的行为者』。他是全宇宙最受到捆绑的人。他的心灵眼睛瞎了,被撒旦的权势所控制。你怎么能说他是一个『可以行使自由意志的行为者』呢?他是敌人暴政的奴隶。但是透过祷告,我能够使他成为一个『可以行使自由意志的行为者』。

藉着祷告,我能够破除他被撒旦所束缚的权势;藉着祷告,我能够使他的眼睛向真理打开。这个时候,作为一个『可以行使自由意志的行为者』,他不再受到撒旦的压制,被撒旦蒙蔽心眼、扭曲和误解他的逻辑,而能作出选择。所以,这才是我们应该为罪人做的祷告,让他们能够从撒但的捆绑中得释放,因为撒旦在十字架上受了审判,牠不再有合法的权利掌管世人。我们能生生世世宣告基督的胜利,把世人从黑暗中的捆绑中释放出来。

耶稣说:『我还有好些事要告诉你们,但你们现在担当不了』这是约

第 16 章

翰福音第16章12节。
他们还没有预备好,来领会。

约翰福音第16章13节继续说:『只等真理的圣灵来了,他要引导你们明白一切的真理;因为他不是凭自己说的』,乃是把他所听见的都说出来,并要把将来的事告诉你们。』

谈到圣灵,耶稣宣告说,祂要引导我们进入一切的真理。祂不会为自己作见证。

约翰福音第16章13和14节继续说:『乃是把他所听见的都说出来,并要把将来的事告诉你们。祂要荣耀我。』

所以圣灵的事工不是要高举圣灵自己。我认为当一间教会开始大肆强调圣灵的时候,就是太强调神所不强调的地方。因为圣灵所着重的是耶稣基督。祂并不是见证自己,祂乃是荣耀、并寻求荣耀耶稣基督,『并要把将来的事告诉你们』。

圣灵指引使徒保罗的事工。圣灵指示他那些将要发生在他生命中的事。我个人也曾经有过奇妙的经历,圣灵把神预备行在我身上,以及为我生命所作的计划,向我显明。圣灵要见证将来的事,并要荣耀耶稣基督。

约翰福音第16章14节继续说:『他要荣耀我,因为他要将受于我的告诉你们。』

换句话说,「祂要把受于我的,向你们启示。」

约翰福音第16章15和16节继续说:
  [15] 凡父所有的,都是我的;所以我说,他要将受于我的告诉你们。」
  [16] 「等不多时,你们就不得见我;再等不多时,你们还要见我。」

祂现在谈论有关十字架以及祂的死。『等不多时,你们就不得见我;再等不多时,你们还要见我,因我往父那里去』。

第 16 章

约翰福音第16章17和18节继续说：

- [17] 有几个门徒就彼此说：「他对我们说：『等不多时，你们就不得见我；再等不多时，你们还要见我』；又说：『因我往父那里去。』这是什么意思呢？」
- [18] 门徒彼此说：「他说『等不多时』到底是什么意思呢？我们不明白他所说的话。」

我不知道祂说什么。

约翰福音第16章19和20节继续说：

- [19] 耶稣看出他们要问他，就说：「我说『等不多时，你们就不得见我；再等不多时，你们还要见我』，你们为这话彼此相问吗？
- [20] 我实实在在的告诉你们，你们将要痛哭、哀号，世人倒要喜乐；

耶稣再次谈到祂要被钉十字架。『你们将要痛哭、哀号，世人倒要喜乐』。

20节，耶稣继续说：『你们将要忧愁，然而你们的忧愁要变为喜乐。』

你能想象复活节早晨的喜乐吗？基督复活了！当他们看见了复活的主，他们的忧愁要变为喜乐。

约翰福音第16章21节继续说：『妇人生产的时候就忧愁，因为他的时候到了；既生了孩子，就不再记念那苦楚，因为欢喜世上生了一个人。』

耶稣用这个生动的例子来说明祂所要经历的灵魂的痛苦、十字架的痛楚。但是，爲了让世人能被重生进入神的国度，所有的痛苦和苦难全都会很快被忘记。当你爲着新生婴孩而欢喜快乐的时候，你会忘记一切痛苦。他们说，这是最难以忍受的痛苦之一，却是最容易被忘记的。一个孩子被生进入神的国度。『祂因那摆在前面的喜乐，就轻看羞辱』所以，实际上，耶稣说的是祂自己、祂所要经历的痛苦。但是，爲了让世人能被重生，进入神的国度，祂愿意这样做。

第 16 章

约翰福音第16章22节继续说:『你们现在也是忧愁,但我要再见你们,你们的心就喜乐了;这喜乐也没有人能夺去。』

你们要经历这个悲伤的时刻,但是,啊!当我要再看见你们的时候,你们将要喜乐了。

约翰福音第16章23节继续说:『到那日,你们什么也就不问我了。我实实在在的告诉你们,你们若向父求什么,他必因我的名赐给你们。』

「你们什么也就不问我了」。你们要向父祈求,你们的祷告要奉耶稣基督的名求。今天,我们应该奉耶稣的名向天父祷告。

约翰福音第16章24节说:『向来你们没有奉我的名求什么,如今你们求』。

求,这个字在希腊文是命令式,请你求,是强烈的。

约翰福音第16章24节继续说『就必得着,叫你们的喜乐可以满足。』

所以,主说:「如果你奉我的名求,就必得着」。信徒通过祷告的生活会有所得着,并且要给生命带来何等满足的喜乐!

约翰福音第16章25到27节继续说
[25] 「这些事,我是用比喻对你们说的;时候将到,我不再用比喻对你们说,乃要将父明明的告诉你们。
[26] 到那日,你们要奉我的名祈求;我并不对你们说,我要为你们求父。
[27] 父自己爱你们;因为你们已经爱我,又信我是从父出来的。

所以我们的祷告是向着天父的。我们可以直接亲近天父。希伯来书4章16节说: 『所以我们只管坦然无惧的,来到施恩的宝座前』,我们可以把自己的需要告诉神,我可以奉耶稣的名,亲近天父。然而,我真的对那些以爲可以不藉着耶稣基督就能直接到父面前的人感到恐惧、战竞。他们对神的圣洁毫无知觉。

第 16 章

今天有些犹太人说:「我们不需要耶稣。我们能直接到父那里。」

他们忘了他们的先祖并不能直接到天父那里,而是要藉由祭司带着祭物来到天父的面前。祭司代表他们去到父那里。耶稣说,我并不是说我为你们求父,而是你们能直接到父那里。

因此,若我能直接到父那里,我可以确定,不需要通过马利亚或其它的圣人去求耶稣为我到父那里。对马利亚和圣人的祷告是没有圣经基础的教会教义和传统。对马利亚的祷告是没有价值的。

事实上,对于向马利亚祷告,我感到很犹豫,恐怕耶稣说:「谁是我母亲?」记得当马利亚在外边,因群众太多没办法到耶稣那里时,她传递了一个信息给耶稣,说祂的母亲和弟兄在外面要见祂。有人告诉耶稣说:「你的母亲在外面,她找你。」耶稣说:
「谁是我的母亲?谁是我的弟兄?」(马太福音12:48)
如果我对天上的马利亚说,亲爱的马利亚,请为我代求。耶稣会问我:
「谁是我的母亲。谁是我的弟兄。」(马太福音12:48)
这样我就会有麻烦。我不需要藉由马利亚。我能奉耶稣的名,借着耶稣的名直接到父那里。

约翰福音第16章28节, 耶稣继续说:『我从父出来,到了世界;我又离开世界,往父那里去。』

『我从父出来,到了世界』耶稣在太初就与神同在, 祂在世界,世界也是借着祂造的,世界却不认识祂。祂到自己的地方来,自己的人倒不接待他。祂说:『现今我往差我来的父那里去,你们中间并没有人问我:『你往那里去?』』现在祂告诉门徒:「我要往父那里去。」

约翰福音第16章29和30节说:
  [29] 门徒说:「如今你是明说,并不用比喻了。
  [30] 现在我们晓得你凡事都知道,也不用人问你,因此我们信你是从神出来的。」
之前他们彼此对问:「祂在说什么?」

第 16 章

约翰福音第16章31和32节：
- [31] 耶稣说：「现在你们信吗？
- [32] 看哪，时候将到，且是已经到了，你们要分散，各归自己的地方去，留下我独自一人；其实我不是独自一人，因为有父与我同在。

他们在这里确认：「主啊，我们相信」。耶稣说：「是的，但等不多时，你们要被赶散。你们的信心要受到考验，就像你们还不能相信那样。你们都要丢下我走掉。」

耶稣继续说：
- [32] 其实我不是独自一人，因为有父与我同在。
- [33] 我将这些事告诉你们，是要叫你们在我里面有平安。在世上，你们有苦难；但你们可以放心，我已经胜了世界。」

这是约翰福音第16章32和33节。

所以耶稣说：『我将这些事告诉你们，是要叫你们有平安』。

耶稣说，我告诉你们这些事，是要叫你们在我里面有平安。换句话说，你们将有苦难。祂不是说教会将要经历末日的大灾难。我们作为神的孩子所要经历的苦难，和世人将要经历的末日大灾难有极大的不同。耶稣说，『在世上你们有苦难。』为什么？因为你们不属于这个世界。

降临到神的子民身上的苦难起源于哪里呢？是从撒但，从世界本身而来。那么末日的大灾难起源于哪里呢？是起源于神，起源于神因为世界拒绝祂儿子而作的审判。所以，教会在世上面对的苦难和世界将面临的大灾难有极大的不同，在大灾难前，神将从世界挪走祂公义的子民，然后世人将因着拒绝接受神的儿子而受审判。

第 16 章

第 16 章

第 17 章

第 17 章

好,接下来,我们进入约翰福音第17章。

约翰福音第17章1节说:『耶稣说了这话,就举目望天』。

现在耶稣跟门徒说完话,祂转向父神说话,祂说:『我不是独自一人,因为有父与我同在。』耶稣知道父神的同在,做了一下的祷告,这才是名副其实的「主祷文」,因为这确实是主的祷告。之前祂给门徒设立一个祷告模式,就是我们通常称为「主祷文」的祷告。但这里记录的才真正是主的祷告。

『祂举目望天,说:「父啊,时候到了」』。

当耶稣在加利利的迦南开始祂的事工时,马利亚向祂说:「儿子,他们没有酒了。」耶稣对祂的母亲说:「我与你有甚么相干。我的时候还没有到。」(约翰福音2:4)

耶稣在一生中,完全知道他要走向一个特定的时刻,一个特定的时候。我们多次在圣经中读到『祂的时候还没有到』这样的话。耶稣常常意识到那个时候要到,现在祂来到这个时候了。于是祂宣告说:『父啊,时候到了』。

约翰福音 17章第1节说:『愿你荣耀你的儿子,使儿子也荣耀你』;

现在时候到了,但神的儿子要怎样得荣耀呢?祂要在十字架上被举起来。所以在这里耶稣向父神谈论十字架,说:「让我们往前吧!愿你荣耀你的儿子」,让祂藉十字架,也通过十字架能荣耀神。

约翰福音 17章2节:『正如你曾赐给他权柄管理凡有血气的,叫他将永生赐给你所赐给他的人。』

父神怎样得荣耀?就是藉着耶稣赐给你永生、赐你天国公民的身分!「父啊!时候到了,愿你荣耀我,让我继续往前,背负十字架,让我受死,好叫我的死能够使你赐给我的、相信我的人,得着永生。」

243

第 17 章

很有意思的祷告,因为稍后我们在使徒行传中会读到:凡预定得永生的人都信了。(使徒行传13:48)

约翰福音第17章第3和4节:
- [3] 认识你独一的真神,并且认识你所差来的耶稣基督,这就是永生。
- [4] 我在地上已经荣耀你,你所托付我的事,我已成全了。

耶稣曾说,「人子来,为要寻找拯救失丧的人。」(路加福音19:10)

父神托付祂的事,已经在十字架上完成。祂将自己的灵魂交给父神以前,大声喊出最后这句话:『成了』。什么事成了?就是救赎人类的工作成了。人能够回到父神跟前的路已经开通了。人不必再过着与神隔绝的生活,现在能再与神有亲密的契合和交通。耶稣救赎大功已经完成了。人的罪可以得到赦免。使人和神分离的罪得以被除去,现在世人能够过着与神相交的生活。

约翰福音第17章第5节说:『父啊,现在求你使我同你享荣耀,就是未有世界以先,我同你所有的荣耀。』

现在耶稣再提到第一次说的荣耀。第一个荣耀,说的是十字架。而现在祂是指在天国里的荣耀。祂说:「父啊,工作做完了。我要上十字架去;救赎完成了。」『现在求你使我同你享荣耀,就是未有世界以先,我同你所有的荣耀。』圣经说:『祂在太初与神同在,却不以自己与神同等爲强夺的。』

「父啊,我想要回到世界还没存在以前与你同享的荣耀里。」

接着,约翰福音17章6节,耶稣又说:『你从世上赐给我的人,我已将你的名显明与他们。他们本是你的,你将他们赐给我,他们也遵守了你的道。』
耶稣这话是什么意思呢?

神不是祂的名字;神是祂的称号。主不是祂的名字,而是祂的头衔。祂的名字是耶威或耶和华。耶稣怎样显明神的名呢?耶稣本身的名

第 17 章

字,是希伯来文Yahovah-shua的缩写　Yashua(约书亚),就是耶和华是救恩的意思。耶稣说:『我已将你的名显明』。祂已将永生神的名显明与他们,就是显明Yashua耶和华是救恩。『你从世上赐给我的人,我已将你的名显明与他们』。

约翰福音第17章第6到8节说:
- [6] 他们本是你的,你将他们赐给我,他们也遵守了你的道。
- [7] 如今他们知道,凡你所赐给我的,都是从你那里来的;
- [8] 因为你所赐给我的道,我已经赐给他们,他们也领受了,又确实知道,我是从你出来的,并且信你差了我来。

所以耶稣在祂祷告的前部分为祂这一小群信徒祈求,就是与祂在一起的这些门徒。在这前部分的祷告中,祂先集中在他们身上。『你从世上赐给我的人,我已将你的名显明与他们。他们本是你的,你将他们赐给我,你所赐给我的道,我已经赐给他们,他们也领受了,并且信你差了我来。』

约翰福音第17章第9节继续说:『我为他们祈求,不为世人祈求。』

这时,耶稣不是爲所有世人祷告;祂是爲祂的门徒,为这一批特殊的团体祷告。

第9和10节说:
- [9] 却为你所赐给我的人祈求,因他们本是你的。
- [10] 凡是我的,都是你的;你的也是我的,并且我因他们得了荣耀。

啊!巴不得基督能得荣耀。保罗说:『无论是生,是死』,这应该是我们每个人的盼望:啊!神啊,让你的儿子藉我得荣耀。耶稣说:『我因他们得了荣耀』。

约翰福音第17章第11节说:『从今以后,我不在世上,他们却在世上;我往你那里去。圣父啊,求你因你所赐给我的名保守他们,』

耶稣不断地把门徒的生命交托给父神:『圣父啊,求你因我的名保

第 17 章

守他们』。这是多么美的代祷啊！让我们知道一点天上将发生的事。

圣经在罗马书 8章34节说：『谁能定他们的罪呢。有基督耶稣已经死了，而且从死里复活，现今在神的右边，也替我们祈求。』

在希伯来书第7章25节记载说：『凡靠着祂进到神面前的人，祂都能拯救到底。因爲祂是长远活着，替他们祈求。』

耶稣向父爲祂的门徒祷告，是祂代祷服事的一个很好的榜样。这是多么美好的祷告！
『圣父啊，求你因你所赐给我的名保守他们。』

第11节继续说：『叫他们合而爲一像我们一样。』"

耶稣为祂门徒的合一祷告。『主啊，叫他们合而爲一。』当我们读耶稣这个祷告的时候，我们好像觉得自己是在偷听，因爲耶稣的祷告是多么的亲密，是祂个人向父神在倾心吐意，而在这里我们能看到他们亲密的关系。这是多么美！ 当我读到耶稣服事祂的门徒，还有服事我，我就喜爱默想约翰福音十七章。耶稣为门徒祷告什么呢？祂为他们祷告能合一。
约翰福音第17章第12节说：『我与他们同在的时候，因你所赐给我的名保守了他们，我也护卫了他们；其中除了那灭亡之子，没有一个灭亡的，好叫经上的话得应验。』

『父啊，我保守了他们，其中除了那灭亡之子』。这是给加略人犹大一个相当不好的称呼。我们也读到敌基督也同样被称爲灭亡之子。在这里犹大被叫做灭亡之子。

耶稣又说：『现在我往你那里去，我还在世上说这话，是叫他们心里充满我的喜乐。』这是约翰福音第17章第13节。

耶稣在这里正面对十字架，而祂说：『叫他们心里充满我的喜乐。』

耶稣在约翰福音14:27里说过，『我留下平安给你们，我将我的平安赐给你们。我所赐的，不像世人所赐的。』

第 17 章

我们有主的平安,有祂的喜乐,有祂的爱。这些是祂赐给我们的。其它的宗教没有这些。佛陀并没有说:『我把我的爱给你,让你们在我的爱中连结。』其它宗教的人物都没办法这样说,但是耶稣却可以。祂说:『瞧!是我的喜乐充满你。』所以,

神所赐出人意外的平安,必在基督耶稣里,保守你们的心怀意念。(腓立比书4:7)

祂的平安,祂的爱,祂的喜乐。我无法靠自己实现这神圣的理想。神要我们去爱,如同祂爱我们一般。我自己做不到。但是我能成为祂的器皿让祂的爱涌流。神要我有祂的平安,但是我会烦乱,我不能自我催眠进入一个平静的状态里。可是我能在最狂乱的情况下,最紧张的局势中,经历到耶稣基督荣耀的平安。突然间,基督的平安就临到我,并且充满我的心和我的生命。让我觉得还好,还能撑过去。那是因为基督的平安充满我的生命。那喜乐是不能用言语表达的;它充满了荣耀,是一种看见神善工的喜乐。

约翰福音第17章第14和15节:
[14] 我已将你的道赐给他们。世界又恨他们;因为他们不属世界,正如我不属世界一样。
[15] 我不求你叫他们离开世界,只求你保守他们脱离那恶者。

有时候我真希望祂为我们祈求离开这世界!我看着所发生的事:我们国家的日渐堕落,课税节节上升,学校、政府以及民众的生活都在试图完全地脱离耶稣基督的思想。我又看到法院的裁决中,有这么多愚蠢的不公正。我拿起了地图,找到了南太平洋的一些小岛,我只想大喊,算了!我们走。到那些无人居住的小岛上去,那里有淡水资源,有好的空气,我们去建立一个新世界,新社会。我们能重新开始,就像我们的祖先刚来这个国家的时候。

但是耶稣说,『父啊,不求你叫他们离开世界,只求你保守他们脱离那恶者。』

基督徒就像一艘浮于水中的船。只要浮在水上,就一切还好。唯一的危险是你让船进水。船应该在水中,但水若进了船里,你就会有麻烦。基督徒是被预定要生活在这个世界上。但是如果你开始让世

第 17 章

界进入基督徒生活里,你会惹上麻烦,就像水浸入船里一样。你将会沉船。所以,耶稣说:『父啊,不求你叫他们离开世界,只求你保守他们脱离那恶者。』多么美丽的祷告!别叫他们离开世界,父,但保守他们脱离那恶者。神啊!求你保守我们脱离世界。有时我们承受很大的压力,被要求我们遵照世界的模式。

约翰福音第17章第16和17节:
 [16] 他们不属世界,正如我不属世界一样。
 [17] 求你用真理使他们成圣。

意思是把他们分别出来;成圣这字,是分开,分别爲圣的意思。「父啊,藉着你的真理,把他们分别为圣」。

约翰福音第17章第17到20节说:
 [17] 你的道就是真理。
 [18] 你怎样差我到世上,我也照样差他们到世上
 [19] 我为他们的缘故,自己分别为圣,叫他们也因真理成圣。
 [20] 我不但为这些人祈求,也为那些因他们的话信我的人祈求,

好,现在耶稣将祂的祷告扩展到门徒之外,当时门徒和祂在一起。现在祂的祷告扩展到你跟我的身上。当我的主爲我代求的时候,我们进入了一个美丽的境界。祂为我们祷告什么呢?祂说:『我不但为这些人祈求,也为那些因他们的话信我的人祈求。』这是第20节。

我藉着主的道,藉着新约的话语相信耶稣基督。因爲我藉着主的道相信耶稣基督,那么我也包括在约翰福音第17章里耶稣对父神的祷告中。祂到底爲我、为你祈求什么?

在约翰福音第17章第21节,祂说:『使他们都合而为一。正如你父在我里面,我在你里面,使他们也在我们里面,叫世人可以信你差了我来。』

耶稣爲教会祈求合一,叫我们能合而爲一。我想到今天教会分门别类、四分五裂的光景,是何等可悲呀!对世人多么失去见证啊!我这么说不是指控各个宗派。我明白不同宗派的目的,我可以接受。我

第 17 章

唯一的问题,就是当人们过于强调宗派的时候,他们就没有顾及整个教会和整个基督的身体,而只着眼在自己那小小的一部分,把其他的都排除在外。这跟基督的祷告是相违背的。耶稣祈求父神,使我们能合一。

愿我们不是认同一个特定的制度,而是认同基督的身体,并且说:『我是神的孩子,我是基督徒。』让这成为我们的身份,若有人说:『我是基督徒。』赞美主!我和你是合一的。若他说:『哦!但我是浸信会的。』没关系,我不在意这些。他若说:『我是长老会的。』我也不在乎。你爱我的主吗?我爱。教派的划分可能会出现,但是求神帮助我们不要局限于某一个教派里。若有人想要这样区分他们自己,那是他们的问题。

求神帮助我们不要成为基督身体中分裂出来的那部分肢体。因为当祂的肢体分裂时,祂就是流血的那一位。无论如何,我不想违背基督的祷告。我要敞开接受任何真实接受耶稣基督为主的人作为弟兄,我不在乎他们是何时受洗,或是是否参加点水礼等等问题!我不想因为这些形式的问题造成分裂。耶稣基督的教会分裂是件可悲的事。这完全违背了耶稣的祷告。

愿神帮助我们拓宽对教会的眼光。当一个肢体受苦的时候,我们和他们一同受苦,当肢体被高举时,我们与他们一起被高举。听到一个地方有团契快速地成长,我们不会嫉妒,也不会到处乱说话。愿神帮助我们,保守我们的口舌,避免只因他们不与我们同行,我们就嘴里出不敬的言语,贬低基督的身体。

路加福音9:49,约翰说:『夫子,我们看见一个人奉你的名赶鬼,我们就禁止他。因为他不与我们一同跟从你。』耶稣说:『不要禁止他。因为没有人奉我名行异能,反倒轻易毁谤我。』
当雅各和约翰听说那个村庄的人不接待他们,就说:『主阿,你要我们吩咐火从天上降下来,烧灭他们,像以利亚所作的吗。"(路加福音9:54)
耶稣责备他们说:『你们的心如何,你们并不知道。"(路加福音9:55)
所以,祂的祷告是使我们合而为一。
约翰福音第17章第22和23节说:

第 17 章

> [22] 你所赐给我的荣耀,我已赐给他们,使他们合而为一,像我们合而为一。
>
> [23] 我在他们里面,你在我里面,使他们完完全全的合而为一,叫世人知道你差了我来,也知道你爱他们如同爱我一样。

耶稣是说,这个合一应该是给世人作见证的。『叫世人可以信你差了我来。』。

我相信,有许多人拧头离开耶稣基督,是因为基督教里存在着可怕的分门结党的观念。人们架设宗派的门槛,把自己禁锢在里面。你知道吗?他们会说:「我们是怎样怎样……」人们看见教会里信徒互相斗殴、互相争竞,他们看见在教会有苦毒,教会无法成为耶稣所要他们活出的见证。

约翰福音第17章第24节,耶稣继续祷告说:『父啊,我在那里,愿你所赐给我的人也同我在那里,叫他们看见你所赐给我的荣耀;因为创立世界以前,你已经爱我了。』

『父啊,愿你所赐给我的人,也同我在荣耀里,叫他们看见你所赐给我的荣耀。』啊!我何等渴望在耶稣的荣耀里看到祂!我何等渴望自己能与启示录里的那批信徒一起诵唱:

> [9] 神的羔羊,你是配得的;因为你曾被杀,用自己的血从各族、各方、各民、各国中买了人来,叫他们归于神,
>
> [10] 又叫他们成为国民,作祭司归于神,在地上执掌王权。
>
> [12] 曾被杀的羔羊,是配得权柄,丰富,智慧,能力,尊贵,荣耀,颂赞的。

我期待这一天,看见祂在荣耀里。让我感到兴奋的是,如果谁的祷告是有果效的,那么我能说那必定是耶稣基督的祷告。当祂为我祷告的时候,我告诉你,我不会失败的。我确定祂的祷告是大有能力的和有功效的,父神必定垂听祂的祷告。我能百分百的拥有那个确据,知道我会在天上看到祂的荣耀。祂这样向父神祈求,父必定不会拒绝祂的要求。真是令人兴奋啊!

约翰福音第17章第25和26节:

第 17 章

[25] 公义的父啊,世人未曾认识你,我却认识你;这些人也知道你差了我来。

[26] 我已将你的名指示他们,还要指示他们,使你所爱我的爱在他们里面,

主的爱要在你的里面。你要像主一样去爱别人。祂要把祂的爱放在你的里面。祂要爲你成就。『使你所爱我的爱在他们里面』,接着耶稣说:『我也在他们里面。』这是约翰福音第17章第26节。

基督教与其他宗教的差别是在于:基督教是活的信仰;是那有活力的圣经作者从天降临,住在我生命里,并在我生命里动工,祂所作的是我自己无法在我里面作的,也无法为自己作的。藉着基督复活的大能,我有能力活出祂要我活出的生命。

第 17 章

第 17 章

第 18 章

第 18 章

约翰福音第18章1节说:『耶稣说了这话,就同门徒出去,过了汲沦溪。在那里有一个园子,他和门徒进去了。』

现在耶稣祷告完了。现在祂和门徒越过汲沦溪,去橄榄山的某个地方,那是耶稣时常和祂的门徒进去的花园,叫客西马尼园。在耶稣的时代,耶路撒冷的富有的人家在橄榄山上都有私人花园。有可能这些人当中有一位喜欢耶稣,把花园的大门钥匙给祂。所以耶稣能进入橄榄山的这个花园。祂时常和门徒到那里去。

从原文来看,耶稣进去的是一个私人花园。祂在这个时候过汲沦溪,是挺有趣的,因爲在逾越节期间,在圣殿山上,犹太人要宰杀数以千计的羔羊。事实上,三十多年后,罗马政府作了人口调查。他们无法计算人数,因为犹太人反对作人口普查,因爲自从大卫作了人口普查之后,国家遭到审判。所以,从那时起,他们不作人口统计。实际上,对那些正统的犹太教徒来说,如果你在一个宴会里,为了玩游戏而需要算人数或什么的,他们不想计算的;他们会说:「不是一、不是二、不是三、不是四、不是五。」但是在人口调查中,他们会以在逾越节数算所宰杀的羔羊数目为准,因为他们想知道究竟有多少人为了逾越节而聚集在耶路撒冷。

一只逾越节的羔羊必须至少给十个人吃。所以历史学家约瑟夫提到在那个特别的调查中,专为逾越节所宰杀的羔羊共有二十五万六千只。这表示大约有二百五十万的人聚集在耶路撒冷过逾越节。当他们宰杀羔羊的时候,羔羊的血流进一条被挖出来的小河,再流入汲沦溪。在那里,小河的水与汲沦溪的水混合,形成一条血河,流入汲沦溪。当耶稣与祂的门徒越过混着血水的溪流的时候,当然,冲下来的是血水,那会令人想到为逾越节所宰杀的羔羊。毫无疑问,耶稣也会想到为这次逾越节所献上的羔羊。祂就是『神的羔羊,除去世人罪孽的。』所以,在祂来说,这个时候和门徒一起越过那条小溪,看着逾越节羔羊的红色血水流过,可能是非常触动内心的一刻。

约翰福音第18章第2和3节说:
[2] 卖耶稣的犹大也知道那地方,因为耶稣和门徒屡次上那里去聚集。

第 18 章

[3]　犹大领了一队兵,和祭司长并法利赛人的差役,拿着灯笼、火把、兵器,就来到园里。

一队这个词在希腊文是指一支罗马分遣队,那时叫做步兵队,有六百五十人,或者他们有一个增加了人数的步兵队,共有一千人,那是由二百七十个骑兵,加上步兵组成。有趣的是,他们带了这么一大队罗马士兵和圣殿的宗教领袖去逮捕耶稣和祂的十二个门徒。为什么他们认为需要这么多人去,真是很有意思的!

约翰福音第18章第4节说:『耶稣知道将要临到自己的一切事,就出来……』。

祂来到花园外面。罗马兵丁带着火把前来。那是月圆的晚上,他们实在不需要带着火把来。也许他们以为耶稣会躲藏在树丛里,所以他们带着火把和武器来。但耶稣却走出来见他们。

约翰福音第18章第4和5节继续说:
[4]　对他们说:「你们找谁?」
[5]　他们回答说:「找拿撒勒人耶稣。」耶稣说:「我就是。」卖他的犹大也同他们站在那里。

耶稣只说「我就是」。这是永生神的圣名。当耶稣说:「我就是」的时候,有一股力量发出来,毫无疑问,那是神的力量。

约翰福音第18章第6节『耶稣一说「我就是」,他们就退后倒在地上。』

在这时候,耶稣可以走开,让他们仍然躺在那里。我们看到,耶稣是在控制整个状况。祂是主。虽然他们来逮捕祂,却是祂在下命令。请你注意:
[7]　他又问他们说:「你们找谁?」他们说:「找拿撒勒人耶稣。」
[8]　耶稣说:「我已经告诉你们,我就是。你们若找我,就让这些人去吧。」

这是约翰福音第18章第7和8节

祂命令他们让门徒离开,他们照做了。祂控制一切。在这时候,祂在

第 18 章

下达命令。完全控制着整个场面。

约翰福音第18章第9和10节继续说：
- [9] 这要应验耶稣从前的话，说：「你所赐给我的人，我没有失落一个。」
- [10] 西门彼得带着一把刀，就拔出来，将大祭司的仆人砍了一刀，削掉他的右耳；那仆人名叫马勒古。

之前西门彼得一直在熟睡。他尝试不让自己睡着，与主祷告，但他就是做不到。所以当耶稣说：『现在你们仍然睡觉安歇罢。时候到了，人子被卖在罪人手里了。』当彼得从熟睡中醒过来，可能还迷迷糊糊的，他看看四周，看见一批群众，就拔出他的刀来挥动。马勒古应该高兴，亏得彼得是在半睡眠状态，只砍了他的耳朵，毫无疑问，彼得想砍他的头。有趣的是，这是耶稣行的最后一个医治的神迹。祂医治马勒古的耳朵，马勒古是大祭司的仆人，耶稣这么做是为了弥补门徒笨拙的举动。

彼得常常犯错，因爲再过一会儿他就要否认他的主。尽管他先前强烈的声明他永远不会否认主，他会为主而死，但是不久他否认主了。我们常常责备彼得，说他胆小懦弱，但等一等！这里至少有两百个罗马士兵，加上圣殿的领袖们，我要告诉你，彼得已经准备好与他们抗争，保护耶稣基督。这怎么是胆小懦弱呢？这要有勇气的！所以，不要对彼得太过严苛。他是男子汉。他准备好要与整队士兵对抗的。

约翰福音第18章第11节继续说：『耶稣就对彼得说：「收刀入鞘吧，我父所给我的那杯，我岂可不喝呢？」』

傍晚稍早的时候，耶稣在花园里祷告，说：『父阿，倘若可行，求你叫这杯离开我。然而不要照我的意思，只要照你的意思。』那时，耶稣不愿意面对那个苦杯。但是现在，祂降服在父神的旨意下。那不是祂想做的，也不是祂渴望做的。这是对父神降服的举动。祂既然已经委身了，一旦下了决定，就不会再回头。耶稣对祂的门徒说：『你想我不能求我父，现在为我差遣十二营多天使来麽？』彼得，如果我想解决这件事，何其容易！但是，『父所给我的那杯，我岂可不喝呢？

第 18 章

』祂已经顺服了父神，所以不会再回头。

约翰福音第18章第12节说：『那队兵和千夫长，并犹太人的差役就拿住耶稣，把他捆绑了』。

他们捆绑祂，是何等荒谬的事啊！但我告诉你，无论他们用什么，粗绳子也好或任何什么东西，都捆不住耶稣。耶稣被比粗绳子更有能力的东西捆住。祂被对你和我的爱所捆绑住，以致祂顺服，愿意被他们捆绑。不是他们捆住祂，把祂当俘虏，逮捕祂。祂不是他们的俘虏。祂乃是爱的俘虏。是耶稣对你和对我的爱，把祂捆住，叫祂勇往直前，去面对十字架。

约翰福音第18章第13节说：『先带到亚那面前，因为亚那是本年作大祭司该亚法的岳父。』

亚那从第5年到第16年已经当大祭司了。亚那或许是耶路撒冷城最具有影响力、能力和财富的人。在那特殊的时刻，大祭司的职位是由罗马政府所任命的，是有政治势力的那种。这个职位是透过出价就是像拍卖的过程来获得。他们为了争取到大祭司的特权而出钱收买、贿络。那是极其腐败的。亚那是大祭司，而且作爲那个家庭的族长，他也被认为是大祭司背后的势力。他的五个儿子，在不同时间、不同期间，都当上大祭司的职位。

在这个时刻，他的女婿该亚法是罗马官方委派的大祭司，但是亚那仍然被犹太百姓视为大祭司。他就像垂帘听政那样。所以他们先带耶稣去亚那那里。就是亚那这个人腐化了大祭司的职位；就是他拥有圣殿外院买卖祭物的摊位，兑换银钱的桌子也摆在那里，因爲就是他向购买祭牲的犹太百姓榨取高的价钱。

比方你只要花二十分钱就能在街上买一只鸽子来献祭。但是这个祭牲必须没有残疾或瑕疵，所以如果你在街上买祭牲来献祭，祭司会仔细检查，他们会找出一些小小的瑕疵。他们会说：「我不能用这个奉献给神。瞧！这里有一点瑕疵。你最好到那张桌子向他们买一只鸽子。」当然，这是亚那的贩卖权。他们一只鸽子索取十或十五元。如果你要献祭，你必须让祭司接受你的祭物。而在这里所卖的

第 18 章

祭物,祭司都已经接受的,是没问题的,因为是由亚那给于的贩卖权。

耶稣看见这样的事非常愤怒,祂拿了一条鞭子,把他们赶出圣殿。祂推翻了兑换银钱的桌子,对他们说:『我父的殿必称为祷告的殿。你们倒使他成为贼窝了。』把神的东西当作商品来卖,神是多么愤怒!

我认为,今天,如果那些布道家和施行医治的传道人等等,能够明白神对于人拿福音作为商品,或者拦阻人来到神面前,会是多么的生气!那些想靠福音赚钱的人,要好好读一下耶稣在圣殿外院所作的事,知道耶稣看到这样的事是多么生气。

自从耶稣打砸了亚那的小生意之后,亚那就被切断了财路。很自然的,他们会重新恢复原状。但耶稣竟敢干扰亚那的欺诈勾当,使亚那非常恼怒。所以耶稣首先被带到这个勒索者、一个有钱的撒都该人面前。耶稣在亚那面前受审,然后再被解到该亚法那里,再到彼拉多那里。于是,他们带耶稣到大祭司亚那面前,亚那是该亚法的岳父,也是在同一年当大祭司的。所以他们有两个大祭司,就是亚那族长,一个老人,是犹太百姓所承认的;但是在政治上罗马政府却指派该亚法为大祭司。

第14节说:『这该亚法就是从前向犹太人发议论说「一个人替百姓死是有益的」那位。』
约翰福音第18章15节:『西门彼得跟着耶稣』。
这是令人钦佩的,除了约翰,其他的门徒都逃走了。西门踫到麻烦,因为他不想离开耶稣。他继续跟随耶稣。

约翰福音第18章15和16节:
　[15] 那门徒是大祭司所认识的,他就同耶稣进了大祭司的院子。
　[16] 彼得却站在门外。

毫无疑问的,这另一个门徒,约翰指的是他自己。『那门徒是大祭司所认识的』,你想大祭司怎么认识约翰的?有些故事说,约翰的父亲西庇太是个很富有的卖鱼商人。当时要把新鲜的鱼运到耶路撒冷的市场,是不可能的。所以那些卖鱼的商贩会用盐巴腌鱼。据流传的故事说,用盐巴腌过的鱼是美味的菜肴之一。事实上,今天在耶

第 18 章

路撒冷的旧城还有一间小咖啡店。他们表示咖啡店的拱门底下，实际上是西庇太的鱼市场。他将用盐巴腌制的鱼卖给大祭司。如果是真的话，那么约翰在成长的过程中，他可能当过运送的工作，或许他曾经多次送醎鱼去大祭司家。一般人相信，约翰就这样认识大祭司。无论如何，他认得大祭司，所以他进去了，但是彼得在门外。

约翰福音第18章16到18节：
- [16] 大祭司所认识的那个门徒出来，和看门的使女说了一声，就领彼得进去。
- [17] 那看门的使女对彼得说：「你不也是这人的门徒吗？」他说：「我不是。」
- [18] 仆人和差役因为天冷，就生了炭火，站在那里烤火；彼得也同他们站着烤火。

我要在这里指出来，当你和敌人在一起烤火取暖的时候，你要小心，因爲你处在危险的境况中。

约翰福音第18章19节说：『大祭司就以耶稣的门徒和他的教训盘问他。』

这是违反犹太人的律法。他们有第五条修正条例，里面规定不能用人的见证对自己作不利的证供。法庭不能要求你作证指控自己。所以，当大祭司亚那问耶稣问题，那是违反了他们自己的律法。他以耶稣的门徒和祂的教训盘问祂。

- [20] 耶稣回答说：「我从来是明明的对世人说话。我常在会堂和殿里，就是犹太人聚集的地方教训人；我在暗地里并没有说什么。
- [21] 你为什么问我呢？

这是约翰福音第18章20和21节。
那是不合法的。
约翰福音第18章21节说：『可以问那听见的人』。

耶稣的意思是说：「你要带你的见证人来，那才是合法的做法。就是那些聽过我的教训的人，让他们告诉你。」

第 18 章

约翰福音第18章21节，耶稣继续说：『我对他们说的是什么；我所说的，他们都知道。』

所以，耶稣要大祭司在按合法的程序去做。

约翰福音第18章22和23节说：
- [22] 耶稣说了这话，旁边站着的一个差役用手掌打他，说：「你这样回答大祭司吗？」
- [23] 耶稣说：「我若说的不是，你可以指证那不是；我若说的是，你为什么打我呢？」

明显地，站在大祭司旁的这个人喜欢打囚犯。以后，我们会看到保罗有相同的经验。当大祭司问保罗问题的时候，保罗提出挑战，有一个人就打保罗，保罗转身对他说：『你这粉饰的墙，神要打你』。这里让我想到在登山宝训里，耶稣说过：『有人打你的右脸，连左脸也转过来由他打』。

我们必须明白那段经文里的上下文，因为耶稣并没有真的转过脸来。而这里祂只说：「我若说的不是，你可以指证那不是；我若说的是诚实的合乎律法的观点，那你为什么打我呢？」祂抗议那个不合法打祂的人。

约翰福音第18章24节说：『亚那就把耶稣解到大祭司该亚法那里，仍是捆着解去的。』

约翰并没有告诉我们耶稣在该亚法面前的审讯情况，但是在马可和马太福音里，都讲到祂在该亚法面前的审讯。

我们继续看约翰福音第18章25到27节，经文说：
- [25] 西门彼得正站着烤火，有人对他说：「你不也是他的门徒吗？」彼得不承认，说：「我不是。」
- [26] 有大祭司的一个仆人，是彼得削掉耳朵那人的亲属，说：「我不是看见你同他在园子里吗？」
- [27] 彼得又不承认。立时鸡就叫了。

第 18 章

另一卷福音书告诉我们,这时候耶稣转过头去看彼得。『彼得想起耶稣所说的话,他就出去痛哭。』对彼得来说,这是个很难受的经验。故事告诉我们,在往后的好几年,那些抵挡福音的人都利用这件事骚扰彼得,不管什么时候看到彼得,他们就会发出鸡叫的声音,经常叫他想起自己的失败。人们往往利用某个人的弱点或失败,去打击他,把他拉下来,而不是扶持他,这种作法真是可怕!这样的事不应该发生在神的家中。

加拉太书 6章1节说:『弟兄们,若有人偶然被过犯所胜,你们属灵的人,就当用温柔的心,把他挽回过来。又当自己小心,恐怕也被引诱。』主说:『你们愿意人怎样待你们,你们也要怎样待人。』如果我犯了错,我会希望人们以忍耐、宽容和体贴对待我。所以,我也应该对人有忍耐、宽容和体贴。主说:『怜恤人的人有福了。因为他们必蒙怜恤。』过去我在神学院考试的时候,就经常提醒教授这节经文。

约翰福音第18章28节说:『众人将耶稣从该亚法那里往衙门内解去,』

现在耶稣被带到彼拉多面前。

约翰福音第18章28节又说:『那时天还早。他们自己却不进衙门。』

那是外邦人出入的地方,如果那些犹太宗教领袖进去,『恐怕染了污秽,不能吃逾越节的筵席。彼拉多就出来,到他们那里,』这是约翰福音第18章28和29节。

看到吗?这些犹太宗教领袖是多么腐败、邪恶,却仍然一丝不苟地守他们的宗教规条。一个人对于宗教制度里的礼仪能够那么一丝不苟,然而,里面却是完全腐败的,那是多么可怕的事!「啊!我不能这样做。因为这违反我星期五不吃肉的宗教原则。」令人惊讶的是,我们还为这些琐碎的传统担心。

耶稣说:『蠓虫你们就滤出来,骆驼你们倒吞下去。』对于那些被传统宗教捆绑的人来说,这是真的。他们在小事上过于斤斤计较,却忽略了重要的事。耶稣说:「你从你的香料园子拿出十分之一茴香

第 18 章

种子来奉献，你要算一算你的小茴香种子，你说：「九粒给我，一粒给主，九粒给我，一粒给主。」数算这些小洋茴香种子的时候，你要确定神得到祂的第十粒茴香种子。『因为你们将薄荷，茴香，芹菜，献上十分之一。那律法上更重的事，就是公义，怜悯，信实，反倒不行了。』

我们必须保守自己不受传统和过分注重传统的细节所束缚，也不能因此忽略了神所关心的更重要的事。可是在这里，那些犹太宗教领袖不想进去，因为他们怕沾染污秽。然而，他们却在策划把神的儿子钉上十字架。整件事就是这么矛盾！

约翰福音第18章29节继续说：『彼拉多就出来，到他们那里，说：「你们告这人是为什么事呢？」』

彼拉多是由罗马政府委任当犹太地的巡抚。当大希律死后，他的国土分给他三个儿子。阿奇里斯.希律 统治掌管犹太地区的时候，向百姓征收重税，于是百姓向罗马政府申诉，罗马政府因此把犹太地纳入罗马管辖，成为一个省份，派巡抚治理。彼拉多就是犹太地的巡抚。罗马政府设在犹太地的省府是该撒利亚，而不是在耶路撒冷。但是，巡抚必须每年至少要巡查每个主要城市一次，他们通常会在犹太人庆祝节期的时候上耶路撒冷来，因为他们知道所有的犹太人会在节期期间在那里聚集。如果犹太人举办任何对抗罗马的公民运动，通常也都在这些节期的时候发生。

曾经发生过这么一件事：彼拉多第一次与罗马军团从该撒利亚过来，进入耶路撒冷城。罗马军团的旗帜上有个该撒的半身像，该撒对罗马百姓来说，是个神。该撒以神自居，所以犹太人反对罗马人带着这些上头有该撒金色半身像的旗帜进入耶路撒冷城。另一个巡抚则同意犹太人的要求，旗帜上不出现这些小小的半身像。但是，彼拉多不肯向犹太人让步。所以，这些罗马士兵举着上面有这些小小半身像的旗帜步入耶路撒冷城，激怒了犹太人，他们为这个举动不断的骚扰彼拉多，要求他不要再这么做。他们还跟着彼拉多回该撒利亚，继续吵闹。

于是，彼拉多下令，犹太人全部聚集在该撒利亚的竞技场里面，他

第 18 章

锁上门栅。然后他说:「不要再烦我了,否则杀了你们。我会命令士兵杀了你们。我不要你们在这件事上继续骚扰我。」犹太人全都采取极端的行动,把脖子上的衣领拉开,说:「杀就杀吧!我们要求你不再这样做。」就算像彼拉多这么冷酷的人,也不能就这样把这些手无寸铁的人杀掉。所以他投降,在这个问题上屈服让步了。

但是,后来彼拉多对犹太人的传统又一次失了耐性。彼拉多再次违背他们的传统,于是,他们告到皇上那里,皇帝与犹太百姓联手废除了彼拉多。按照罗马的参议院规定,巡抚必须尽量维持所管治的省份太平无事。但是,彼拉多不是那种轻易向人民低头或让步的人。所以他碰到麻烦了,犹太百姓又一次告到皇上那里,这对彼拉多的记录是不利的。

所以彼拉多出来,说:『你们告这人是为什么事呢?』

约翰福音第18章30和31节:
   [30] 他们回答说:「这人若不是作恶的,我们就不把他交给你。」
   [31] 彼拉多说:「你们自己带他去,按着你们的律法审问他吧。」
      犹太人说:「我们没有杀人的权柄。」

我的意思是,如果他们不想真正指控耶稣,那么彼拉多就不理会这件事。而现在他们控告耶稣亵渎神。你还记得吧?民间的众长老连祭司长带文士问耶稣:「你是神的儿子吗?」耶稣说:「你们所说的是。」他们说:「何必再用见证呢?他亲口所说的,我们都亲自听见了。」这是在路加福音22章70和71节。他们说:「亵渎神!你们怎么看?祂罪该万死啊!」但他们在彼拉多面前不能以亵渎神来指控耶稣。所以,在彼拉多面前,他们必须提出别的指控,说耶稣鼓动人民对抗罗马政府。那是个谎言,一个假的指控。但彼拉多并不爱这些犹太人,因爲他们已经使他光火了。

彼拉多对他们的宗教传统,再也没有耐性了。所以当他们说:『这人若不是作恶的,我们就不把他交给你』,彼拉多就说:「那你们按自己律法来审判他。」他不想跟这些人玩游戏了。

约翰福音第18章31节说:『犹太人说:「我们没有杀人的权柄。」』

第 18 章

就在这件事发生的前几年,罗马政府废除了犹太人执行死刑的权柄。根据犹太的法典「他勒目」,罗马政府在耶路撒冷被毁灭之前四十年就废除了犹太人执行死刑的权柄。耶路撒冷是在主后70年被毁的,这表示在主后后30年罗马政府取消犹太人执行死刑的权柄,而这正好是在耶稣被钉十字架的前两年。当犹太人执行死刑的权柄被夺走之后,许多犹太领袖披上麻布衣服,头上蒙灰,在耶路撒冷的街道上穿梭哀悼。他们说:「神没有实现祂的应许和祂的话语。」他们为神没有信守祂的承诺而悲恸,因爲神藉着雅各预言说:『圭必不离犹大,杖必不离他两脚之间,直等细罗〔就是赐平安者〕来到,万民都必归顺。』这是在创世记49章10节

在主后后30年罗马政府取消犹太人执行死刑的权柄,这等于将国家主权从他们手中拿走。当时犹太领袖哀哭着说,神没有成就祂的应许。他们不明白的是,神已经信守了祂的应许。在那非常的时刻,神其实已经活在他们当中。弥撒亚已经来了;只是他们没有认出祂来。他们不需要哀哭;神信守了祂的承诺。但是由于死刑的权利在公元三十年被罗马政府剥夺,他们就说:「我们没有判人死刑的权利。」

约翰福音第18章33和34节说:
- [33] 彼拉多又进了衙门,叫耶稣来,对他说:「你是犹太人的王吗?」
- [34] 耶稣回答说:「这话是你自己说的,还是别人论我对你说的呢?」

很多人问许多问题,但其实不是真的想要答案,他们只是想争辩而已。所有的问题可以分为真诚的和不真诚的两种。我愿意花时间回答真诚的问题;但我没有时间回答不真诚的问题。有些人始终都在问不真诚的问题,对此我会没有耐性。他们不是真的想得到答案,只想争辩。有些人看似在轻描淡写地提问题,我知道那只设计来争辩的,我完全知道问题背后的动机。在他们问第二个第三个问题后,我就明白他们为什么这么问。当我碰到有人问不真诚的问题时,我就不理睬他们了。

「你真的想知道吗?还是你只想争辩?是别人论我对你说的呢?还

第 18 章

是你真的在问我?」

约翰福音第18章35和36节说:
  [35] 彼拉多说:「我岂是犹太人呢?你本国的人和祭司长把你交给我。你作了什么事呢?」
  [36] 耶稣回答说:「我的国不属这世界」

「你问我是不是王?是的。但我的国不属这世界。」

约翰福音第18章36和37节:
  [36] 我的国若属这世界,我的臣仆必要争战,使我不至于被交给犹太人。只是我的国不属这世界。」
  [37] 彼拉多就对他说:「这样,你是王吗?」耶稣回答说:「你说我是王。」

或者更正确地说:「是你说的,我是王。」

约翰福音第18章37和38节说:
  [37] 耶稣回答说:「我为此而生,也为此来到世间,特为给真理作见证。凡属真理的人就听我的话。」
  [38] 彼拉多说:「真理是什么呢?」说了这话,又出来到犹太人那里,对他们说:「我查不出他有什么罪来。

我敢肯定,这时候,经过几次与犹太人交手,加上在他所管辖的省份里所碰到的问题,彼拉多对他们极尽挖苦之能事,我想他问:「真理是什么呢?」那是个带嘲笑意味的问题。

约翰福音第18章38到40节说:
  [38] 彼拉多说:「真理是什么呢?」说了这话,又出来到犹太人那里,对他们说:「我查不出他有什么罪来。
  [39] 但你们有个规矩,在逾越节要我给你们释放一个人,你们要我给你们释放犹太人的王吗?」
  [40] 他们又喊着说:「不要这人,要巴拉巴!」这巴拉巴是个强盗。

在这里,彼拉多第一次想释放耶稣,因爲逾越节的习俗,罗马政府

第 18 章

爲了讨好犹太百姓，所以他要释放一个囚犯。因此，他力图要释放耶稣作爲逾越节的那个囚犯，但是他们喊叫：「释放巴拉巴！」

彼拉多第二次想要释放耶稣，他鞭打耶稣，希望以这种可怕、残酷的刑罚来满足这些人渴望流血的欲望。

第 18 章

第 18 章

第 19 章

第 19 章

约翰福音第19章1节说:『当下彼拉多将耶稣鞭打了。』

鞭打是审讯囚犯的刑罚,是罗马帝国最严酷的拷问方法。当时,他们并没有大赦或人权。他们的拷问完全没有怜悯可言。他们把囚犯绑在一根柱子上,他的背部伸出来。然后用九尾鞭,一种皮鞭在上面镶入玻璃碎片和铅块,用来撕裂皮肉。他们在犯人的背部抽打三十九鞭。

四十是审判的数目,三十九是怜悯的数目。所以,审判必须要有怜悯来缓和,因此他们只抽打三十九下。当他们在犯人的背后抽打的时候,犯人会大叫自己所犯的一个罪行。每一次他喊叫出一个罪行之后,鞭子打下去的力度会较减轻一些。一直到第三十九下,他们好像只把皮鞭横放在犯人背部。但是,如果犯人不肯说出一个罪行,那么每抽打一鞭会越来越用力,直到他被逼,用非常凄厉的痛苦声喊叫出他所犯的罪。

你想像在这样情况下,耶稣并没什么可认罪的。以赛亚书说:『又像羊在剪毛的人手下无声,祂也是这样不开口。』他们用足力气在祂的身上抽打了三十九下。他们鞭打祂。圣经在这里并没说太多,但我们无法想像那种痛苦。许多时候,很多犯人被鞭打致死,还没抽打第三十九鞭,他们已经因流血过多,以及过度疼痛而死。但耶稣忍受了这些痛苦。

这全是神计画的一部分。在耶稣身上的鞭打是神预定计画的一部分。在以赛亚书里已经预言了,神事先就已经知道了。如果祂事先知道,事先就计画好,就像彼得在五旬节那天向犹太人讲道的时候,说:『祂既按着神的定旨先见,被交与人,你们就藉着无法之人的手,把祂钉在十字架上杀了。』这是在使徒行传 2章23节。

耶稣在十字架上所预备的救恩必然是为了让祂的子民得医治。我相信这是超出属灵的医治。我认为,你必须承认藉着耶稣所受的痛苦也使身体得医治。

为什么按着神的定旨先见,祂会决定耶稣不单单死在可怕的十字

第 19 章

架上,还要被鞭打,承受皮肉的痛苦呢?这就要我们回到以赛亚书的预言那里说:『那知祂为我们的过犯受害,为我们的罪孽压伤。因祂受的刑罚我们得平安。因祂受的鞭伤我们得医治。』 这是以赛亚书53章5节。耶稣在十字架上所预备的救恩必然是为了让祂的子民得医治。我相信这是超出属灵的医治。我认为,你必须承认藉着耶稣所受的痛苦也使祂的子民身体得医治。

在马太福音第8章16和17节说:
- [16] 有人带着许多被鬼附的来到耶稣跟前,他只用一句话就把鬼都赶出去,并且治好了一切有病的人。
- [17] 这是要应验先知以赛亚的话,说:他代替我们的软弱,担当我们的疾病。

而保罗写给哥林多的教会谈论关于领受主餐的事,这样说:『在你们中间有好些软弱的与患病的,死的也不少』,「因为你们不明白主的身体。」『耶稣拿起饼来,祝谢了,就擘开,说:「这是我的身体,为你们舍的」。许多哥林多信徒生病,因为他们不了解耶稣的鞭伤是为叫他们得医治。

约翰福音第19章第2和3节说:
- [2] 兵丁用荆棘编做冠冕戴在他头上,给他穿上紫袍,
- [3] 又挨近他,说:「恭喜,犹太人的王啊!」他们就用手掌打他。

耶稣在该亚法的家中已经受了非常剧烈的殴打。他们把耶稣的头蒙起来,用袋子罩住祂的头,就开始打祂。那是有恶意的。我们的身体是经过可畏且奇妙的设计,使我们能产生自动的反射动作。当我们看到有拳头挥过来的时候,我们会自动的反射,藉着退缩、顺着拳头的来势缓冲,保护自己。只要你的身体能看得见挥过来的拳头,那么你就能够配合、缓冲、而且放松、顺着拳头的力度移动。

你看美式足球赛里的那些四分卫,你知道,他们这些巨大的身躯撞过来,要置对方于死地,你以为:「啊!糟了,他爬不起来了。」忽然他跳起来,跑到召集场上的队友转达进攻战术的位置。他看见有人跑过来。当球员在盲点的位置,看不见的时候,真的会受伤的,因为他们没时间预备好自己,所以连肋骨也会被撞断,锁骨也会骨折。你

第 19 章

在盲点的位置，就真的会受伤，因爲你的身体来不及反应。如果你不知道人行道上有隆起来的边拦，你一脚踏下去，会折断腿的，因爲你的身体没有预备好去反应那个高度。就那么一步的高度，要是你没有意识到那一步是那么高，你没防範，用力踩下去，就折断你的腿骨了。

所以，他们把耶稣的眼睛蒙起来，盖住祂的头，然后殴打祂，没给祂机会躲避或反应；因爲你不知道拳头挥过来，所以要承受那一拳的全部的力量，因为你不知道拳头要打过来。嘭！真是痛啊！耶稣忍受了那虐待。

我们对动物那种弱肉强食的行爲感到吃惊！你听过鸡用喙啄弱小的鸡。如果一只鸡生病，或弱小、或骨瘦嶙峋，那么其它的鸡会啄它，直到杀死牠爲止。这是动物本性的一部分。内心没有神的人，就像动物一样。人知道自己的光景的。那些心中没有神的人谈论高度进化的动物生态。他们看到猴子，就把他们当作是自己的祖先。当然嘛，因爲他们与动物世界有关连，因爲他们在耶稣基督以外，就像动物那样生活。要是你生命中的属灵层面还没有藉耶稣基督而敞开的话，你跟动物毫无两样。

这些人就像动物一样，他们眼睁睁看着耶稣到被殴打，还不满足，还继续用邪恶的手段逼迫这个公义的人。在该亚法那里，耶稣的脸已经被打得瘀伤、肿大、血流满面；他们还继续殴打祂，用荆棘编作的冠冕戴在祂头上，嘲弄祂。有一种可怕的暴徒心理现象，就是当人们丧失天生的抑制能力和约束力的时候，会表现得像暴徒、像动物一样。要是一群暴徒以匿名的方式去做任何事，都会叫人震惊的，而且赤裸裸的把人性丑恶的一面、把人的罪性都揭露出来。

约翰福音第19章第4和5节说：
- [4] 彼拉多又出来对众人说：「我带他出来见你们，叫你们知道我查不出他有什么罪来。」
- [5] 耶稣出来，戴着荆棘冠冕，穿着紫袍。彼拉多对他们说：「你们看这个人！」

我认为，彼拉多是以惊叹的口吻叫他们看耶稣的。他刚才看过耶稣

第 19 章

不吭声,忍受了三十九下的鞭打。他听过其他人在这种情况下会痛得大叫起来,他听过一些囚犯在喊叫自己的罪行的时候,发出凄惨的尖叫声、还有咒诅,但是现在耶稣却不作声、不呻吟。

祂全都承受下来。我确定,这时候,彼拉多看到耶稣有君王一般的特性;看到耶稣怎样在连续的殴打中,在这个可怕的情景中,仍然坚强面对,他一定深深的被震慑住了。我敢确定彼拉多的内心充满了畏惧和尊崇,他说:『你们看这个人。』我深信彼拉多想:「我这一生从来没见过这样的人。『你们看这个人。』「仔细端详这个人!」我们在主耶稣基督身上可以发现人性的缩影。祂就是我们每个人能敬仰的一个榜样,以及效法的典範。祂一举一动、一言一行都有人性。

约翰福音第19章第6到11节说:
- [6] 祭司长和差役看见他,就喊着说:「钉他十字架!钉他十字架!」彼拉多说:「你们自己把他钉十字架吧!我查不出他有什么罪来。」
- [7] 犹太人回答说:「我们有律法,按那律法,他是该死的,因他以自己为神的儿子。」
- [8] 彼拉多听见这话,越发害怕,
- [9] 又进衙门,对耶稣说:「你是那里来的?」耶稣却不回答。
- [10] 彼拉多说:「你不对我说话吗?你岂不知我有权柄释放你,也有权柄把你钉十字架吗?」
- [11] 耶稣回答说:「若不是从上头赐给你的,你就毫无权柄办我。所以,把我交给你的那人罪更重了。」

彼拉多有罪,但是他们的罪更深重。

约翰福音第19章第12节说:『从此,彼拉多想要释放耶稣,无奈犹太人喊着说:「你若释放这个人,就不是该撒的忠臣。凡以自己为王的,就是背叛该撒了。」』

啊!哦!他已经在该撒面前输了一回合;再失败一次他会输掉他的权柄。彼拉多的过去给他带来恶果。

约翰福音第19章第13和14节说:

第 19 章

[13] 彼拉多听见这话，就带耶稣出来，到了一个地方，名叫「铺华石处」，希伯来话叫厄巴大，就在那里坐堂。
[14] 那日是预备逾越节的日子，约有午正。

那就是早上九点左右。

约翰福音第19章第14和15节说
[14] 彼拉多对犹太人说：「看哪，这是你们的王！」
[15] 他们喊着说：「除掉他！除掉他！钉他在十字架上！」彼拉多说：「我可以把你们的王钉十字架吗？」祭司长回答说：「除了该撒，我们没有王。」

我确定这使到彼拉多进退两难。他知道他们是对抗罗马，但却听见大祭司说：『除了该撒，我们没有王。』这是狡猾的威吓。「如果你让这个人走，我们会直接告到该撒那里，你要负责的，弟兄！这个人声称自己是王，祂就不可能是该撒的朋友。」

约翰福音第19章第16节说：『于是彼拉多将耶稣交给他们去钉十字架。』

彼拉多要下一个很困难的决定。在他的心中他知道什么是对的，但是群众的压力使他做了一个错误的决定。那是很难面对的处境，在你的心中知道应该做什么事，你知道什么才是对的事的时候，却有压力强迫你做不对的事。当一个人屈服在邪恶的压力之下，做了违背自己良心的事，真是个悲剧啊！其实他知道什么是正确的事。

彼拉多有权钉耶稣十字架或是释放祂。彼拉多知道释放祂是正确的事，是没有错的。如果祂能够接受鞭打而没有喊叫所犯的罪的话，祂一定是无辜的。

彼拉多问他们：『「那称为基督的耶稣我怎么办他呢？」他们都说：「把他钉十字架！」
「为什么呢？他做了什么恶事呢？」
他们便极力的喊着说：「把他钉十字架！」』
不必争论了，没有真正的理由。只有群众大声喊叫，彼拉多只好屈

第 19 章

从他们,把耶稣交给他们钉十字架。

彼拉多所面对的问题也是我们每一个人都得面对的问题。我该拿这个被称作基督的耶稣怎么办?我们每一个人都处在彼拉多的景况之下。这不只是历史记录,而是与你有关的事情。你们每一个人都和彼拉多一样要做个决定,我要怎样对待这个被称为基督的耶稣?你可以相信祂,或是不相信祂。

约翰福音1:12说;凡接待祂的,就是信祂名的人,祂就赐他们权柄,作神的儿女。
你可以承认祂,不然就是否定祂。

「凡在人面前认我的,我在我天上的父面前,也必认他。凡在人面前不认我的,我在我天上的父面前,也必不认他。」马太福音10:32－33 这样说。

你可以接受祂或拒绝祂。你要怎样对待这个被称为基督的耶稣呢?这里有个有趣的矛盾。正如我先前告诉你的,其实耶稣才是掌控整个事件发展的人。表面看来,彼拉多应该是法官;耶稣是原告。但事实上,彼拉多才是原告。他的决定一点也不能影响耶稣,因为神预先安排了将要发生的事。

彼拉多的决定不会影响耶稣。耶稣做了祂需要做的。彼拉多的决定只会影响他自己的命运。他的命运被自己的决定所主宰,你也是如此。虽然在某种意义上,你必须决定:「我要拿基督怎么办?」但你的决定一点也不能改变耶稣基督的命运。祂是谁就是谁,祂在那里,就在那里。无论你相信与否,既不能也不会因此改变。你可以说,「我不相信二加二是四」,但这并不能改变事实,这只显出你是一个愚蠢的人。你怎样对待耶稣都不会改变祂的命运,但却能改变你的命运。你自己未来永生的命运就在你的手中。

约翰福音第19章16和17节说:
　　[16] 于是彼拉多将耶稣交给他们去钉十字架。
　　[17] 他们就把耶稣带了去。耶稣背着自己的十字架出来,到了一个地方,名叫「髑髅地」,希伯来话叫各各他。

第 19 章

各各他的拉丁文是加略山。

约翰福音第19章18和19节说：
 [18] 他们就在那里钉他在十字架上，还有两个人和他一同钉着，一边一个，耶稣在中间。
 [19] 彼拉多又用牌子写了一个名号，安在十字架上，写的是：「犹太人的王，拿撒勒人耶稣。」

当罗马的法官宣判钉十字架的罪行的时候，犯人立即会被四个罗马士兵包围。他们把十字架交给他，然后要他背着。他们会走最长的路，穿过城市。有位罗马的士兵走在囚犯的前面，他举着一块牌子，上面写着囚犯的罪行，说他要被钉十字架。当他们穿过街道示众的时候，让众人看到这个人正往死亡路上走去，对群众人来说这是个警告。「这是他触犯罗马的罪行，所以要被钉十字架。」这样叫人们内心产生恐惧，使他们不敢背叛罗马政府。

所以，走在囚犯前面的士兵，攀着那块牌子，写着他的罪状：『犹太人的王，拿撒勒人耶稣』，他们游行示众，穿过耶路撒冷的街道，出了大马色门，上摩利亚山顶，那地方的外形看起来像是一个头盖骨。在那里把祂钉十字架。

钉十字架是很可怕、很残酷的死刑。由于当时是罗马人统治，所以这刑罚决不会施行在罗马公民身上。这种处死的方式太可怕了！然而，神的儿子耶稣却被钉在十字架上。

约翰福音第19章20节说：『有许多犹太人念这名号；因为耶稣被钉十字架的地方与城相近，并且是用希伯来、罗马、希利尼三样文字写的。』

打从希律门上的城墙望过去，正好可以看到加略山、就是各各他。相距有扔一块石子的距离。在城墙上的群众可以望见三个囚犯，也听到他们的哭喊声，看到那个可怕的情境。

约翰福音第19章21节说：『犹太人的祭司长就对彼拉多说：「不要写『犹太人的王』，要写『他自己说：我是犹太人的王。』」

第 19 章

彼拉多对这些人没有耐性。

约翰福音第19章22节：『彼拉多说：「我所写的，我已经写上了。」』

别再烦我了！

约翰福音第19章23节说：『兵丁既然将耶稣钉在十字架上，就拿他的衣服分为四分，每兵一分；又拿他的里衣，这件里衣原来没有缝儿，是上下一片织成的。』

兵丁一个拿祂的凉鞋；一个拿带子。但是里衣，耶稣穿的那件里衣……。

约翰福音第19章23和24节说：
- [23] 这件里衣原来没有缝儿，是上下一片织成的。
- [24] 他们就彼此说：「我们不要撕开，只要拈阄，看谁得着。」这要应验经上的话说：他们分了我的外衣，为我的里衣拈阄。兵丁果然做了这事。

在诗篇第22篇18节说：『他们分我的外衣，为我的里衣拈阄。』实际上，他们是在赌博，他们有骰子，就掷骰子，看谁拿凉鞋，谁拿外衣，和其他的东西。最后剩下里衣，他们就赌一赌，看谁拿到里衣，这时候耶稣快要死了。

约翰福音第19章25节说：『站在耶稣十字架旁边的，有他母亲与他母亲的姊妹，并革罗罢的妻子马利亚，和抹大拉的马利亚。』

所以有三个马利亚在十字架底下。

约翰福音第19章26节说：『耶稣见母亲和他所爱的那门徒站在旁边，就对他母亲说：「母亲，看，你的儿子！」』

毫无疑问，这是指约翰。

约翰福音第19章27节：『又对那门徒说：「看，你的母亲！」从此，那

第 19 章

门徒就接他到自己家里去了。』

耶稣的祂母亲马利亚之间有着很美好的关系。她长久以来一直收藏着一个秘密,就是道成肉身的秘密。她知道这孩子是很特别的孩子。主的使者曾经在她受圣灵怀孕之前告诉她:『祂要为大,称为至高者的儿子。』祂要『以公平公义使国坚定稳固,从今直到永远。』

马利亚把这番话藏在心里,反覆思想:「啊!这会是个怎么样的孩子啊!」

当约瑟和马利亚带耶稣到圣殿去奉献给主的时候,有一个老人名叫西面,他是个虔诚的人。主曾经对他说:「西面,你在未死以前,必定要看到弥赛亚。」当马利亚和约瑟抱着孩子进来的时候,西面把孩子抱在怀里,说:『主阿,如今可以照你的话,释放仆人安然去世。因为我的眼睛已经看见你的救恩。』

但他转而对马利亚说:『你自己的心也要被刀刺透。』现在当马利亚看见自己的儿子被钉在十字架上,她了解西面讲到被刀刺透她的心的悲痛究竟是什么意思。

马利亚站在十字架旁一直看到这件事的终结。英国诗人吉卜林写的一首有关母亲的诗这么说:「若我被挂在最高的山丘上,噢!我的母亲,噢!我的母亲,我知道她的爱仍跟着我,噢!我的母亲,噢!我的母亲。」

马利亚站在那里!耶稣虽然忍受着垂死的痛苦,那是剧烈的痛苦,还照顾祂的母亲。『母亲,看,你的儿子』,指的是约翰;『约翰,看,你的母亲』。从此,约翰就接马利亚到自己家里去了。毫无疑问的,这时候,约瑟已经去世了。耶稣的弟兄不相信祂。如果家人不在神的里面,那么在神家里的契合总是比原生的家庭来得更亲密。『看,你的儿子』,『看,你的母亲』。这样,玛利亚得到了照顾。

约翰福音第19章28节说:『这事以后,』

就是指,照顾了祂母亲之后,处理了这件事以后。

第 19 章

28节又说:『耶稣知道各样的事已经成了』。

圣经告诉我们,成了 teleo,这个字就是完成,或付清了钱,或做完了的意思。

约翰福音第19章28和29节继续说:
- [28] 耶稣知道各样的事已经成了,为要使经上的话应验,就说:「我渴了。」
- [29] 有一个器皿盛满了醋,放在那里;他们就拿海绒蘸满了醋,绑在牛膝草上,送到他口。

神的工作完成了,付清了,神的救赎大工成就了。『我从天上降下来,不是要按自己的意思行,乃是要按那差我来者的意思行。』「我来是按父的意思行,做成祂的工!现在成了!」神藉着耶稣基督在十字架上完成了救赎失丧之人的工作。你不能靠做任何善工,而使神接受你。你所能做的就是接受耶稣已成就的工作。任何的努力都没有办法改善神算在你账上的公义,你的努力只会带来损害,不会有帮助的。神的工作「成了!」神救赎的工作完成了。你能以最单纯的信心接受最大的好处,只要相信就是了。

约翰福音第19章30节继续说:『耶稣尝了那醋,就说:「成了!」便低下头,将灵魂交付神了。』

约翰福音第19章31节继续说:『犹太人因这日是预备日,又因那安息日是个大日,就求彼拉多叫人打断他们的腿,把他们拿去,免得尸首当安息日留在十字架上。』

请留意,约翰说:『又因那安息日是个大日』。

在逾越节的期间,第一天和最后一天被称为大日,是额外的安息日。所以,安息日不一定是在星期六。这里会让我们混淆,如果耶稣是星期五被钉十字架的话,那么祂怎么能在地球的中心三天三夜?所以,或许安息日大日是星期四,所以他们有双重的安息日。耶稣或许在星期四被钉十字架的,然后安息日是在星期五。实际上,安息日是在星期六的,双重安息日是在星期五和星期六。然后这星期

第 19 章

的第一日早晨，他们来到坟墓发现是空的。但是，请留意，约翰告诉我们，因为逾越节的缘故，这是个特殊的礼仪安息日，这是个大日。

因为这个大日来临，犹太人要作预备，不能做任何的工作。因爲这个预备日开始了，所以犹太人请求彼拉多打断囚犯的腿，为了加速他们的死亡，好尽快拿下他们的尸首。

钉十字架的刑罚是从波斯开始的，因为波斯人认为大地是神圣的，如果一个人很邪恶要被钉十字架，他们觉得不应该把他的身体摆在地上，所以就挂在十字架上。他们死后，身体让秃鹰吃，因此他们的身体就不会污秽大地。通常他们不埋葬被钉十字架的尸体，而让他们的身体给秃鹰和狗吃。然而，犹太人确实埋葬那些被钉十字架的人。不过，罗马人通常不这么做，迦太基人也不这么做，创始十字架刑罚的波斯人也不这么做，而让他们继续挂在那里，秃鹰和狗吃。

在这里，他们要打断犯人的腿，加快他们的死亡，以便在安息日之前将他们拿下来。

约翰福音第19章32和33节：
- [32] 于是兵丁来，把头一个人的腿，并与耶稣同钉第二个人的腿，都打断了。
- [33] 只是来到耶稣那里，见他已经死了，就不打断他的腿。

耶稣先前说过：『没有人夺我的命去，是我自己舍的。我有权柄舍了，也有权柄取回来。』所以，祂舍了祂的生命。在兵丁还未带着枪到那里以前，耶稣就让自己的灵魂离去了。他们惊讶地发现祂已经死了。所以，他们没有打断祂的腿。

从预言的立场来说，这是很重要的，因为圣经说：『祂的骨头一根也不可折断。』你知道，耶稣成为神的羔羊，献祭的祭牲。犹太人不能献上有瑕疵、或有污点、或有残疾的羔羊给神。神不要一只又老又有病的羔羊。你说：「啊，这只断了一条腿，又快断气了。就拿牠献给神吧！」神说：「不行！不要把断腿的，或是丢弃不要的给我。」

照律法的规定，犹太人不能献上有斑点的或瑕疵的羔羊。他们不能

第 19 章

献上折断了骨头的羔羊。神知道人的本性，我们多么习惯随便丢一些东西给祂，反而为自己留下最好的。神说：「不可以这样做」。所以耶稣为了应验献祭羔羊的预表，祂的腿不能折断。圣经预言说：『祂的骨头一根也不可折断。』假如只要有个罗马兵丁随便拿起鎚子打断祂的腿，那我们只能说：「呐，再找另一个弥赛亚。耶稣不可能是弥赛亚。祂的骨头断了。」啊！神在那里保护着，不让这种意外发生。

兵丁并没有打断祂的骨头，而拿他的枪刺入耶稣的肋旁，因为应验了圣经上的预言说『祂的肋旁要被扎。』祂没有一根骨头被折断，但他们要刺穿祂的肋旁。预言因此应验了。我们不需要再寻找弥赛亚。耶稣确实应验了所有的预言。神的救赎工作成了，赎价付清了，预言应验了！

约翰福音第19章34和35节说：
  [34] 惟有一个兵拿枪扎他的肋旁，随即有血和水流出来。
  [35] 看见这事的那人……

这是约翰：「我站在那里，我看见了。」
约翰福音第19章35节继续说：『就作见证，他的见证也是真的，并且他知道自己所说的是真的』。
他说：「我把它记录下来」，『叫你们也可以信』。

约翰说：「瞧！我在那里，我看见了，我知道我所看见的，我为所看见的作真实的记录，我把它写下来，叫你们也可以信。」

约翰福音第19章36和37节继续说：
  [36] 这些事成了，为要应验经上的话说：「他的骨头一根也不可折断。」
  [37] 经上又有一句说：「他们要仰望自己所扎的人。」

这里用的字眼与『他们扎了我的手，我的脚』那句是不同的希伯来字。那是说，用枪刺入。他们要仰望他们刺入的那一位。随后有血和水流出来，表示如果在耶稣身体上进行解剖的话，就会发现耶稣是死于心脏破裂。因为当心脏破裂的时候，有一个不漏水的物质会包围着心脏。当他们用枪刺入祂的心，然后拔出来的时候，就有水和血流出，表示祂死于心脏破裂，或者你可以说，祂的心为世人的罪

第 19 章

而破碎。

约翰福音第19章38节说:『这些事以后,有亚利马太人约瑟,是耶稣的门徒,只因怕犹太人,就暗暗的作门徒。』

我猜,今天有很多暗中跟随主的门徒,因为怕岗位上的同事嘲笑他们;我总是喜欢人光明正大的做主门徒。

约翰福音第19章38到42节继续说:
- [38] 他来求彼拉多,要把耶稣的身体领去。彼拉多允准,他就把耶稣的身体领去了。
- [39] 又有尼哥底母,就是先前夜里去见耶稣的,带着没药和沈香,约有一百斤前来。
- [40] 他们就照犹太人殡葬的规矩,把耶稣的身体用细麻布加上香料裹好了。
- [41] 在耶稣钉十字架的地方有一个园子,园子里有一座新坟墓,是从来没有葬过人的。
- [42] 只因是犹太人的预备日,又因那坟墓近,他们就把耶稣安放在那里。

真是方便,就在附近。如果你今天到耶路撒冷去,可以看见摩利亚山的一边的骷髅地,旁边有一个美丽的公园,那是古老的公园,在那里你还能看见古代用来浇灌花园的储水池。在那个花园里,有一个坟墓,坟前有一道小坑,显示人们曾经在那道小坑上辊动一块石头来堵住墓门。我个人确信,那就是安放耶稣身体的地方。那块石头跑到那里去了?或许这些年来,被人们切割成一块块作纪念品了!但是,感谢神,这个故事还有下文呢!

第 19 章

第 19 章

第 20 章

第 20 章

约翰福音第20章第1和2节说：

[1] 七日的第一日清早，天还黑的时候，抹大拉的马利亚来到坟墓那里，看见石头从坟墓挪开了，

[2] 就跑来见西门彼得和耶稣所爱的那个门徒，对他们说：「有人把主从坟墓里挪了去，我们不知道放在那里。」

其他的福音书告诉我们，马利亚和别的妇女一起到坟墓那里，所以我们不必认为有矛盾，或以为马利亚没有和其他的妇女一早来到坟墓那里。约翰提到马利亚是因为她就是那位跑回家、把空坟墓的消息告诉他们的人。但请留意，她带回来的消息是什么，她说：『有人把主从坟墓里挪了去』，『我们不知道放在那里』。

『我们不知道』表示确实像别的福音书所记载，有其他妇女跟她在一起。她们来到坟墓，看到石头辊开了。所以这里的记载跟其他的福音书并无冲突。

关于复活的早晨所发生的事，虽然圣经的叙述有些不同，然而所有的细节都能互相吻合的。但是有些人却认为这里面有不能解决的差别，当然，圣经批评家们喜欢拿不同的叙述来大做文章。但是这些差异反而明确地证实，圣经的作者们没有一起串通，说：「好！我们要如实写这些故事！我们应该这样述说。」如果每个故事都完全相同、细节也都一样，那么我们就会怀疑究竟他们是否串通来写故事。但是，因为现在我们从不同的角度读这些故事，所以就排除了串通这回事了。

约翰福音第20章第3节说：『彼得和那门徒就出来我们知道那门徒就是约翰，往坟墓那里去』。

毫无疑问，抹大拉的马利亚带消息给约翰，因为在第19章提到约翰带耶稣的母亲马利亚回去住处了。于是，彼得和约翰往坟墓那里跑，去看看到底发生了什么事？

约翰福音第20章第4节说：『两个人同跑，那门徒比彼得跑的更快』。

第 20 章

我不知道约翰为什么把这段记录加进来，可能夸耀自己吧！他是个年轻人，所以他的确跑得比彼得快。

约翰福音第20章第4到6节说：
- [4] 先到了坟墓，
- [5] 低头往里看，就见细麻布还放在那里，只是没有进去。
- [6] 西门彼得随后也到了，进坟墓里去，就看见细麻布还放在那里，

希腊文的结构显示，那块缠裹着耶稣的细麻布是一圈一圈环绕的形状放在那儿，好像里面有个身体似的。

约翰福音第20章第7节说：『又看见耶稣的裹头巾没有和细麻布放在一处，是另在一处卷着。』
- [8] 先到坟墓的那门徒也进去，看见就信了。

所以他们能看到在细麻布里没有身体。当然，这产生了都灵耶稣裹尸布的问题，究竟这是否真的是那块包裹耶稣基督的裹尸布呢？有许多人相信确实是裹耶稣基督的裹尸布。我却不太相信，因为约翰福音明确地告诉我们，祂的细麻布头巾放在一个角落。都灵耶稣裹尸布具有着整个身体的形状，包括祂的头。到底那是不是包裹耶稣的裹尸布，我感到非常怀疑。

我认为，主故意地允许那些与基督的生活和事奉有关的遗物，随着年日的消失逐渐被世人所遗忘，因为祂知道世人倾向于敬拜这些物件。神不要我们敬拜物件；祂要我们敬拜祂。有些学者说，安提阿的圣杯是耶稣和门徒在最后的晚餐喝的杯子。其实耶稣并没有用过这只杯子。我怀疑它的真实性。那些歪曲圣经的人，曾经出售十字架的木片好几年，人们在当时能买到十字架的木片。当然，这些木片是在西元400年开始出售。他们把这些木片全部卖完，如果把这些木片拼凑在一起，可以盖一所大房子。

真是可悲呀！敬拜一位看不见的神，对世人来说，竟是这么困难，而需要拜一个物件，所以极容易形成一个偶像或拜偶像。拜任何物件就是拜偶像。圣经禁止这样的事，但世人却倾向拜偶像。就因爲世

第 20 章

人倾向崇拜偶像,所以我的确觉得主故意让这些跟耶稣基督有关的东西消失,包括可能被祂摸过的东西、彼得从鱼的嘴里拿出的硬币,所有这类东西。我相信主是故意把这些人制作的东西拿走,免得我们落入拜偶像的光景中。

当一个人开始敬拜人造的东西的时候,总是显示两点:第一,它显明人失去他生命里神的大能与同在的意识。一旦我敬拜人造的物品,表示我已经失去神同在的重要意识;也表示我渴望获得丧失的东西。于是,我希望藉这物件来提醒自己,神过去的作为。偶像崇拜的行为往往说明一个人的属灵经历的层面降低了。正如都灵耶稣裹尸布,人们对它存着无比的尊敬,并认为它不可思议。我认为主故意允许这些东西被遗失了、或是被丢弃了,就是一个典型的例子。

约翰福音第20章第8节说:『先到坟墓的那门徒也进去彼得已经进去了,看见就信了。』

约翰记录下他所相信的事,当他看见衣服在那里的时候,他明白耶稣一定复活了。

约翰福音第20章第9和10节说:
 [9] 因为他们还不明白圣经的意思,就是耶稣必要从死里复活。
 [10] 于是两个门徒回自己的住处去了。

可能是回去告诉马利亚他们所发现的事,就是耶稣的母亲马利亚,她与约翰一起住。

我认为有意思的是,经文说:『他们还不明白圣经的意思』。但耶稣曾经告诉他们祂要在第三天复活,可是他们并不完全理解。
约翰福音第20章第11节说:『马利亚却站在坟墓外面哭』

现在约翰和彼得跑进坟墓。他们进去、看见裹耶稣的细麻布在那里,于是他们回约翰的家。马利亚告诉他们坟墓是空的之后,她再一次回到坟墓那里,这次是单独去的。

约翰福音第20章第11到14节说:

第 20 章

[11] 马利亚却站在坟墓外面哭。哭的时候，低头往坟墓里看，
[12] 就见两个天使，穿着白衣，在安放耶稣身体的地方坐着，一个在头，一个在脚。
[13] 天使对他说：「妇人，你为什么哭？」他说：「因为有人把我主挪了去，我不知道放在那里。」
[14] 说了这话，就转过身来，看见耶稣站在那里，却不知道是耶稣。

我觉得这里挺有趣的，就是马利亚对天使不感兴趣。这两个人穿着白衣坐在那里，问她说：「妇人，你为什么哭？」如果你看见天使，你会有怎样的反应？我想我们都会感到很惊讶！我们会深感好奇！但是，你知道吗？当你的心渴望耶稣的时候，连天使也不能吸引你。马利亚渴望找到耶稣，她要的是耶稣。而当你的心渴望耶稣的时候，连天使也无法取代你心中的渴求。于是，她转身离开天使，对天使不感兴趣。「我想要我的主。」这时候，耶稣站在那里，她却认不出祂来。

看来当时他们确实无法认出耶稣基督，似乎这个难度是在于看的人这一方。我们读圣经就知道那两个走在以马忤斯路上的夥伴，当耶稣跟他们同行的时候，他们并没有认出祂来。圣经说：『只是他们的眼睛迷糊了，不认识他。』换句话说，这里面关系到一个实际的属灵事情，是神使他们认不出耶稣。直到耶稣擘饼后，他们可能看见祂手上的钉痕，才认出祂来。

我们读下一章，约翰福音第21章的时候，要看到当耶稣在海边为他们烤鱼的时候，经文再一次记载说：『门徒中没有一个敢问祂：『你是谁？』因为知道是主。』 或许祂的外表已经有所变化，单单从外表并不容易认出祂，因爲祂是在复活的身体里。

马利亚不知道祂就是耶稣。她想，也许是祂是园丁，站在那里。可能那时候是清晨，因爲她哭得太过悲伤，泪水迷糊了视线。虽然她没认出祂的外表，却肯定认出祂的声音。首先，耶稣对她说的话，和天使说的一样：『妇人，为什么哭？你找谁呢？』

你想耶稣对马利亚说：『为什么哭？』是因爲祂不知道马利亚爲什么哭吗？当然祂知道她为什么哭。老师在教学法里时常使用问题；不

第 20 章

是老师不知道答案,而是让学生去寻找他们所知道的,或让他们表达所知道的答案。提出问题是很普通的教导方式。我们的思想往往有点懒惰,有人提出问题,他们说:「哦!这究竟是什么?」那么你就动脑筋去思想,然后回答。这是个很普通的教导方式。所以,如果说耶稣是为了获得答案才问问题,这是不合圣经的,是明显的错误。

假如人们说:「啊!耶稣问问题是因爲祂不知道!」那是绝对错误的。事实上,这样说是不合圣经,因为约翰告诉我们,『耶稣用不着谁见证人怎样,因祂知道人心里所存的。』当耶稣『第三次对彼得说:「西门,你爱我麽?」彼得说:「主啊,你是无所不知的。」』 耶稣问了彼得这个问题。彼得意识到耶稣问问题不是为了耶稣自己的好处;祂之所以问是为了彼得的好处。『主啊,你是无所不知的。』所以,如果说耶稣是为了获得答案才问问题,这是不合圣经的,是明显的错误。

耶稣问马利亚:『妇人,为什么哭?你找谁呢?』祂知道马利亚为什么哭泣,知道她找的是谁。

约翰福音第20章第15节继续说:『马利亚以为是看园的,就对他说:「先生,若是你把他移了去,请告诉我,你把他放在那里,我便去取他。」』

在这里,我看到爱的力量。我们都熟悉一个画面,就是有个小孩子抱着一个小男孩,他对大人说:「先生,他不重。他是我的兄弟。」那就是爱的能力,爱的力量。我能想像耶稣是个身体相当健壮的人。一具僵硬的死尸是很难举起来的。但是马利亚说:「嘿!」 我相信她的个子不高大。「你告诉我,你把祂挪到那里去了,我要去把祂搬走。」我肯定她搬得动!这就是爱的力量。

约翰福音第20章第16节:『耶稣说:「马利亚。」』

圣经里有好几位跟随耶稣的马利亚。有祂的母亲马利亚;圣经提到有另一个在十字架下的马利亚;有抹大拉的马利亚。这几个马利亚,令我们相当混淆的。所以,我想耶稣会用祂特定的方式去称呼她们每一个人。也许当祂叫:「马利亚!」或「马利亚!」他们就从祂的语调辨认祂是在叫哪一位马利亚。我能想像,祂有特别的、特定的

第 20 章

方式叫「马利亚」，那只是专属抹大拉的马利亚。耶稣在这个妇人身上赶出七个鬼，从此马利亚就成爲一位火热的门徒。祂叫：「马利亚！」这声调让她准确的知道这是谁，所以她哭了起来。

约翰福音第20章第16和17节说：
- [16] 马利亚就转过来，用希伯来话对他说：「拉波尼！」拉波尼就是夫子的意思。
- [17] 耶稣说：「不要摸我」。

圣经批评家对这里的记载有大事渲染的机会，因爲其他福音书告诉我们有些妇女来到，抱住耶稣的脚要拜祂。在这章的后段，耶稣对多马说：「伸过你的指头来，摸我的手；看看是不是我，伸出你的手来，探入我的肋旁。你说你非要看见我手上的钉痕，用指头探入那钉痕，又用手探入我的肋旁，你总不信。伸出手来呀！摸我呀！多马。」马太福音说，有妇女上前抱住祂的脚拜祂，而在约翰福音则记载，耶稣对马利亚说：『不要摸我』，所以有些圣经批评家就认爲圣经幷不是神的话语，只不过是人们的混乱纪录而已。

要是你仔细的读耶稣所说的话，在希腊原文里，祂对马利亚说：『不要紧紧抱着我，因我还没有升上去见我的父。』我能相像耶稣说：「马利亚！」
马利亚就倒在祂身上，紧紧抱祂的脖子，弄得祂快窒息了，好像说：「你离开我一次，但你不能再离开我了，我不会让你去的。」因此耶稣说：「马利亚，不要紧紧抱着我。」

约翰福音第20章第17和18节说：
- [17] 耶稣说：「不要摸我，因我还没有升上去见我的父。你往我弟兄那里去，告诉他们说，我要升上去见我的父，也是你们的父，见我的神，也是你们的神。」
- [18] 抹大拉的马利亚就去告诉门徒说：「我已经看见了主。」他又将主对他说的这话告诉他们。

虽然马利亚先前对门徒说：「我看见主了，祂跟我说话，祂吩咐我来告诉你们，祂还没有升上去见天父。」我可以想像，他们以爲这是过度兴奋的妇人在胡说，所以不加理会。这时候，多马不是唯一怀疑

第 20 章

的人，他们全都怀疑，在这时候还在怀疑。

你记得在路加福音，两个门徒正往以马忤斯的路上，耶稣问他们说：「你们走路彼此谈论的是甚么事呢?」(路加福音24:17)

二人中有一个名叫革流巴的，回答说：「你在耶路撒冷作客，还不知道这几天在那里所出的事吗？就是拿撒勒人耶稣的事：祂是个先知，在神和众百姓面前，说话行事都有大能。祭司长和我们的官府，竟把祂解去定了死罪，钉在十字架上。但我们素来所盼望要赎以色列民的就是他。不但如此，而且这事成就，现在已经三天了。再者，我们中间有几个妇女使我们惊奇，她们清早到了坟墓那里。不见祂的身体，就回来告诉我们说，看见了天使显现，说祂活了。」(路加福音24:19-23)

这些妇人看见天使显现，说祂复活了，而且又有门徒中的几个人，就是彼得和约翰往坟墓那里去，发现情况正如妇女们所说的，只是没有看见耶稣。

耶稣对他们说：「无知的人哪。先知所说的一切话，你们的心，信得太迟钝了。基督这样受害，又进入祂的荣耀，岂不是应当的吗？」(路加福音24:25-26)

你看，他们仍然不能相信，尽管妇女回来说我们看见了天使，又说耶稣复活了，而且彼得和约翰跑去看，发现坟墓确实是空的，只是没有人见到祂。当然此刻，他们还没有听到抹大拉马利亚的故事。他们往以马忤斯路上走。

有意思的是，耶稣在祂复活后，首先是向一位妇人显现。祂向一个非常爱祂的人显现。耶稣说过，「她的许多罪都赦免了，因为她的爱多。」(路加福音7:47)

耶稣对马利亚哭泣的回应，对她爱的回应，就是最先显现在她面前。

约翰福音第20章第19节说：『那日就是七日的第一日晚上，门徒所在的地方，因怕犹太人，门都關了。耶稣来，站在当中，对他们说：「愿你们平安！」』

第 20 章

这是犹太人典型的问安Shalom!「愿你们平安!」

约翰福音第20章第20节说:『说了这话,就把手和肋旁指给他们看。』

这时候,耶稣仍然带着十字架的钉痕。当祂在天上的时候,祂仍然带着十字架的钉痕,因为启示录第5五章1到6节说:

- [1] 我看见坐宝座的右手中有书卷,里外都写着字,用七印封严了。
- [2] 我又看见一位大力的天使大声宣传说:「有谁配展开那书卷,揭开那七印呢?」
- [3] 在天上、地上、地底下,没有能展开、能观看那书卷的。
- [4] 因为没有配展开、配观看那书卷的,我就大哭。
- [5] 长老中有一位对我说:「不要哭!看哪,犹大支派中的狮子,大卫的根,他已得胜,能以展开那书卷,揭开那七印。」
- [6] 我又看见宝座与四活物,并长老之中有羔羊站立,像是被杀过的。

十字架的钉痕仍然在那里。

以赛亚书 52章14节告诉我们,『许多人因祂惊奇,祂的面貌比别人憔悴,祂的形容比世人枯槁。』祂不成人形,你无法认出祂来。以赛亚书 53章3节说:『祂好像被人掩面不看一样。』这意思是说,祂的外貌是那么吓人,以致你真的不忍心看祂。以赛亚书继续说:『那知祂为我们的过犯受害,为我们的罪孽压伤。』

当耶稣再来的时候,祂仍会带着十字架的钉痕。『他们要仰望自己所扎的人。』究竟祂要带着这些钉痕多久呢?我不知道。当然不会永远。因为在启示录第1章里记载,约翰看见祂在荣耀的国度里。约翰在启示录第1章里描述基督荣耀的异象。

但是我确定,所留下的钉痕要成为震撼我们的提醒,使我们记住祂为了带给我们救恩,而一度心甘情愿地忍受十字架的痛苦。你要有心理准备,当第一眼看到耶稣的时候,必定是一个非常震撼的经验,让你得到极为惊讶的提醒,知道神是多么爱你,因为主为了带给你救恩,心甘情愿地忍受十字架的苦难。

第 20 章

于是，耶稣『就把手和肋旁指给他们看。』

约翰福音第20章第20和21节说：
- [20] 门徒看见主，就喜乐了。
- [21] 耶稣又对他们说：「[Shalom] 愿你们平安！父怎样差遣了我，我也照样差遣你们。」

『父怎样差遣了我』，「差我做什么？差我去服事；差我去为别人舍命，我也照样差遣你们。」怎样差遣？去做什么？「去服事，去为别人舍命。」

有人教导说，神的心意是要我们都富有和健康，我不接受那样的教导。你知道吗？他们说：「如果你没开名牌汽车，是因为你缺少信心。神的心意从不要祂的儿女受苦。神的儿女受苦，祂就得不到荣耀。」这种教导就等于否认耶稣基督和十字架。耶稣为了我们的罪受苦，确实是神的旨意。彼得在他的书信写着说：『所以那照神旨意受苦的人，要一心为善，将自己灵魂交与那信实的造化之主。』这是彼得前书 4章19节 他说到按照神的旨意受苦。这样的事也确实有可能。刚才提到的那种教义是不合圣经教导的垃圾。耶稣说：『父怎样差遣了我，我也照样差遣你们。』就是要将你自己献出去服事，不要想辖制别人，只要将你自己奉献出去。

约翰福音第20章22节：『说了这话，就向他们吹一口气，说：「你们受圣灵！」』

耶稣『向他们吹一口气』。我认为有趣的是，灵这字在希伯来文是ruach，与希伯来文呼吸这个字相同。希腊文的灵这个字是pneuma，就是希腊文的空气这个字。充气轮胎的英文词语里的pneuma这个字，意思是空气，也就是希腊文的灵这个字。

在旧约里，当神用地上的尘土造人的时候，祂向人吹了一口气。希伯来学者把希伯来文的旧约翻译成希腊文，就叫做七十士译本，这本希腊文的旧约圣经是在主前200年由70位学者把希伯来文的旧约翻译过来的。当他们完成了这本七十士译本的时候，希腊文里面『向人吹一口气，他变成一个有灵的活人』这一句所用的希腊字与

295

第 20 章

约翰在这里所用的是同一个字,也是新约仅仅在这里用到这个字:『耶稣向他们吹气』。当神向用地上的尘土作的人吹了一口气的时候,人就成了有灵的活人。但是你记得吧,当人犯罪的时候,他的那个灵就死了,而且人失去和神之间的相交。

现在耶稣向他们吹了一口气说:『你们受圣灵,就是神的生命,神的灵,属灵的生命』,就让人重新恢复亚当所失去的那个灵。所以,亚当失去的,现在耶稣基督重新赐给人。现在人恢复了他里面的属神的生命,就是神在起初向人吹气进入他里面的那个生命。

四天前的那个晚上,耶稣在对祂的门徒说:『我要求父,父就另外赐给你们一位保惠师,叫祂永远与你们同在,就是真理的圣灵,乃世人不能接受的。因为不见祂,也不认识祂。你们却认识祂。因祂常与你们同在,也要在你们里面。』我相信,当耶稣向他们吹了一口气的时候,在那个时刻,再次使人能与神恢复了如同亚当与神在伊甸园的相交,而成了有灵的活人。我相信那是圣灵进入他们生命的时刻。

耶稣告诉他们:「现在你们在耶路撒冷等候,过几天,圣灵要降临到你们身上。你们就必得着能力,使你们能服事神。现在你们等候,直到得着圣灵的能力来服事。」 这个时候,当祂向他们吹一口气说:『你们受圣灵』,那就是使人重生的经历。那就是再次把神的生命,就是把神的灵,放在人的里面。人要藉着那个圣灵与神联结和相交。

接着耶稣说:『你们赦免谁的罪,谁的罪就赦免了;你们留下谁的罪,谁的罪就留下了。』这是约翰福音第20章23节。
难道这表示耶稣给祂的门徒赦罪的能力吗?

当他们带一个卧病在床的瘫子来到耶稣跟前,你还记得吧?他们要掀开屋顶把那人从房子中间缒到耶稣的面前?耶稣对瘫子说:『你的罪赦了』。文士和法利赛人就议论说:『这说僭妄话的是谁。除了神以外,谁能赦罪呢?』这句话说得对呀!只有神能赦罪,而耶稣就向他们证明祂就是神。他们不知道这一点。但是他们的假设是正确的,只有神能赦免人的罪。

你记得在诗篇第51篇,那是大卫的忏悔诗,他面对先知拿单指责他

第 20 章

和拔示巴之间的罪行后写的。大卫说：
- [1] 神啊，求你按你的慈爱怜恤我！按你豐盛的慈悲涂抹我的过犯！
- [2] 求你将我的罪孽洗除净尽，并洁除我的罪！
- [3] 因为，我知道我的过犯；我的罪常在我面前。
- [4] 我向你犯罪，惟独得罪了你；

罪是干犯神的，所以只有神能够赦免人的罪。

那么耶稣对祂的门徒说：『你们赦免谁的罪，谁的罪就赦免了；你们留下谁的罪，谁的罪就留下了』，这话是什么意思？我认为，让神的儿女最感到喜乐的经验之一，就是领人作认罪的祷告。要是有人来对我说：「我想接受耶稣基督」，我总是感到很喜乐。我会说：「好啊！你跟着我作这个祷告。」我们祷告，神会赦免我们的罪；我们祷告，圣灵会来，住在我们的生命里面。当我们奉耶稣的名，请求神进来、掌管我们的生命的时候，我们与神就有了新的关系。对我来说，叫我喜乐的，就是当他们说：「阿们」的时候，我可以看着他们，对他们说：「你的罪债在神面前要一笔勾销，你的过犯全都被神赦免了，你犯的每一个罪都完全被宽恕了。」啊！我真喜欢这样说！可以这么对一个人说这样的话，是何等的兴奋啊！

我是根据什么基础这样说呢？难道是因为我在这里，我就有能力说：「嘿！没事了，一笔勾销了」？ 不是的！我作这个陈述，是根据他们的信仰告白，他们承认耶稣基督是主，并且邀请祂进入生命里，成为他们生命的主人；而且根据他们的口里承认耶稣爲主，并知道我们奉耶稣的名无论求什么，神必成就。因为他们奉耶稣的名求神赦免他们，洗净他们一切的罪，所以我能根据神的话说：『你的罪赦了』。

如果有人来跟我说：「我不喜欢耶稣基督。我不想和祂有任何的关系。祂会约束我」。
我不能对他们说：「没关系！反正你的罪要被赦免。我要赦免你们的罪。」
那是不可能的！

但是我可以对那人说：「朋友，你如果不接受耶稣基督为做你的救主，有一天，你要站在神的面前，陈明你的罪。你的罪要定你有罪。

第 20 章

你仍在你的罪中。」

即使有一个人来说:「我做了这么多的善事,我知道自己也做了一些相当坏的事,但是我做过的这些善事可以弥补呀!」

我会对他们说:「哎!你所有的善行都不能除灭你的罪;你在神面前还是有罪的。」

「那我打坐冥想,進行那些小小的仪式吧。」

「你在神面前还是有罪。除非你接受耶稣基督为你的主和救赎主,否则你还是有罪。」

耶稣说:『你们赦免谁的罪,谁的罪就赦免了;你们留下谁的罪,谁的罪就留下了。』我是根据他们所做的以及所宣告的来赦免他们的罪。

许多时候,人们作了认罪的祷告,还是不愿相信神的话:「啊!我是这么可怕的可怜虫;我不相信神就这么轻易地赦免我,那么简单。肯定要我做一些事,因为我是那么差劲。」但是,我能够很荣耀的说:「不!除了你做过的事之外,你再也没有什么可以做的,你只要相信耶稣基督,承认祂是你的主。你的罪就得赦免。」

有一个晚上,一位女士来到我面前接受耶稣基督。我对她说:「你觉得如何?」她开始哭并且说:「我仍然觉得很难过。我仍然感受到我全部的罪,我仍然觉得很痛苦。」于是,我继续说:「你求过耶稣基督进入你的心中吗?」「哦!求过了。」「你求祂赦免你的罪吗?」「哦!是的。」我说:「那么,你的罪得赦免了。神再也没有什么对你不满的了。如果我突然来,给你一份宝贵奇妙的礼物,你的反应会是什么?」「我会说谢谢你。」「是啊!」「神给了你一份宝贵奇妙的礼物,就是永生。难道你不应该谢谢祂?」当她开始感谢主时,罪的重担就离开了,主的喜乐和圣灵的力量以如此荣耀的方式临到她的生命当中。「你的罪得赦免了。」我能对一个已经承认他们信仰和神话语的人作这样的宣告。

约翰福音第20章24节说:　『那十二个门徒中,有称为低土马的多马』。

低土马是双胞胎之一,所以显然,多马有个双胞兄弟。

约翰福音第20章24节说:『耶稣来的时候,他没有和他们同在』。

第 20 章

多马是个非常实事求是的那类人。他不真的相信的事,他绝不假装相信。例如,在最后的晚上,耶稣正和祂的门徒说话,祂对他们说:

[3] 我若去为你们预备了地方,就必再来接你们到我那里去,我在那里,叫你们也在那里。

[4] 我往那里去,你们知道;那条路,你们也知道。」

[5] 多马对他说:「主啊,等一等!我们不知道你往那里去,怎么知道那条路呢?」

你瞧!如果多马不知道的事,他绝不假装知道,或他不真正相信的事,也不会假装相信。

当耶稣和祂的门徒得到消息,知道拉撒路病危,耶稣说:「我们走吧!我去叫醒拉撒路。」门徒说:「主啊,他若睡了,就必好了。」
耶稣说:「不!他不是死了,但是我没有在那里就欢喜,因爲可以让你们看见神的荣耀。」多马说:「那么我们也去和他同死吧。」

现在门徒说:「嘿!我们看见耶稣了,祂让我们看祂的双手,祂的肋旁,我们看见祂了。祂是活着的,祂复活了。」多马却说:『我非看见他手上的钉痕,用指头探入那钉痕,又用手探入他的肋旁,我总不信。』这是约翰福音第20章25节。

「我非要亲眼看见不可。」你以爲可以相信这些家伙吗?耶稣已经跟他们同在很长一段时间了。但是多马就是怀疑派。「你非得让我看见!」

约翰福音第20章2 6节说:『过了八日,门徒又在屋里,多马也和他们同在』
请你留意,八天后,他们聚集在一起,那是一个星期的第一天。一般相信,这天刚好是耶稣复活后的那个星期的第一天,实际上,门徒聚集敬拜是在这天开始。星期天就成为门徒聚集敬拜复活主的日子,因此,今天教会在星期天聚会,而不是在星期六安息日。门徒最初两次聚集的时间都是在一星期的第一天。八天后,又是星期天,那是一星期的第一天。他们再次聚集。这个时候,

在约翰福音第20章26和27节这样记载说:
[26] 门都關了。耶稣来,站在当中说:「愿你们平安!」

第 20 章

[27] 就对多马说：「伸过你的指头来，摸我的手；伸出你的手来，探入我的肋旁。不要疑惑，总要信。」

这显示当多马表现出疑惑的时候，耶稣就在那里听见他的心声。第一件事，耶稣这么说：「嗨！多马，好啊！你要这么做，就让你做吧！」

其实这时候，耶稣想训练祂的门徒，让他们知道祂与他们同在，说：「瞧！我会时刻与你们同在，直到世界的末了」。即使他们看不见祂，祂也与他们同在，祂要我们有同样的意识，知道耶稣与我们同在。虽然我们看不到祂，祂总是与我们同在。祂要我们知道，晓得祂时刻与我们同在。所以，尽管他们看不见祂，祂仍旧以这种特别的方式训练门徒，好让他们知道祂与他们同在。

约翰福音第20章28节：『多马说：「我的主！我的神！」』

多马承认耶稣是神。约翰承认祂是神。他在约翰福音第1章1节说：『太初有道，道与神同在，道就是神』。
保罗承认耶稣是神，在提多书他说：『等候所盼望的福，并等候至大的神，和我们救主耶稣基督的荣耀显现。』
甚至神自己也承认耶稣是神，因为在希伯来书1章8节那里我们读到神宣告耶稣是神。祂说：『论到子却说：神阿，你的宝座是永永远远的，你的国权是正直的。』

耶和华见证人不承认耶稣是神。多马说：『我的主，我的神。』约翰说耶稣是神，使徒保罗说祂是神，如果神称耶稣自己是神，那么我是谁竟相信耶和华见证人的话呢？我宁愿相信神。

约翰福音第20章29节：『耶稣对他说：「你因看见了我才信；那没有看见就信的有福了。」』
这真好！你看见了就相信，太好啦！但是，嘿！那没有看见就相信的有福了。

约翰福音第20章30和31节：
[30] 耶稣在门徒面前另外行了许多神迹，没有记在这书上。
[31] 但记这些事要叫你们信耶稣是基督，是神的儿子，并且叫你

第 20 章

们信了他,就可以因他的名得生命。

约翰写这卷福音书的时候,心中有个明确的目的,要让人们成为信徒。这是他写这卷福音书的原因,使你们能相信耶稣是基督,或是弥赛亚,永生神的儿子,并且叫你们信了祂,就可以因祂的名得生命。那就是为什么约翰福音是你给罪人未信耶稣的人读的最好的书卷。

你可以鼓励他们读约翰福音,因为神的话不会徒然返回。约翰写书的目的是要使人们信耶稣是基督,是神的儿子。并且叫他们信了祂,就可以因祂的名得生命。

第 20 章

第 20 章

第 21 章

第 21 章

好,我们进入约翰福音第21章。约翰福音第21章第1到3节说:

[1] 这些事以后,耶稣在提比哩亚海边又向门徒显现。他怎样显现记在下面:

[2] 有西门彼得和称为低土马的多马就是那个双胞胎之一,并加利利的迦拿人拿但业,还有西庇太的两个儿子就是雅各和约翰,又有两个没记下名字的门徒,都在一处。

[3] 西门彼得对他们说:「我打鱼去。」他们说:「我们也和你同去。」

这是人类当领导的典型例子。显然的,西门是个天生的领袖,他说:说:『「我打鱼去。」他们说:「我们也和你同去。」』在某个意义上说,西门重操故业。在遇见耶稣之前,他是个渔夫,那是他谋生的方式,那是他熟悉的生活,毫无疑问,他享受那样的生活。当他打鱼的时候,耶稣来呼召他,要他撇下鱼网跟随祂。耶稣说:『我要叫你们得人如得鱼一样。』耶稣藉着天使吩咐那些妇女去叫门徒上到加利利去,因爲耶稣要在那里见他们。毫无疑问,他们上加利利去,但耶稣还没出现。彼得很冲动,也没耐性,因爲主还没出现,他就说:「哎!我打鱼去。或许这一切都结束了。过去这段日子真好;有太美妙的经验,那是叫人兴奋的生活。但是,嘿!我们不能永远活在记忆里;我们必须继续过日子。我去打鱼啦!」他们说:「好呀!我们跟你去。」于是,他们上船打鱼去了,可是打了一整个晚上,一无所获。

约翰福音第21章4和5节说:

[4] 天将亮的时候,耶稣站在岸上,门徒却不知道是耶稣。

[5] 耶稣就对他们说:「小子!你们有吃的没有?」

这是问渔夫的典型问题。

约翰福音第21章5和6节说:

[5] 他们回答说:「没有。」

[6] 耶稣说:「你们把网撒在船的右边,就必得着。」

请留意,耶稣是多么确定。

第 21 章

约翰福音第21章6和7节说：

- [6] 他们便撒下网去，竟拉不上来了，因为鱼甚多。
- [7] 耶稣所爱的那门徒对彼得说：「是主！」那时西门彼得赤着身子，一听见是主，就束上一件外衣，因爲他赤身，跳在海里。

大概是90多米以外。

约翰福音第21章8节说：『其馀的门徒离岸不远，约有二百肘古代以肘为尺，一肘约有今时尺半，就在小船上把那网鱼拉过来。』

他们整晚打鱼，什么也没捕着。他们可不会让这网鱼跑掉，要把这网鱼拉上来。

第9到11节说：

- [9] 他们上了岸，就看见那里有炭火，上面有鱼，又有饼。
- [10] 耶稣对他们说：「把刚才打的鱼拿几条来。」
- [11] 西门彼得就去，把网拉到岸上。那网满了大鱼，共一百五十三条；鱼虽这样多，网却没有破。

你记得上次耶稣告诉他们在另一边撒网，他们拉起网的时候竟然有许多鱼，网开始破裂。但现在虽然网里面有这么多大鱼，网却没破裂。

为什么网起153条鱼呢？崇拜神秘的人们在数字中寻找它的意义，是挺有趣的。奥古斯丁为了153这数目设计了一个公式。他的公式很有趣，就是把那一些数目加起来：10代表某事物的数字，7代表某事物的数字，你把它们加起来得到17。再把1到17的数字全加起来，就得到153。你可以用各种方法玩数字游戏，从这里得到各样的看法。但爲什么是153呢？我不明白爲什么？我不太相信这种数字游戏，说：「嗨！真正的奥秘是在……」我让别人去研究。我是个实事求是的人。

我只会说：「嗨！153！很有趣！我想知道他们爲什么要数这些鱼？」有人建议说，这是象徵教会的数字。比方说，7是完全的数字。一星期有7天，音阶有7个音符，7 代表完全，一个完全的数字。而8代表

第 21 章

一个新的开始的数字,因为你如果来到7这个完全的数字,下一个音符就是8,是新的音阶开始。或者7天是一个完整的星期,第8天是新的星期的开始,所以你进入新的一周。所以,8是新的开始的数字。

因为耶稣对人们来说是新的开始,在希腊文里,把耶稣的每个名字的数值加起来,它们的总和可以用8去整除。例如Kristos、Kurios、耶稣等等这些耶稣的希腊名字,当你把这些名字的字母数值加起来,它们都可以被8整除,所以,这是意味深远的。

我们知道,13象徵撒旦的数字。你把新约圣经里撒旦所有名字的数值加起来,它们的总和可以被13整除。有些人就以这些特别的主题写了许多有趣的书。

还有40是审判的数字。12是人类政府的数字。有12门徒,12个支派,虽然实际上是13,但总是指12个支派,是人类政府的数字。6是人的数字,代表不完全。数字确实有象徵意义。

他们说,153是教会的象徵数字,我觉得有趣的是,那网是满的,但它没有破裂。耶稣说:『凡父所赐给我的人,必到我这里来。』『谁也不能从我手里把他们夺去。』在先前那次鱼网破裂的事件里,可能象徵布道的事工,你要聚拢各样的人,却不能保证他们不会流失。但一旦他们真的接受耶稣,就没有人能夺走他们。:『鱼虽这样多,网却没有破。』

我发现有趣的是,他们不能靠自己的努力把网拉上船来,彼得之所以能够一个人把网拉上船来,是因为耶稣吩咐他这么做。『耶稣对他们说:把网拉上来。』虽然先前所有的人竟拉不上网来,可是彼得却因为耶稣的命令,自己就做到了,那是耶稣命令的力量。就因着耶稣吩咐我这么做,所以只要我尽心竭力,就能做成。因为祂赐给我能力去听从祂的一切命令,所以靠着主赐我的能力,我就能服事主。

你知道,我们有时试图靠自己的力量去做某些事,结果彻底失败。彼得说:『我打鱼去。』『他们说:我们也和你同去。』这是靠人的精力,人的努力。他们知道怎么撒网。他们知道鱼儿通常在哪些地方出没。但是他们靠自己的能力去做,就彻底失败。耶稣来了,祂说:『

第 21 章

你们把网撒在船的右边,就必得着。』现在他们的服事直接由主来亲自指挥。请你留意这里有所不同,当你照着主的指示去做某件事的时候,而不是按自己的冲动去做那些事,那么照着主所指示去做的事,会得到十足的报偿,甚至无法把网拉上来。

常常有些人想知道神是怎样在我们教会成就了这么伟大的事,我会对他们说:「瞧!当网装得满满的,你怎么也拉不上,你就知道这种情况只有一个原因,就像约翰说的:是主!神所带领的服事,总是满有果效的、总是大有收获的。是主!不是靠人的天才;不是靠人所设计的奇妙计划;不是因着我们付了五十万美元买来的最棒的、最荣耀的,有世界最大管子的管风琴;不是令人赞叹不已的诗班。是主!」人们难以理解这一点。一切服事都是出于神的引导。耶稣是头,教会是身体,由祂指挥所有的事工,必定大有果效。

约翰福音第21章第12和13节说:
- [12] 耶稣说:「你们来吃早饭。」门徒中没有一个敢问他:「你是谁?」因为知道是主。
- [13] 耶稣就来拿饼和鱼给他们。

以前祂曾经在他们中间分饼和鱼。

约翰福音第21章第14节说:『耶稣从死里复活以后,向门徒显现,这是第三次。』
约翰记录了耶稣前三次的显现,在这之后,耶稣确实在其他场合中显现,但是按着顺序,这是第三次。

约翰福音第21章15节说:『他们吃完了早饭,耶稣对西门彼得说:「约翰的儿子西门,你爱我比这些更深吗?」』

爱这字在这里是agapas 阿嘎培。是个希腊字,是指很深的爱,用来表达神的神圣的爱;是至高的爱;又是给予的爱。『你爱我比这些更深麽?』agapas,,是神圣的,热切地超过这些。这些指的是什么呢?可能是153条还在网中扑腾着的鱼。「你爱我超过你的谋生的生计吗?你爱我超过你所选择的职业里的最高成就吗?彼得,你爱我远超过你所选择的领域的最高成就吗?你有多爱我?你爱我超过这

第 21 章

些吗?」

或者这些指的是其他的门徒,彼得曾经随便公开承认他真的比他们更爱主。因爲耶稣曾经对他们说:『你们都要跌倒了』,彼得却说:『众人虽然跌倒,我总不能。』基本上他是说:「主,我更信实,我比别人更爱你。」。耶稣对他说:『今天夜里,鸡叫两遍以先,你要三次不认我。』彼得却极力的说:「不可能的,主啊,我就是必须和你同死,也总不能不认你。」结果他却否认主了。当耶稣说:『彼得,你爱我比这些更深麽?』, 祂可能回想起彼得那次的失败。不过,祂可能指的是其他的门徒。我们不知道「这些」指的是什么,因为我们不在那里看到当时耶稣所注视的,或是做手势,或用姿态来示意。

『彼得说:「主啊,是的,你知道我爱你。」』这是约翰福音第21章15节。

彼得没有用耶稣说的那个爱字,他用了另一个希腊字,那是表示喜爱的字眼。「主啊,你知道我喜爱你。」耶稣并不是问:「彼得,你喜爱我吗?」祂说:「彼得,你以神圣的爱、热切的爱来爱我吗?」彼得说:「主啊,你知道我喜爱你。」

『耶稣对他说:「你喂养我的小羊。」』这是约翰福音第21章15节。

耶稣是说:「彼得,你不该在这里打鱼。我告诉你,要撒下你的网跟随我。我要叫你得人如得鱼。现在,你要喂养我的小羊。」主关心的是祂的小羊得到喂养。耶利米书第3章15节说:『我也必将合我心的牧者,赐给你们。他们必以知识和智慧,牧养你们。』那是神的知识和智慧。在我牧养教会多年后,读耶利米书的经文,才看见自己的失败,于是我在神面前悔改。从那天起,我决心作合神心意的牧师,用神的知识和体谅去喂养羊群。

耶稣说:『你喂养我的小羊。你喜爱我吗?你喂养我的小羊。』

约翰福音第21章16节:『耶稣第二次又对他说:「约翰的儿子西门」』。爱—祂用的还是前面用过的那个相同的希腊字,agapas。

第 21 章

『「约翰的儿子西门,你以神圣的爱、深深地、热切的爱我吗?」彼得说:「主啊,是的,你知道我爱你。」耶稣说:「你牧养我的羊。」』这是约翰福音第21章16节。

「主啊,你知道我喜爱你。」『耶稣对他说:「你喂养我的小羊。」』

喂养这个字是不同的希腊字,它的真正意思指:照管我的羊,或是看顾我的羊,成为我羊的牧者,关心我的羊。

约翰福音第21章17节,『第三次对他说:「约翰的儿子西门,你爱我吗?」』

这次耶稣用了彼得用的那个字phileo 喜爱。『彼得,你喜爱我吗?』彼得就悲伤起来,因为这是耶稣第三次问他,而且用他的那个字眼问:『你喜爱我吗?』耶稣降低自己到彼得的层次,使彼得深深地忧伤起来。

神总是配合我们的层次,让我们能遇见祂。但是当我们把神拉下来,到我们的层次,而不是提升自己到祂的层次,是令人悲哀的。但是,神愿意在我们能达到的层次与我们相遇,祂会在那个层次上尽量满足我们。我确信,我们时常在自己的生命中限制神的作为,因为我们不提升自己到神要我们到达的层次。

就好像神对待以色列的子民一样。神要作他们的王,祂不愿意他们像其他的民族那样,要有看得见的君王,好让世人知道神掌管这些百姓。但是他们不接纳神的心意。他们去找撒母耳说:『求你为我们立一个王治理我们,像列国一样。』撒母耳很难过。耶和华对撒母耳说:「不要悲伤难过,『因为他们不是厌弃你,乃是厌弃我,不要我作他们的王。』现在你去膏那位我所指示你的那个人为王。」你看!神让步了。祂降下到他们的层次。其实这是可悲的,因为我们把神拉到我们的层次,而不是提升自己到祂的层次,因为我们达不到更高的层面。神要我们过最高层面的生活。如果我们愿意那样做的话,祂会吸引我们到祂的层次上。

但是耶稣降到彼得的层次。「彼得,你喜爱我吗?」彼得就忧愁起来,因为主来到他的层次上。他说:『主啊,你是无所不知的;你知道我

第 21 章

爱你。』他不愿意上去,因為他上不去。我确定,他想,但是彼得往往因自己说话过于冲动而内疚,甚至為此遭到责备。

还记得,当耶稣说:『人说我是谁?』『彼得回答说:「你是基督,是永生神的儿子。」耶稣对他说:「西门巴约拿,你是有福的。因为这不是属血肉的指示你的,乃是我在天上的父指示的。」』彼得肯定很自豪地说:「嗨!夥伴们,你们听到了吧?啓示呀!我得到启示。」

那时,耶稣开始告诉祂的门徒祂要上耶路撒冷,然后被交在罪人手里。他们要把祂钉十字架,杀害祂。第三天祂要复活。

彼得就说:『主啊,万不可如此!这事必不临到你身上。』
耶稣对彼得说:『撒但,退我后边去吧!你是绊我脚的;因为你不体贴神的意思,只体贴人的意思。』彼得说错话了,他说话很冲动。

耶稣说:『「今夜,你们为我的缘故都要跌倒。」
「啊,主,众人虽然为你的缘故跌倒,我却永不跌倒。」
「今夜鸡叫以先,你要三次不认我。」
「我就是必须和你同死,也总不能不认你。」』
彼得说得多么冲动,他要认错!

耶稣说:『有了我的命令又遵守的,这人就是爱我的』,这种神圣、热切的爱。是怎样表现出来?是藉遵守主的命令。彼得没有遵守主的命令。他说:「我打鱼去。」耶稣并没有说:「彼得,打鱼去吧。」祂说:「在加利利等候,我在那里见你。」祂说:「要撇下你的网跟随我。」他完全不顺服基督的命令,反倒打鱼去了。

因此当耶稣说:「你agapas--爱我像爱神一样热切吗?」他没办法说:「是的」,然后耶稣说:「那么你在船上带领其他人打鱼,做我没叫你做的事,你到底在做什么?」彼得知道自己无法辨驳,他不能说:「我以神圣的爱、热切的爱来爱你。」所以他必须用层次低一点的希腊字--「我喜爱你」,可悲的是,他必须把耶稣拉到那个层次。这令人难受的。
耶稣说:『你喂养我的羊』。又是喂养这个字。所以,「你要喂养我的羊,照顾我的羊,喂养我的羊。」『你爱我吗?』这是主耶稣要你做的

第 21 章

事。祂的命令是：喂养我的羊。

约翰福音第21章18和19节：
- [18] 我实实在在的告诉你，你年少的时候，自己束上带子自己穿衣服，随意往来；但年老的时候，你要伸出手来，别人要把你束上，带你到不愿意去的地方。」
- [19] 耶稣说这话是指着彼得要怎样死，荣耀神。

祂告诉彼得，他要被钉十字架。『你年少的时候，自己束上带子，随意往来，但是有一天别人要把你束上带子，带你到你不愿意去的地方。』他们要带你上十字架。果然，多年后，彼得在罗马被判处死刑，钉在十字架上。彼得说：「我有一个要求。请将我倒钉。我不配像我的主那样死去。」他被倒钉十字架。耶稣在这里告诉了彼得他要怎样死。

约翰福音第21章19节『说了这话，就对他说：「你跟从我吧！」』

「你可以回去打鱼，但是你来跟从我吧！这将会很艰苦；将会有十字架等着你。你不是开着豪华轿车、住豪宅，这将会很不容易，但是彼得，你来跟从我吧！」

约翰福音第21章20和21节说：
- [20] 彼得转过来，看见耶稣所爱的那门徒跟着，就是在晚饭的时候，靠着耶稣胸膛说：「主啊，卖你的是谁？」的那门徒。
- [21] 彼得看见他，就问耶稣说：「主啊，这人将来如何？」

彼得又像从前那样轻率的说话：『主啊，这人将来如何？』

耶稣对他说，我若要他等到我来的时候，与你何干？你跟从我吧。耶稣是说：「彼得，这与你无关。我要告诉你关于你的事。你为自己操心吧。不用担心他。你看照顾好自己，注意你和我的关系。」

约翰福音第21章22节：『耶稣对他说：「我若要他等到我来的时候，与你何干？你跟从我吧！」』

第 21 章

主总是希望个别处理我们每一个人,处理我们个人与祂的关系。主要对我说关于我的事;主也要对你说关于你的事。别人来对我说:「主要我来告诉你这样这样……。」我不会相信的。难道神忘记了我的电话号码?彼得问主:「这人将来如何?」主说:「不,彼得,我说的是你,我要怎样对待约翰,与你无关,你来跟从我。」

因爲『耶稣对他说:「我若要他等到我来的时候」』,许多人误解这句话,以爲主将在约翰死以前再来,但是约翰小心地纠正那个误解,他指出那不是耶稣的意思。耶稣只是说:「若我要他等」,但祂并不是说祂要等。所以约翰纠正初期教会所犯的那个普遍的错误,他们说:「啊,主将会在约翰死以前再来。」约翰说:「不,不是的,主并不是这样说,主说:『我若要他等到我来的时候』但主并没说祂会迟延。」

约翰福音第21章23节:『乃是说:「我若要他等到我来的时候,与你何干?」』

约翰福音21:24 说,『为这些事作见证,并且记载这些事的,就是这门徒。我们也知道他的见证是真的。』

约翰告诉我们,他知道他所写的事都是真实的,因爲他自己亲眼看见。

他说:『耶稣所行的事还有许多,若是一一地都写出来,我想,所写的书就是世界也容不下了。』这是约翰福音第21章25节。

如此大的主题,我们永远无法完全理解。这主题如此大,要花上永生的时间来理解。我期待永生是一个成长的经历,学习的历程。

如同保罗在以弗所书第2章7节里讲的:『要将祂极丰富的恩典,就是祂在基督耶稣里向我们所施的恩慈,显明给后来的世代看。』

神对你的爱和怜悯是如此地大,祂将以永恒来启示它的完全。将来的世代,我们将学到神多爱我们。这不可能全部写在一本书上。要容纳耶稣基督为主题的书籍,世界都不够大。神的善工和神的爱,

第 21 章

对我们的内心来说是一直在扩大的启示。让我们一起祷告。

天父，我们为所有你做的一切感谢你。我们感谢你差遣你的儿子，为我们死而复活，现今活着为我们代祷。主啊，求你祝福我们，让我们学习认识你和你的爱。让我们在恩典和对我们的主和救主耶稣基督的知识中成长。

愿主与你同在。愿你感受到祂的同在，而不需要借由任何物质的东西来提醒。愿你借着祂在你生命中所做的事，能感受到祂的同在。愿所发生的事能使你能意识到，哦，主与我同在。愿你借着圣灵经历与祂更深的关系，更丰盛的与祂同行。奉主耶稣的名祷告，阿门。

第 21 章

人如何能重生呢？

查克史密斯著

人如何能重生呢？

在黑暗的笼罩下，有一个人偷偷的来见拿撒勒人耶稣。他是一位犹太人的官，为什么他要等到天色变暗才来呢，因为他心里有一个困惑他许久又必须得到答案的问题，但是他又不想让其他人听到。尼哥底母已经在暗地里观察耶稣好一段时间了，他看见耶稣行了一件又一件的神迹。他心里知道若不是有神的同在，没有人可以行这些事。

今天，机会终于来了，因为耶稣独自一个人在那里，他的难题终于可以得到解答了。

"拉比，" 尼哥底母说，"我们知道你是由 神那里来作师傅的。因为你所行的 神迹，若没有神同在，无人能行。"

耶稣知道尼哥底母的真正用意，所以祂用祂一贯开门见山的态度回答说，"人若不重生，就不能见神的国。"

尼哥底母自然地追问說，"那是什么意思？'重生'是怎么一回事？"

这是自古以来人类一直存在的疑问，当他们思想到耶稣在约翰福音3:3 所作的宣告时，他们都不禁要问，"'重生'究竟是什么意思？"

是这样的，神在一开始创造的人是有灵、魂、体三个部分的。人的魂是被他的灵所掌管的，而当人的灵在掌权的时候，人就能与神有和谐美好的交通。

相对的来说，植物的生命是单方面的。它只有一个属物质的驱壳，大部分的植物只是从泥土与环境吸取养分。只有少部分的植物，如捕蝇草之类的，是藉着吃虫子来维持生命的。植物的根部把它们稳稳地固定在地里，而所有的繁殖功能都是藉着记录在种子里的基因密码發展出来的。

动物的生命却有两部分，就是驱体和意识。动物以植物或其他动物为粮食，并且有某種程度的活动范围。跟植物相同的是，它们的繁殖功能也是记录在卵子中的基因密码里，一般来说，是由雄性生物使它受孕。

但是因为动物拥有意识和更大的活动范围，所以它比植物优秀。

可是当神创造人的时候，祂把人造成一个有三度层面的活物，他有：灵、魂（或意识）、体三部分。人拥有的灵使他远远超过动物界其他的成员，因为他能与神交通。

耶稣说，神是个灵，所以拜祂的，必须用心灵和诚实拜祂。（约翰福音4:24）所以，起初神创造人的时候，祂赐给他灵、魂、体，使他能与神交通。

创世记3:8 里有这么一句美好的经文，"天起了凉风，耶和华 神在园

人如何能重生呢？

中行走。那人和他妻子听见 神的声音。"因为那时人里面有灵,所以他能过一个与 神相交的生活。可是,当人里面的灵死去,他就活在一个跟野兽同等的水平里。他所关心所想的主要是他身体上的需求和欲望。

人里头的灵死去,是因为人所犯的罪。

起初 神创造的人是生活在一个最理想、最完美的环境中。神赐给他有强壮、健康的身体,不带任何一点缺憾。他的灵是活的,所以 神与他之间能自由的沟通与交流。但是有一个难题来了。

人与 神交通,是不是因为他爱 神呢？或者,人继续与 神交通,是因为他别无选择呢？

为了让人的真意显露出来,神把一棵极富吸引力的果树放在伊甸园中间。上面长的是禁果,果子带着灵性死亡的警告。现在,人必须作出一个决定：他是要继续保持与 神之间的美好关系呢,还是要先满足自己肉身的欲望,即使那会导致他与 神隔离,也再所不惜？

令人遗憾的是,始祖亚当选择满足他肉体的情欲,吃了禁果。结果他的灵就死亡了。从那个时候开始,人变成了只有两层的活物：体（物质）、和魂（意识）。

所以耶稣告诉尼哥底母他必须要重生（约翰福音 3:7）。

我们必须从灵里生出来。我们本来都是从肉身生的,并且与神隔绝。若是要得着与神同行的福乐,我们就必须从灵里重生。在亚当的灵死去以后,他才发现他无法藉着好行为、宗教仪式、或遵守规条诫律来补救。

也许我们会尝试去做好,但是我们所做的却永远不能达到完美的标准和境界。

耶稣继续对尼哥底母说,"人若不重生,就不能见神的国。"（约翰福音 3:3）。

属血气的人不能领会属灵的事,因为那是超出了他的能力范围。使徒保罗写信给哥林多的信徒说,"除了在人里头的灵,谁知道人的事。像这样,除 了 神的灵,也没有人知道 神的事。我们所领受的,并不是世上的灵,乃是从 神来的灵,叫我们能知道 神开恩赐给我们的事。并且我们讲说这些事,不是用人智慧所指教的言语,乃是用圣灵所指教的言语,将属灵的话,解释属灵的事。而属血气的人不领会 神圣灵的事,反倒以为愚拙。并且不能知道,因为这些事惟有属灵的人才能看透。"（哥林多前书 2:11-14）

正如保罗所说,属血气的人不能知道也不能领会属灵的事。对他来

人如何能重生呢？

说，属灵的事是愚拙的。所以一个被圣灵掌管的人想要与被血气掌管的人分享属灵的事，就像想越过一道深渊似的那么难。

你试过给小孩子解释某些事情吗？有时候那真是十分困难，又令人沮丧的事。你心里想，"他为什么不明白呢？这么简单，这么清楚。他为什么看不见呢？"

而在属灵的事上，属血气的人就像个无知的小孩一样。

圣经告诉我们，属血气的人不能明白属灵的事，因为他们缺少属灵的分辨能力。所以耶稣说，"你必须要重生，才能见 神的国。"若要能了解 神国层面的事，就必须从灵生。重生是一个必要的条件。

所以，尼哥底母的问题是理所当然的，"我怎样才能重生呢？人要经过什么过程才能重生呢？怎么能有这事呢？"

于是，耶稣用了一个尼哥底母能明白的例子来解释，就是在旧约民数记里的一个故事。当以色列人在旷野飘泊的时候，他们开始埋怨 神，又埋怨摩西，说，"你们为什么把我们从埃及领出来，使我们死在旷野呢？这里没有粮，没有水，而我们的心厌恶这吗哪。"（民数记21:5）

因为他们对 神发怨言， 神就容许那些足以致命的火蛇进入百姓中间。不久，几百个人就被蛇咬死了。于是以色列人赶快向摩西道歉，并求他为他们向 神祷告。摩西就为他们祷告，求 神医治他们。

但是， 神没有立刻医治他们，却为他们准备了一个痊愈的方法，但是要不要用这个方法却得由他们自己决定。

民数记21:8 说，"耶和华对摩西说，你制造一条火蛇，挂在杆子上。凡被咬的，一望这蛇，就必得活。"

摩西便造了这条铜蛇，把它挂在杆子上，置在以色列营当中。若有人被火蛇咬了，摩西便叫他们举头望这杆子上的铜蛇，他们便立时得到 痊愈。

现在我来解释这条铜蛇的意义。在圣经里，铜总是代表 神的审判。以色列人献祭的坛就是用铜制造的。（列王记下16:15） 此外，蛇在圣经里是代表罪。（记得在伊甸园里的蛇－创世记3:13）可是，在这个例子里，杆子上的铜蛇被举起来则预表将被钉死在十字架上的耶稣。耶稣说，"人子也必照样被举起来。"约翰福音 3:3 然后在约翰福音 12:32 他又说，"我若从地上被举起来，就要吸引万人来归我。"

耶稣其实是预言他将被钉死在十字架上。

所以在杆子上的铜蛇，就是代表耶稣亲身担当我们的罪，并且在十字架上被 神审判。

人如何能重生呢？

正如摩西在旷野举起铜蛇，人子也照样被举起来。人怎么能重生呢？就是藉着 神通过他儿子的死所预备的方法。耶稣背负了我们所有的罪，替我们死。当我们明白这个真理，并凭着信心仰望十字架上的耶稣，我们就了解到他是为我们的罪而死，承担了我们该受的审判和刑罚。

我们来想像一下，现在是大约三千八百年前，就是当火蛇开始出现在以色列子民当中的时候。有一天，你与朋友在营中说话，突然有一条蛇嘶嘶的滑进来，并且在你朋友的脚上狠狠地咬了一口。你无助的看着他的脚肿了起来，再过一会儿，他开始痉挛。

于是，你赶快把他拖出营外，并且大叫，"赶快注视杆子上的铜蛇，就是那条摩西放在以色列营当中的铜蛇！"

可是他说，"我不明白那铜蛇怎么能帮助我。"

"现在不是争辩的时候了！"你说，"先看了再说吧！"

"可是我实在不明白啊！看看杆子上的铜蛇怎么可能医治我呢？我快要死了！"

"我也不知道这是怎么一回事，" 你在忙乱中回答说，"我只知道有几百个人像你一样被蛇咬了，但是当他们一望铜蛇，就都好了。你快看啊！"

"那太愚昧了。"你的朋友坚持说，"我一定不要看。"

然后，他就死了。你觉得真难以相信，你要求他做的不是什么可怕或困难的事，你只不过要他举头看一看。他就是不明白也可以得到益处啊。

同样地，耶稣基督为我们的罪死，我们不需要明白如何从灵重生，也不需要了解怎样会有彻底的改变，我们只需要知道这是能成就的事。就像那在旷野的以色列人一样，我们不必明白铜蛇的原理仍然可以得到痊愈。我们可以常常享受与 神交通，也可以体验得着永生并从罪里得到释放的喜乐。

耶稣对重生的解释是这样的，"摩西在旷野怎样举蛇，人子也必照样被举起来，叫一切信祂的都得永生。"(约翰福音 3:14-15).

一个没有从灵生的人，充其量只是三分之二的完全人。属血气的人总是感到自己的生命好像缺乏了一些什么，于是他寻寻又觅觅，希望能填补里面的空缺。问题是，人总是想以肉身上或感情上的经验来填补内心的虚空。可是，一个人即使尝尽世间所有感官上的享受与感情上的经历，他仍然会觉得若有所失。因为世上除了重生没有任何事物可以填满人属灵的虚空。

人如何能重生呢？

人类生存的目的就是要敬拜 神。你若不敬拜那真实的永生 神，你就会另外找替代品。那可能是你的房子，你的游艇，或者其他许多的东西。但总而言之敬拜是人类天性的一部分。

或者你觉得这一切未免太简单了，你实在不明白一个人怎么可能单单相信耶稣基督就会得着灵里的诞生。但是事情就是这么简单， 神就是要它简单到一个地步，连小孩子也能重生。

接下来，耶稣对尼哥底母讲到 神爱世人。世人被罪毁坏，并且继续因罪所带来的后果而沉沦，但是一切信他的人，不至灭亡，反得永生。(约翰福音3:16)。

我再一次想起那些在旷野中的以色列人，他们如何把所有的难处都怪罪在 神身上，并把他们的苦况都归咎于神。而实际上，他们本身才是罪魁祸首。这真是世人的典型例子！我们离弃 神，选择顺从肉体的生活。于是很快地，我们就尝到放纵肉体生活所带来的痛苦、虚空、沮丧、和各样罪苦果。顺从肉体是致命的，就像被毒蛇咬到一样，它会摧毁你，使你灭亡。

但是以色列人在旷野遥远艰辛的旅程原不是 神为他们预备的。神本来是想把他们带进那应许之地，让他们享受那肥沃的土地，并那地所出丰盛的土产。这些所有的福气都是 神应许他们的祖先亚伯拉罕的。但是，他们拒绝了迦勒与约书亚所带回来的见证。他们说，"我们不能上去攻击那民，取那地，因为敌人太强了。"于是他们转回旷野，却把他们所遇见的后果归咎在 神身上。

如果今天你是活在旷野中，那不是 神为你预备的。神不愿意你过一个顺从肉体的生活。祂期望你过一个在灵里丰盛的生命，并享受与祂相交所带来的一切祝福。

以色列人误会了 神的用意，他们不明白为什么 神会差派火蛇到他们中间。其实 神是要把他们带回自己的身边。是的，每当我们开始偏离正路，走近危险地带的时候， 神就会容许困难临到我们身上。 神知道痛楚往往能唤醒我们，叫我们回到祂的身边。这不是 神要惩罚我们，乃是祂在对我们说，"回来吧！离开了我，你就会失去生命，就会被毁坏。这只是让你体会一下与 神隔离所带来的必然灾祸。"

这一切的目的都是为了要把你带到 神面前，使你从灵得新生命，并过一个与 神和好的美好生命。

若没有 神的庇佑，以色列人早就死在旷野了。不要说四十年，两个星期都活不过去。同样的，即使你现在是处身于旷野的经历中，仍然是 神在背后支持你。若没有 神手的帮助与支持，我们五秒钟都不能

人如何能重生呢？

支撑。

你的生命也是 神的赐予。祂支持你，使你有机会认识祂的大爱，知道祂如此爱你，关怀你，让你能从灵里重生，并能完满的得着 神所赐给我们的一切福分。

今天你可能正走在一条通往灭亡的歧路上，趁你还没有完全被摧毁，赶快转向 神吧！神奇妙的应许说，你只要相信祂儿子耶稣基督，你就不至灭亡，反得永生。永生不单只是时间长短的问题，乃是指着生命的品质说的。如果拥有很长的寿命，但是生命的品质极为恶劣的话，那岂不是跟置身地狱一样？但是随从圣灵的生命是一种高品质的生命，是远远超过肉体层面的生存，更是超越我们所想所求的。这就是 神想赐给你的生命，一个随从圣灵的生命，一个与祂和好的生命。圣经说，体贴肉体的，就是死，但是体贴圣灵的，乃是生命，平安与喜乐。那才是 神希望你能得着的：永生、平安、喜乐。这个喜乐的来源是与 神和好的生活，因为你知道祂常与你同在，带领你，并认识到 神是掌管一切的。

一个人得以重生是藉着相信慈爱的 神差派祂的儿子亲身担当我们的罪，使我们的罪得到赦免。所以，当你接受耶稣基督作为你个人的救主，并相信他为你的罪死，你的灵便活过来，而一个奇妙又神秘的变化也会在你的心灵深处发生。突然间，你的生命变得丰盛，你也能体验到灵命里的一个新层面，那是你梦想不到，也从来不知道它是存在的。

这个变化是如此伟大奇妙，也远远超过人所能经验到的，你会发现自己无法以话语来形容它。保罗说他在灵里所经验到的一切是如此奇妙，是人不可说的。（哥林多后书 2:4）世界上没有一种语言能够把它描述 出来。

耶稣是在说，"如果你想看见天国，如果你要明白天国，你就必须重生。"

人若想进 神的国，就必须重生。只要定睛看着耶稣基督，因为祂为你的罪钉死在十字架上，相信祂和祂对你的爱，这个奇妙的变化就会立刻发生。"你是否经历过从 神的灵而重生呢？"如果答案是没有，其实这过程是非常简单的。

以下的两种情况，你一定属于其中的一种。但是属于哪一种在于你与耶稣基督的关系如何：你要是凭着信心依靠那为你钉死在十字架上的耶稣，或是你一意孤行，不愿意作任何改变。这是很有意思的一回事，做一个迷失的人，你就不用作任何事，只要继续做你平常做的

人如何能重生呢？

事，你就是走向灭亡了。

但是，如果你愿意仰望十字架，并相信那为你的罪而死的那一位，那么神就会把祂的礼物白白的送给你。

这礼物就是永生。

认罪祷告

如果你希望与 神有一个亲密的关系，并确定你的罪已经被完全赦免了，你可以作以下的祷告。

天父阿，我来到你面前承认我的罪，并求你的赦免。主啊，我感谢你，因为你说，我若认自己的罪，你是信实的，是公义的，必要赦免我的罪，洗净我一切的不义。我愿意从我的罪回转，并过一个讨你喜悦的生活。所以，主啊，求你帮助我，藉着你的圣灵赐给我力量，使我按你的旨意生活。

耶稣基督，我感谢你为我死在十字架上，为我的罪付上了代价，又从死里复活。我现在愿意接受主耶稣作为我的救主，我的主，和我的朋友。

我还要向天父献上感谢，因为你说过，若有人到你这里来，你一定不会丢弃他。感谢你赐给我在基督里的新生命。我把生命完全交托给你，求你塑造我成为你要我成为的人。奉耶稣基督的名祷告。

阿们。

接着下来...

如果你已经决定接受耶稣基督作为你的救主，你就已经重生了。这里有几件事情可以帮助你在基督里成长：

1. 祷告 -- 祷告就像一条能达到 神那里的电话线一样。能每天与祂交谈是非常重要的，而且谈得越多越好。请参考腓立比书 4:6

2. 研读圣经 -- 圣经就像 神写给你的情书一样，你花越多的时间去读它，你就会越来越爱 神。请参考彼得前书 2:2

3. 与肢体交通 -- 你需要有同心的朋友来鼓励你在主里成长。所以找到一群相信圣经并爱 神的弟兄姐妹一起聚会是非常重要的。请参考希伯来书 10:24-25

4. 作见证 -- 要与别人分享你对耶稣基督的信心。你若求 神，他就会指示你如何向人作见证，并在什么时候作见证。请参考马可福音16:15

愿 神祝福你！

我们盼望你在主里不断的成长，并且更加亲近 神。

聖經各卷書中、英文名稱與縮寫

#	中文卷名	中文縮寫	章
1	創世記	創	50
2	出埃及記	出	40
3	利未記	利	27
4	民數記	民	36
5	申命記	申	34
6	約書亞記	書	24
7	士師記	士	21
8	路得記	得	4
9	撒母耳記上	撒上	31
10	撒母耳記下	撒下	24
11	列王紀上	王上	22
12	列王紀下	王下	25
13	歷代志上	代上	29
14	歷代志下	代下	36
15	以斯拉記	拉	10
16	尼希米記	尼	13
17	以斯帖記	斯	10
18	約伯記	伯	42
19	詩篇	詩	150
20	箴言	箴	31
21	傳道書	傳	12
22	雅歌	歌	8
23	以賽亞書	賽	66
24	耶利米書	耶	52
25	耶利米哀歌	哀	5
26	以西結書	結	48
27	但以理書	但	12
28	何西阿書	何	14
29	約珥書	珥	3
30	阿摩司書	摩	9
31	俄巴底亞書	俄	1
32	約拿書	拿	4
33	彌迦書	彌	7

『神爱世人，甚至将他的独生子赐给他们，叫一切信他的，不至灭亡，反得永生。』

约翰福音 3:16

『因为神差他的儿子降世，不是要定世人的罪，乃是要叫世人因他得救。』

约翰福音 3:17

聖經各卷書中、英文名稱與縮寫

#	中文卷名	中文縮寫	章
34	那鴻書	彌	3
35	哈巴谷書	哈	3
36	西番雅書	番	3
37	哈該書	該	2
38	撒迦利亞書	亞	14
39	瑪拉基書	瑪	4
40	馬太福音	太	28
41	馬可福音	可	16
42	路加福音	路	24
43	約翰福音	約	21
44	使徒行傳	徒	28
45	羅馬書	羅	16
46	哥林多前書	林前	16
47	哥林多後書	林後	13
48	加拉太書	加	6
49	以弗所書	弗	6
50	腓立比書	腓	4
51	歌羅西書	西	4
52	帖撒羅尼迦前書	帖前	5
53	帖撒羅尼迦後書	帖後	3
54	提摩太前書	提前	6
55	提摩太後書	提後	4
56	提多書	多	3
57	腓利門書	門	1
58	希伯來書	來	13
59	雅各書	雅	5
60	彼得前書	彼前	5
61	彼得後書	彼後	3
62	約翰壹書	約一	5
63	約翰貳書	約二	1
64	約翰參書	約三	1
65	猶大書	猶	1
66	啟示錄	啟	22

赞美报告(1/2) *Praise Report* (Side 1 of 2)

- ❏ 分享任何荣耀主，尊主为大的事情， 或
- ❏ 分享您在信心成长中神向您显示的事情。

代祷事项 (2/2) *Prayer Request* (Side 2 of 2)

请为以下的事为我并与我一起祷告：

_____
_____
_____
_____
_____
_____

❏ 我在这一日接受了耶稣基督作我的个人救主：_____

注意：我们会分享一部分向本事工提交的信件和回应，让弟兄姐妹为您祷告，但是会除去所有身份识别信息。（请参见下面的例外情况。）

❏ 我在美国被监禁。我亲自填写了此表格，并直接从我所在的监狱邮寄出。我希望收到一本关于圣经的书来帮助我认识圣经。（如果您所关心的人在监狱里，请将此空白表格寄给他们。）

我能流利阅读的语言： | 我能流利书写的语言：
_____ | _____

姓名：_____

出生地点：_____ 出生日期：_____

身份号码：# 或，Fed A 号码。# _____ 住房/牢房：_____

惩教设施：_____

设施地址：_____

市/州/邮政编码：_____

除了分享信件等（请看上面）：除了分享信件等（请看上面）：

可选-我已经成年，我允许你以任何形式刊印我的姓名，以及我的部分或全部意见（此页的前后两面），而无需接受任何报酬。我也允许根据需要进行的修改。

✗_____
签名   姓名   日期

约翰福音注释

请邮寄到：Renewing Lives, PO Box **5529**, Diamond Bar, CA 91765-7529

这本书对你有影响吗？（1/2）

我们很想知道这本书有没有对您有任何帮助、神有没有使用这本书来鼓励您、或者您的生命如何得以改变。神怎样借着祂话语帮助了您，您的经验和见证会鼓励教会和这事工的义工，让他们尽其所能继续以邮寄方式服侍，和帮助你认识圣经。

这本书对你有影响吗？（2/2）

您有什么提议可以让此类书变得更好？

_____

_____

请列出您使用这本书的方式和目的：

_____

_____

有没有别的关于圣经的书籍或工作簿是你希望看到的？

_____

_____

请分享您的意见、投诉、想法或建议：

_____

_____

请告诉我们您发现有需要更正的错误：

_____

我能流利阅读的语言：	我能流利书写的语言：

注意：我们会分享一部分向本事工提交的信件和回应，让弟兄姐妹为您祷告，但是会除去所有身份识别信息。（请参见下面的例外情况。）

- ❏ 请为本邮件中的祈祷事项代祷。
- ❏ 我会邀请家人/朋友/媒体支持重建生命事工。
- ❏ 请使用我全部的捐款用于复印和邮寄您的圣经书籍给目前被监禁的人。

在您在下面的签字许可下，我们以后可能会在一种或多种的刊物，或其他形式的媒体或广告中，刊登您的意见。

可选-我已经成年，我允许你以任何形式刊印我的姓名，以及我的部分或全部意见（此页的前后两面），而无需接受任何报酬。我也允许根据需要进行的修改

✗_____
签名　　　　　　　姓名　　　　　　　日期

请邮寄到： Renewing Lives, PO Box **5529**, Diamond Bar, CA 91765-7529

www.ingramcontent.com/pod-product-compliance
Lightning Source LLC
Chambersburg PA
CBHW081740100526
44592CB00015B/2239